MAT OXLEY

MARC MÁRQUEZ

LÉGENDE DU MOTO GP

DANS LA MÊME COLLECTION

Valentino Rossi en 100 photos - David Reygondeau
John McGuiness - Built for Speed
Guy Martin - Mon Autobiographie
Michael Dunlop - Road Racer

Ouvrage original publié au Royaume-Uni
sous le titre *Marc Márquez The Magnificent*

Édition française publiée par
TALENT ÉDITIONS
115 rue de l'Abbé Groult, 75015 Paris

Images de couverture : © Gold and Goose / Icon Sport

ISBN : 978-2-37815-498-1

MAT OXLEY

MARC MÁRQUEZ

LÉGENDE DU MOTO GP

Traduit de l'anglais (Royaume-Uni)
par Fanny Pisseloup

Talent Sport

Pour Debs, Joe et Alex
Et mon frère Julian ; 21 octobre 1956-8 mars 1985

SOMMAIRE

INTRODUCTION

Marc Márquez est-il le plus grand pilote de MotoGP de tous les temps ? Sans doute.

Mon propre podium historique en MotoGP est composé de Marc Márquez, Valentino Rossi et « King » Kenny Roberts, sans ordre particulier.

Peut-être devrions-nous laisser la décision définitive à un autre grand nom de tous les temps, qui mérite également d'être considéré comme le GOAT (Greatest Of All Time ; le plus grand de tous les temps).

« Je pense que le talent de Marc atteint un niveau qui n'a jamais été vu auparavant », déclare Mick Doohan, qui a remporté cinq titres MotoGP dans les années 1990. « Ce qu'il a été capable d'accomplir et son niveau d'engagement… Je veux dire, il n'a pas peur de se lancer. Tout le monde essaie de se maintenir à la limite et de ne pas la dépasser, plutôt que de se lancer et de la franchir. Marc franchit la limite et dit : "OK, c'est donc la ligne". »

« Je ne crois pas qu'un autre athlète, masculin ou féminin, ait été capable de revenir après avoir souffert d'une blessure semblable à la sienne… Pour moi, il est tout simplement unique en son genre. »

Lorsqu'un pilote de la trempe de Doohan affirme que le talent de Marc se trouve à un niveau « jamais vu auparavant » et que son courage et sa détermination font de lui quelqu'un « d'unique en son genre », ça veut dire beaucoup. En fait, ça veut tout dire, parce que la carrière de Doohan a également été menacée par une blessure sérieuse, donc il a traversé le même tunnel sombre et profond que Marc.

Le talent est un prérequis primordial pour arriver au sommet de la compétition motocycliste. La capacité à souffrir et à faire des sacrifices l'est également, parce qu'il ne s'agit pas de savoir si vous allez être blessé, mais de savoir quand vous allez être blessé.

Et personne n'a souffert, n'a fait des sacrifices et n'est revenu au sommet comme Márquez l'a fait. En effet, son *come-back* est unique dans tout l'univers du sport.

La course moto est un mélange enivrant de mental, de physique et de technique. Au cœur de cette discipline se trouve une danse magnifique (qui peut se transformer en bataille sanglante lorsque les choses tournent mal), avec les lois de la physique, qui sont poussées à leurs limites, permettant à la moto de glisser à la limite du contrôle, à un demi-degré de la catastrophe.

À chaque virage, les pilotes effectuent des milliers d'actions et de réactions, ajustant constamment l'accélérateur, les freins, la position du corps, l'angle d'inclinaison, la direction et tout le reste.

Simultanément, les pilotes savent que, lorsqu'ils dépassent leurs rivaux à toute vitesse, frôlant le carénage et le guidon à plus de 370 km/h, l'un d'eux, voire les deux, peuvent trouver la mort. C'est la réalité, et c'est pourquoi la course moto ne ressemble à aucun autre sport.

Márquez est toujours ravi d'échanger des coups avec ses rivaux et de rendre la pareille. C'est au cours des Grands Prix 125 cm^3

qu'il a pris conscience de cette dure vérité, alors qu'il avait la taille d'un enfant de 12 ans et que ses rivaux adultes le malmenaient constamment, car ils savaient qu'ils devaient dominer ce jeune pendant qu'ils en avaient l'occasion.

Ça n'a pas fonctionné. Pendant la majeure partie des quinze dernières années, Márquez a dominé le MotoGP, roulant à plein régime, les pneus avant et arrière patinant et glissant sur la piste.

Sa façon de courir est le sang qui coule dans ses veines et la victoire est l'oxygène qu'il respire. Il roule sur le fil du rasoir comme s'il était assis sur un canapé, car c'est là qu'il se sent le plus à l'aise.

Qu'est-ce que cela apporte aux fans ? Ça leur offre le spectacle de quelqu'un accomplissant ce qui paraît impossible ; le guidon qui tangue à gauche et à droite, les coudes qui servent de stabilisateurs, les pneus qui font fondre le caoutchouc sur l'asphalte, la moto qui se couche dans les virages.

Trop de fans n'ont pas pleinement apprécié les talents de Márquez, en grande partie parce qu'il y a dix ans, il s'est attiré les foudres du pilote le plus populaire en MotoGP. Ce livre m'a donné l'occasion d'interroger de nombreuses personnes qui ont travaillé avec lui pendant ces deux dernières décennies ; des ingénieurs, des mécaniciens, des techniciens, des chefs d'équipes, des directeurs d'écurie et des rivaux. J'ai donc pu découvrir un nouveau Marc, différent de celui que je connaissais auparavant.

J'espère que vous en apprendrez autant en lisant ce livre que j'en ai appris en faisant mes recherches. Et j'espère que vous en apprécierez la lecture autant que j'en ai apprécié l'écriture.

Mat Oxley
Londres
Septembre 2025

CHAPITRE 1

LE *COME-BACK* DU PRODIGE

Il est 12 h 18, dimanche 14 octobre 2012, sur la grille de départ du Moto2 au Twin Ring Motegi, lieu où se déroule la course japonaise du championnat du monde MotoGP, à deux heures de route dans les collines au nord de Tokyo, la capitale japonaise.

Le Grand Prix du Japon ne ressemble à aucun autre. Le public est si bien élevé qu'il n'y a pas cette atmosphère sauvage, digne des gladiateurs du Colisée, qui vous donne la chair de poule dans des endroits comme Jerez, Le Mans ou Mugello. Pas de cris ni de hurlements d'encouragement lorsque le circuit annonce les pilotes ; juste des applaudissements polis et des drapeaux agités docilement, arborant les logos des entreprises et des sociétés qui financent ce cirque itinérant.

L'adolescent espagnol, assis sur sa moto au milieu de la première ligne de la grille de départ, ne semble pas conscient de tout ça. Marc Márquez a effacé le monde extérieur de son esprit pour entrer dans sa bulle. Les mécaniciens s'affairent à changer les roues avant et arrière de sa moto Suter Moto2, mais il regarde droit devant lui, les yeux fixés sur le premier virage, comme le réticule d'un viseur pointé sur sa cible.

Il n'y a pas de salutations chaleureuses à la tribune ou aux caméras de télévision. C'est l'heure de passer aux choses sérieuses, et Márquez est là pour réussir, pas pour être aimé.

La dernière fois, dans la région d'Aragon, en Espagne, le pilote de 19 ans a été battu par son compatriote et rival pour le titre, Pol Espargaró, une défaite qui a réduit l'avance de Marc au championnat de cinq points cruciaux. Cette fois-ci, Espargaró s'est qualifié en pole position, ce qui lui permet de se trouver quelques mètres plus près du premier virage si important.

Márquez aura besoin de toute son agressivité pour remporter cette course. Et ses rivaux savent ce que ça signifie, parce qu'il est déjà connu pour son style de conduite « prêt à tout pour gagner », qui deviendra sa marque de fabrique lorsqu'il passera dans la catégorie reine MotoGP quelques mois plus tard.

La veille, il avait été critiqué pour avoir percuté Mika Kallio pendant les essais, envoyant le Finlandais faire une roulade dans le bac à gravier. Heureusement, celui-ci s'en est sorti indemne.

Le directeur de l'écurie de Kallio, Michael Bartholemy, a qualifié la manœuvre de Márquez de « suicidaire » et « plus qu'imprudente », mais les officiels du MotoGP l'ont considérée comme un incident de course.

Pour Márquez, ce moment appartient déjà au passé. Sur la grille de départ à Motegi, il visualise le premier tour de la course, passant en revue toutes les possibilités dans son esprit : ce qu'il doit faire s'il prend la tête dès le départ et mène dans le premier virage, ce qu'il doit faire si Espargaró arrive le premier.

La grille se vide ; les mécaniciens, les officiels et les équipes de télévision retournent dans la voie des stands, et les pilotes entament leur *warm-up*, faisant monter leurs pneus en température. Deux minutes plus tard, ils regagnent leurs positions de départ. L'officiel japonais, en costume, se tient debout derrière la grille et agite un drapeau vert pour signaler que tout est prêt. Les feux rouges au-dessus de la grille s'allument, les pilotes enclenchent la première vitesse et font vrombir leurs moteurs. Puis, les feux s'éteignent, et c'est le chaos total !

À l'exception de Márquez, qui ne va nulle part. Pour une raison inconnue, il n'a pas réussi à passer la première vitesse et se retrouve soudainement en grand danger, ses rivaux le dépassant à toute vitesse de chaque côté, certains d'entre eux le frôlant de quelques centimètres à peine. C'est un moment effrayant : de nombreux pilotes de moto ont perdu la vie de cette manière.

Finalement, il arrive à partir, mais lorsqu'il freine pour prendre le premier virage, il n'y a plus que deux pilotes derrière lui. Il doit dépasser 29 des pilotes les plus rapides et les plus prometteurs au monde.

Un tel revers mettrait à rude épreuve le moral de la plupart des pilotes. Ils ont envisagé toutes les possibilités, sauf celle de se retrouver en queue de peloton alors qu'ils sont en lice pour remporter le championnat du monde. Lorsque la colère, la consternation, la panique et la confusion envahissent l'esprit d'un pilote, celui-ci est perdu. Il faut un mental très particulier pour rester calme lorsque tout s'écroule autour de soi.

Ce qui arrive ensuite est fascinant, déconcertant, étonnant. Vu depuis la caméra embarquée de Marc, son parcours ressemble davantage à un jeu vidéo qu'à la réalité.

Il dépasse quatre pilotes dans le premier double virage à droite, un à l'extérieur, trois à l'intérieur. En sortant du virage, il accélère si fort que le moteur Honda de sa Suter prend le dessus sur son pneu arrière Dunlop, faisant patiner la roue, projetant la moto sur le côté et soulevant Márquez de sa selle.

Mais sa vitesse de sortie est tellement supérieure à celle des autres qu'une fois que le pneu retrouve son adhérence, il dépasse plusieurs autres rivaux, évitant une victime de quelques millimètres, puis se faufilant entre deux autres, à quelques centimètres près.

Il esquive, plonge, vacille et slalome dans la ligne droite menant au virage suivant, un double virage à gauche, dépassant huit pilotes avant de freiner. L'un d'entre eux est Andrea Iannone, futur vainqueur de courses MotoGP, qui est tellement convaincu de ses chances dans cette course qu'il fait signe à la star locale Yuki Takahashi de se placer derrière lui et de le suivre. Ce faisant, Márquez le dépasse sans difficulté, roulant à une vitesse supérieure de 8 km/h.

Le groupe suivant de pilotes se trouve à une centaine de mètres devant lui, mais il en a déjà dépassé un à mi-chemin du virage suivant. Accélérant à la sortie de ce double virage à gauche, il utilise tout le vibreur et rattrape le futur champion du monde de Supersport Dominique Aegerter, qui zigzague à gauche et à droite, cherchant un moyen de se faufiler dans le peloton devant lui. Márquez se faufile, son coude gauche effleurant celui d'Aegerter. Frôlant la catastrophe, comme toujours.

Dans la courte ligne droite menant au prochain virage lent à droite, Márquez en dépasse deux autres au freinage, puis en double un autre à l'intérieur dans le virage. Dans le tunnel de Motegi, il se retrouve derrière Johann Zarco, futur double champion du monde Moto2 et vainqueur de courses MotoGP.

Les remontées sont toujours les mêmes : chaque pilote que vous rattrapez est plus difficile à dépasser que le précédent.

Zarco est rapide, il faut donc quatre virages à Márquez pour dépasser le Français. Il se place en neuvième position à l'entrée de l'épingle, il a donc dépassé vingt pilotes en neuf virages.

Avec le recul, tout paraît évident, et il semble inévitable que Marc fût destiné à l'emporter, mais rien n'est jamais acquis dans le monde de la course.

Il aurait pu en faire trop à tout moment, en particulier lorsqu'il attaquait les leaders. Mais il ne l'a pas fait. Il lui a fallu six tours supplémentaires pour se hisser à la deuxième place, puis quatre autres pour prendre la tête, juste avant la moitié de la course.

Quatre semaines plus tard, le paddock MotoGP se retrouve à Valence pour la traditionnelle finale de la saison. Márquez a déjà été sacré champion du monde Moto2 et a ajouté ce titre à celui qu'il a remporté en 125 cm^3 en 2010. Malgré tout, son désir de vitesse, voire son besoin, demeure présent, et il recommence alors avec ses petites astuces.

Vendredi après-midi, pendant les essais, il dépasse Simone Corsi dans le septième virage, un virage à grande vitesse, mais l'espace qu'il espérait trouver n'est pas vraiment là. Il percute l'Italien, qui chute lourdement et fait une roulade dans le bac à gravier, se couvrant de bleus et d'ecchymoses.

Les responsables de la direction de course (les administrateurs et les policiers du MotoGP) convoquent Márquez à la tour de contrôle, lui demandent de bien se comporter et l'envoient en fond de grille pour la course du dimanche. Ils n'auraient pas dû se donner cette peine.

Cette fois-ci, il a 32 pilotes et 27 tours devant lui. Et le circuit est détrempé, ce qui peut rendre les dépassements encore plus difficiles, car on ne sait jamais vraiment quelle adhérence on aura d'un tour à l'autre. Mais ça ne dérange pas vraiment Márquez, qui a une capacité presque surnaturelle à évaluer l'adhérence disponible et, plus important encore, à savoir comment l'utiliser.

Lors du premier tour, il dépasse 21 pilotes et prend la tête à quatre tours de l'arrivée, faisant passer tous les autres pour des débutants. Son meilleur tour est six dixièmes de seconde plus rapide que le deuxième meilleur.

Il y aura encore bien d'autres démonstrations époustouflantes de ses talents divins avant que le paddock MotoGP ne se réunisse à Jerez pour le Grand Prix d'Espagne en 2020. Ce sera le week-end d'ouverture de sa huitième saison dans la catégorie reine et le début de sa quête d'un septième titre de champion du monde MotoGP.

Jerez est le Colisée espagnol du MotoGP, où se rassemble une foule immense et enthousiaste de fans qui affluent vers ce circuit andalou pour célébrer l'amour du pays pour la course moto et vénérer leurs nombreux héros.

La journée de course commence avec la victoire d'Albert Arenas, compatriote catalan de Márquez, dans la catégorie Moto3, et celle du jeune Madrilène Jorge Martin dans la catégorie Moto2. Mais il n'y a pas d'acclamations, car il n'y a pas de public.

Le monde est en proie à la pandémie de Covid-19, les tribunes autour du circuit sont donc vides, leurs occupants habituels confinés chez eux, sous le contrôle de la police. Il s'agit donc du Grand Prix le plus étrange de l'histoire. Il n'y a pas de foule qui chante et scande des slogans pour encourager les pilotes, pas d'ambiance de carnaval. On pourrait entendre une clé tomber dans la voie des stands.

Désormais octuple champion du monde, Márquez aborde cette saison des plus étranges après avoir réalisé la plus grande campagne de l'histoire du MotoGP. Au cours des 19 courses du championnat de 2019, il en a remporté 12, a terminé deuxième à six reprises et a chuté lors d'une autre course en raison d'un problème technique, alors qu'il était bien installé en tête. Il s'agit là d'une performance unique à une époque où les machines, de la tête à la queue du peloton, n'ont jamais été aussi équilibrées.

Son rythme lors de la session d'essais FP4 à Jerez, où les pilotes travaillent leur cadence de course, indique à ses rivaux que 2020 ne sera probablement pas une année différente.

Des vidéos au ralenti montrent Márquez en parfaite harmonie avec sa Honda, fendant les onzième et douzième virages ultrarapides et effrayants de Jerez. Son pneu arrière Michelin dérape, laissant une traînée de caoutchouc fondu sur l'asphalte alors qu'il accélère plus que ce que le pneu peut supporter. Ce qui permet à la moto de tourner plus rapidement qu'elle ne le pourrait autrement.

Le pneu adhère à nouveau lorsqu'il monte sur le vibreur, élargissant autant que possible la piste, ce qui déstabilise toute la moto. La roue avant rebondit à droite, puis à gauche, puis à nouveau à droite, Márquez se soulevant de sa selle pour laisser la RC213V faire ce qu'elle veut.

Les pilotes de génie ne se battent pas contre leurs motos, ils dansent avec elles.

Márquez ne s'est pas qualifié en pole position. Il est à quelques fractions de seconde derrière les deux Yamaha, Fabio Quartararo en pole et Maverick Viñales en deuxième position. Au départ, Marc aborde le premier virage en quatrième position et en ressort deuxième. Deux tours plus tard, il dépasse Viñales et prend la tête. Deux tours supplémentaires et il a quatre dixièmes d'avance, laissant les autres loin derrière.

Márquez a toujours vécu dangereusement, flirtant avec le précipice, car c'est là qu'il trouve sa vitesse fulgurante. Et il aime prendre des risques. Il va là où les autres n'osent pas s'aventurer et compte sur son talent hors du commun et ses réflexes fulgurants pour se sortir de situations difficiles. La plupart du temps...

En négociant le quatrième virage à gauche à 160 km/h, il perd l'avant de sa moto en poussant le pneu avant bien au-delà de sa limite d'adhérence. C'est une situation courante pour Márquez qui, à l'époque où il courait en Moto2, a introduit une toute nouvelle façon de piloter une moto : perdre l'avant, puis utiliser ses coudes comme stabilisateurs pour éviter la chute et continuer à rouler. Lorsque le pneu avant perd de son adhérence, la moto a tendance à se coucher, alors il enfonce son coude et son genou intérieurs dans l'asphalte de toutes ses forces pour réduire la charge sur les pneus et forcer la moto à se redresser.

À ce moment-là, il est trop tard pour danser, alors il lutte contre la moto, son coude et son genou gauches frottant contre l'asphalte, la jambe droite extrêmement écartée.

Il parvient à éviter un accident, mais il roule beaucoup trop vite pour rester sur la piste. Il rebondit donc à toute vitesse sur le gravier, la moto totalement hors de contrôle. Márquez fait alors appel à ses talents de pilote tout-terrain pour ramener son appareil sur la piste en accélérant à fond.

Il a désormais deux pilotes derrière lui et quinze devant. Comme à Motegi, il doit se remettre les idées en place : « OK, c'est bien la réalité, allons-y... ». En deux tours, il redevient le pilote le plus rapide sur la piste, peu importe s'il perd du temps à éviter des pilotes plus lents.

Le premier pilote qu'il dépasse est son coéquipier chez Honda, Takaaki Nakagami, puis vient Zarco. Ils ont déjà vécu ça auparavant.

« S'il remonte sur le podium après ça, les autres peuvent tout aussi bien plier bagage et rentrer chez eux », déclare Matt Birt, commentateur MotoGP.

Deux tours plus tard, Steve Day, co-commentateur de Birt, ajoute : « Je tiens à dire que, si les leaders maintiennent ce rythme, Márquez pourrait encore gagner. C'est ridicule ! ».

En effet, ça ne devrait pas être possible. C'est le MotoGP, la catégorie reine, la plus grande compétition de moto. Et Márquez fait passer ses rivaux pour de malheureux retardataires.

Au dixième tour sur 25, il rejoint les pilotes d'usine, se faufilant à l'intérieur de Danilo Petrucci de Ducati, à l'endroit même où sa course a failli prendre fin, comme si rien ne s'était passé.

Au cours de la seconde moitié de la course, il dépasse sans effort le septuple champion du monde de MotoGP, Valentino Rossi, dans l'épingle à cheveux du sixième virage. Rossi jette un coup d'œil, puis regarde à nouveau, juste pour s'assurer qu'il s'agit bien de Márquez, car il n'arrive pas à y croire : comment diable a-t-il réussi à arriver ici ?

À ce moment précis, Márquez roule 1,5 seconde plus vite par tour que le pilote MotoGP le plus titré de l'histoire, qui a remporté 89 courses entre 2000 et 2017, soit plus que Giacomo Agostini, Marc Márquez, Mick Doohan, Jorge Lorenzo, Casey Stoner et tous les autres.

Après Rossi, il doit combler un écart important de 3,6 secondes avant de rattraper Franco Morbidelli, pilote

Petronas Yamaha, coéquipier du leader Quartararo, qui occupe la septième place. La tâche s'annonce difficile.

Mais alors que la course entre dans sa seconde moitié, les caméras de télévision, braquées sur Morbidelli – qui talonne Pol Espargaró (KTM) ainsi que les Ducati de Dovizioso et Bagnaia, tous trois en chasse de la troisième place occupée par Viñales – captent soudain une traînée orange à l'arrière-plan : la Repsol Honda RC213V de Márquez.

Trois tours plus tard, il a comblé son retard. Il ne lui faut que deux virages pour dépasser Morbidelli et Bagnaia. Il ne reste plus que cinq pilotes devant lui : Espargaró, Dovizioso, Viñales, Jack Miller, coéquipier de Bagnaia chez Pramac, et Quartararo.

Que la musique du film *Les Dents de la mer* retentisse...

« On dirait un jeu sur la PlayStation. C'est une grosse blague », déclare Day.

« À moins qu'il ne commette une autre erreur, il est sur le podium », ajoute Birt, sans se rendre compte qu'il vient de prononcer la malédiction du commentateur.

Deux tours plus tard, Márquez dépasse Espargaró dans le sixième virage et Dovizioso dans le dernier virage en épingle, sortant du sillage de l'Italien au dernier moment pour le prendre par surprise. Les caméras se tournent vers le garage Honda, où le chef d'équipe Santi Hernández et le reste de son équipe applaudissent frénétiquement et lèvent les poings en l'air. Même eux n'ont jamais rien vu de tel.

C'est comme s'il jouait à *Space Invaders* : la plupart des adversaires ont été éliminés, il n'en reste plus que trois. Et il reste six tours.

Au 20e tour, il dépasse Miller pour prendre sa place sur le podium. Mais l'Australien ne l'entend pas de cette oreille. Il est le seul pilote à contre-attaquer, mais sa résistance est vaine et Márquez reprend rapidement l'avantage.

Márquez est désormais juste derrière Viñales, deuxième, sans se presser pour prendre la seconde place, car il sait que Quartararo est trop loin devant pour qu'il puisse même envisager la victoire.

Et puis elle arrive. La milliseconde qui va changer sa vie.

Marc aborde le troisième virage à gauche à 130 km/h et les deux pneus lâchent, comme ça, d'un coup. Lorsque le pneu arrière retrouve son adhérence, la moto se cabre comme un cheval fou et projette son pilote dans les airs.

L'homme et la moto tombent à toute vitesse dans le bac à gravier. Márquez est entre les mains des dieux, comme s'il avait sauté d'un TGV.

Les pièges à gravier font toujours mal. Vous tourbillonnez et roulez sur les pierres, hurlant de douleur à chaque impact, comme si vous étiez frappé par cinq Mike Tyson.

Mais ça peut toujours empirer. Malgré la douleur et l'odeur du sang qui vous pique les narines, votre principale préoccupation reste la même : où est la moto ? La seule chose que vous ne voulez vraiment pas, c'est que ces 160 kilos de métal vous rattrapent.

Et c'est exactement ce qu'il se passe. Le pneu avant de sa RC213V lui écrase le bras droit alors qu'il fait des roulades dans le bac à gravier.

En revoyant cette scène sinistre (un peu guerrière, comme tous les *highside*), on comprend immédiatement que l'impact lui a cassé le bras droit. Lorsque Márquez s'arrête, il regarde déjà son membre inerte et inutile. La douleur l'envahit, il hurle de souffrance, puis il jure. Il sait que c'est grave.

Un autre *come-back* est nécessaire, mais celui-ci ne durera pas 20 tours ou 40 minutes, il prendra un peu plus de temps. En fait, il faudra attendre cinq longues années avant que Márquez ne se relance dans la course au titre mondial.

CHAPITRE 2

« MARC EST UN PHÉNOMÈNE DE LA NATURE »

Márquez possède toutes les qualités requises pour devenir l'un des plus grands pilotes de moto de tous les temps, tout comme les armées disposent d'un arsenal d'armes différentes à déployer au combat.

Il y a quelques techniques particulières qui distinguent Marc des autres pilotes : sa vitesse fulgurante dans les virages à gauche et sa maîtrise du pneu avant, qui lui permettent d'atteindre des vitesses que les autres ne peuvent égaler.

Il a affiné des compétences clés en pratiquant le *dirt track*, car les ovales en terre offrent si peu d'adhérence que l'on peut faire déraper le pneu avant aussi facilement que l'arrière, et parce que les ovales tournent dans le sens inverse des aiguilles d'une montre.

Le *dirt track* est né aux États-Unis, c'est pourquoi la plupart des circuits asphaltés du pays (COTA [Circuit Of The Americas], Laguna Seca, Indianapolis, Daytona, etc.) tournent également dans le sens inverse des aiguilles d'une montre. C'est pour cette raison que Marc a toujours dominé aux États-Unis.

Mais pourquoi le *dirt track* tourne-t-il toujours à gauche ?

Ça remonte aux Jeux olympiques, vers 700 av. J.-C., lorsque les Grecs organisaient leurs courses de chevaux et de chars qui tournaient à gauche dans l'hippodrome d'Olympie. Les courses antihoraires sont devenues une tradition, de sorte que, lorsque les gens ont commencé à faire des courses de vélo dans les années 1870, les vélodromes fonctionnaient dans le sens inverse des aiguilles d'une montre.

Quelques décennies plus tard, les premières courses de motos américaines ont été organisées autour de ces mêmes vélodromes, qui ont rapidement été remplacés par des motodromes, construits en bois de pin, avec des virages inclinés si raides qu'ils ressemblaient à des murs de la mort.

Et c'étaient bien des murs de la mort. Les pilotes roulaient à toute vitesse sur ces pistes en planches de bois avec leurs puissantes motos à moteur V-twin, sans freins ni accélérateur, juste un interrupteur marche/arrêt. Les accidents étaient fréquents et de nombreux pilotes étaient gravement blessés ou tués par les échardes géantes arrachées des planches de bois.

La plus grande star des courses sur piste en bois était le Canadien Jake De Rosier, qui, selon le journal *The Indianapolis Star*, « a probablement retiré suffisamment d'échardes des pistes de course pour construire un petit cottage, avec un poulailler et une clôture dans le jardin à l'arrière. »

En effet, tant de pilotes (et de spectateurs) trouvaient la mort dans ces motodromes que les journaux les ont rebaptisés « murderdromes » (pour « circuits meurtriers »). Les Américains ont dû trouver une nouvelle façon de faire courir les motos, et ont donc remplacé les pistes en bois par des pistes en terre battue ; les *dirt tracks.*

Et c'est pourquoi Márquez est si doué pour tourner à gauche.

Bien sûr, il est également très doué pour prendre les virages à droite, même si sa vitesse dans ce type de courbes a souffert depuis qu'il s'est cassé le bras droit en 2020. Même aujourd'hui, après plusieurs opérations, son bras est loin d'être parfait, et il n'a donc plus la force nécessaire pour attaquer pleinement les virages à droite.

« Marc m'a dit qu'il était bon dans les virages à gauche, mais qu'il ne pouvait plus faire ce qu'il faisait auparavant dans les virages à droite à cause de son bras droit », explique Mike Watt, son ingénieur Öhlins en 2024. « Il n'a plus la force nécessaire dans ce bras pour piloter comme avant et contrôler les dérapages dans les virages à droite, il a donc dû s'adapter pour contourner ce problème. »

Márquez est toujours aussi impressionnant à regarder, qu'il tourne à gauche ou à droite : le pneu avant se tortille dans le virage et recouvre parfois l'asphalte de noir, les coudes s'enfoncent dans la route, puis il remonte, remonte et s'envole, accélère à fond, dans un bruit d'échappement assourdissant, un frémissement des roues qui patinent, et il est déjà loin.

Personne d'autre ne parvient à maîtriser une moto de MotoGP comme lui, en particulier la limite de traction du pneu avant. C'est pourquoi il a remporté le Championnat du monde MotoGP dès sa première tentative.

Ce n'est pas un hasard si les seuls pilotes à avoir remporté le championnat MotoGP dès leur première saison l'ont fait en apportant des compétences que personne d'autre ne possédait. En 1978, c'était « King » Kenny Roberts. En 2013, c'était Márquez.

Roberts a révolutionné la technique de pilotage en utilisant les compétences acquises sur les pistes de *dirt track* américaines pour faire patiner et glisser le pneu arrière afin d'obtenir des temps au tour plus rapides. Il a remporté trois fois de suite le championnat MotoGP 500 cm^3, en 1978, 1979 et 1980. Il ne faisait donc aucun doute que ceux qui voulaient le rattraper devaient apprendre de lui. C'est pourquoi tous les vainqueurs du championnat MotoGP entre 1978 et 1998, à l'exception de deux d'entre eux, ont grandi en pratiquant le *dirt track*.

« Les qualités naturelles ressortent beaucoup plus rapidement sur un *dirt track*, car cette piste n'est pas aussi rapide, elle est plus physique et la moto est beaucoup plus maniable », explique Roberts, aujourd'hui âgé de 73 ans. « Alors que, lorsque vous pilotez une moto de course sur route, vous vous engagez et vous êtes engagé. Sur *dirt track*, vous pouvez faire des ajustements : la répartition du poids est très importante, la façon dont vous prenez le virage, le comportement de la suspension, etc. »

« Le *dirt track* reste utile pour un pilote de course sur route. Plus vous en savez sur le comportement d'une moto, en particulier lorsqu'elle est hors de contrôle, mieux vous vous en sortirez, avec ou sans contrôle de traction. »

Casey Stoner, dont la retraite fin 2012 a permis à Marc de prendre sa place chez Repsol Honda, a remporté le championnat MotoGP en 2007 et 2011. Il a remporté son premier succès au guidon d'une Ducati que personne d'autre ne savait piloter. Comment a-t-il fait ?

« Le fait d'avoir grandi en faisant des courses sur *dirt track* en Australie m'a certainement aidé. »

« Quand je courais en MotoGP, beaucoup de gens ne réalisaient pas à quel point le *dirt track* était important », explique-t-il.

« C'est grâce à lui que j'ai pu maîtriser la puissance. Le *dirt track* et la course sur route reposent tous deux sur des détails subtils : rechercher l'adhérence, puis essayer de la retrouver lorsqu'elle commence à disparaître, car on ne peut pas s'en remettre à l'électronique. »

« En *dirt track*, je cherchais ce point, juste à la fin d'une zone lisse, essayant de trouver un peu de terre qui me donnerait l'adhérence nécessaire pour dépasser mes adversaires d'une manière peu orthodoxe. C'est essentiellement ce que j'ai fait sur la Ducati. »

Márquez est au courant de tout ça. C'est d'ailleurs son expérience en *dirt track* qui a déclenché l'engouement actuel des meilleurs pilotes pour l'entraînement sur piste en terre, car le *dirt track* n'est pas seulement un excellent moyen d'apprendre, c'est aussi le meilleur moyen d'expérimenter différentes figures et techniques.

« Il est important d'apprendre à glisser en *dirt track*, mais il est encore plus important de comprendre ce qu'il faut faire dans chaque situation », souligne-t-il. « En course sur route, on effectue la plupart des tours de la même manière : mêmes mouvements, mêmes glissades, même façon de tourner la moto. »

« Mais en *flat track* (discipline spécifique du *dirt track*), voire en motocross, chaque tour est différent et on peut plus facilement tenter des expériences. Par exemple, quand je m'entraîne sur ma Panigale (une moto sportive Ducati qu'il utilise pour s'entraîner sur ciıcuit), je ne fais jamais d'expériences, car la moindre erreur peut causer d'importants dégâts, mais en *dirt track* et en *flat track*, on peut faire des expériences et repousser les limites. »

Ça signifie rechercher l'adhérence grâce à la position du corps, l'ouverture des gaz et le « gyroscope dans le cul » (selon les mots de « King' Kenny »), tout en affinant sa dextérité, sa sensibilité, sa vitesse de réaction et ses processus de réflexion afin d'analyser, de comprendre et de réagir en conséquence.

De nos jours, il n'y a pas un seul pilote de MotoGP qui ne soit pas capable de sortir des virages en utilisant le dérapage et le patinage du pneu arrière pour aider à tourner la moto.

Un dérapage avant est tout à fait différent, car c'est le pneu avant qui guide la moto, tandis que le pneu arrière ne fait que suivre. Les dérapages arrière sont donc relativement faciles à contrôler. Les dérapages avant ne sont pas faciles à contrôler, c'est pourquoi ils se terminent généralement par une chute du pilote et de la moto dans le bac à gravier.

Faire glisser le pneu avant procure une sensation étrange : le caoutchouc laisse des traces sur l'asphalte lorsque vous prenez un virage, le pneu dérape, le guidon tourne de quelques degrés vers l'intérieur, ce qui annonce généralement une chute. La sensation est plus intense qu'avec un dérapage arrière, c'est comme si vous pouviez sentir chaque grain d'asphalte à la surface de la piste.

Le problème avec les dérapages avant, c'est qu'ils s'amplifient généralement d'eux-mêmes. Ils surviennent principalement parce qu'une charge trop importante est exercée sur le pneu (généralement par la puissance de freinage ou la force de rotation), lorsque vous attaquez un virage. Lorsque le dérapage commence, l'élan vers le bas de l'avant du véhicule exerce encore plus de poids sur le pneu, ce qui signifie qu'il faudrait un miracle pour rattraper le dérapage.

C'est là que Márquez fait la différence, en mettant sa tête dans la gueule du loup et en utilisant ses compétences pour s'en sortir vivant.

Sa capacité à jouer avec le pneu avant lui permet d'améliorer ses temps au tour de différentes manières, car ça lui ouvre de nouvelles perspectives en ce qui concerne les performances. Alors que la plupart des pilotes savent que pousser trop loin dans la zone dangereuse du pneu les fera tomber, Marc n'hésite pas à dépasser ses limites d'adhérence.

Il utilise ensuite cette zone, où les autres n'osent pas s'aventurer, pour faire faire à sa moto des choses que les autres ne peuvent pas faire.

Lorsque le pneu avant de Marc perd un peu d'adhérence et commence à déraper et à glisser sur l'asphalte, il aborde le virage à une vitesse supérieure, gagnant ainsi quelques centièmes de seconde. Et parfois, il gagne bien plus que ça, utilisant sa vitesse supplémentaire pour effectuer un dépassement que personne d'autre ne pourrait réaliser.

En faisant glisser l'avant dans les virages pour gagner en vitesse, il négocie également le point de corde plus rapidement que ses rivaux, ce qui lui permet d'accélérer plus tôt. Comme il roule déjà plus vite, il n'a pas besoin d'accélérer aussi agressivement, ce qui évite à son pneu arrière de patiner autant.

« Avant d'arriver au sommet d'un virage, Marc relâche le frein avant, puis il se penche et se met en position basse, ce qui lui permet d'atteindre une vitesse incroyable dans les virages », explique Aleix Espargaró, vainqueur de courses MotoGP. « Quand on est capable de faire ça, on se prépare beaucoup mieux à l'accélération. Il prend les virages à grande vitesse, ce qui lui donne une meilleure traction quand il accélère. »

Par conséquent, Márquez possède des armes que personne d'autre ne possède ; et il n'y a pas de meilleur moyen pour remporter une guerre.

« Tout réside dans la façon dont il fait pivoter la moto dans les virages et dans la rapidité avec laquelle il le fait », explique Freddie Spencer, double champion du monde de MotoGP, dont le style de conduite hors du commun dans les années 1980 en a fait une sorte de prototype de Márquez. « C'est comme s'il survirait et dépassait le niveau d'adhérence du pneu avant, utilisant ainsi la vitesse et le mouvement du pneu pour faire pivoter la moto autour du pneu avant. Ça l'aide à placer la moto dans une meilleure position pour accélérer. »

« Marc est capable de sentir les limites, même lorsque la moto bouge beaucoup, et il sait les contrôler. Il a une capacité incroyable pour sentir et est capable d'anticiper ce qu'il va se passer. Il est extrêmement intuitif. Il est capable de sentir les choses lorsqu'il est à la limite du contrôle, ce qui lui permet d'être plus agressif tout en gardant le contrôle. Ça lui donne un vrai avantage. »

L'anticipation et la prédiction sont des éléments essentiels dans les courses de motos. Pour rouler très, très vite, vous devez piloter avec votre subconscient, car votre esprit conscient doit attendre que quelque chose se produise avant de réagir, ce qui vous rendra trop lent ou trop tardif. Si vous n'êtes pas en avance sur votre moto, vous n'êtes nulle part.

Les motards doivent donc connaître leur moto sur le bout des doigts pour pouvoir anticiper ses réactions et ajuster l'ouverture des gaz, la position du corps, la pression sur les freins, etc., afin de pouvoir résoudre un problème avant même qu'il ne survienne.

« Il prédit ce qu'il va se passer avec la moto avant que ça n'arrive », explique Chad Reed, légende du motocross et du supercross, et bon ami de Marc. « C'est quelque chose qui ne s'apprend pas. »

« J'ai eu beaucoup de chance de pouvoir le faire comme je marchais. Maintenant, je regarde mes enfants rouler. En observant leurs progrès et la façon dont ils assimilent les informations, je me rends compte à quel point certaines personnes peuvent être spéciales, uniques et intelligentes lorsqu'elles grandissent avec des motos. Si vous n'êtes pas fait pour ça, vous essaierez de faire ces choses et vous vous direz : "Pourquoi je n'y arrive pas ?" »

Même les rivaux de Marc ont du mal à mettre le doigt sur ce qui le rend si rapide.

« Les gens n'ont aucune idée à quel point Marc est spécial ; c'est un phénomène de la nature », a déclaré Cal Crutchlow, vainqueur de courses MotoGP, lorsqu'il a piloté des Honda aux côtés de Márquez, de 2015 à 2020. « Je n'ai jamais sauvé une moto à 62 degrés d'inclinaison, 15 fois par week-end ! Ça n'arrive à personne d'autre. »

« C'est un phénomène qui parvient à obtenir ces résultats semaine après semaine, alors qu'il pilote une moto réputée pour être la plus difficile à conduire. Marc est doté d'un talent exceptionnel, mais il possède également une détermination à toute épreuve qui lui permet de serrer les dents et d'aller de l'avant. Le style Márquez est vraiment très spécial. »

Les pilotes de Formule 1 étaient tout aussi impressionnés par leur légende Ayrton Senna, également réputé pour sa capacité à danser au bord du précipice.

« John Watson, quintuple vainqueur de F1, racontait souvent avoir vu Senna le dépasser et disparaître lors d'un tour rapide pendant les qualifications du Grand Prix d'Europe 1985 à Brands Hatch », écrit Richard Williams dans son excellent ouvrage *The Death of Ayrton Senna*. « John disait : "La voiture de Senna dansait. Comme des perles d'eau sur le bitume. Le contrôle… ça, c'était un pilote qui faisait des choses auxquelles je n'avais même jamais pensé, sans parler de les essayer." »

Comment Marc peut-il rouler de cette manière ? C'est en grande partie une question de sensations. En mettant plus de poids sur le pneu avant, il peut en exiger davantage, mais il ne peut le faire qu'en étant hyper sensible à ce qu'il se passe au point de contact entre le caoutchouc et la piste, ce qui lui permet de ressentir ce que les autres ne peuvent pas ressentir.

En fait, cette hypersensibilité lui permet d'aller encore plus loin. Les ingénieurs de Honda et de Ducati m'ont confié que Marc pouvait maintenir le pneu avant et les freins à des températures plus basses que ses rivaux, malgré des virages pris à une vitesse supérieure à celle de tous les autres pilotes. Ça l'aide évidemment dans le feu de l'action, lorsque les pilotes peuvent être confrontés à une surchauffe des pneus et des freins, ce qui nuit à leurs temps au tour.

« La manière dont il gère le pneu avant Michelin reste un mystère. Je ne sais vraiment pas comment il s'y prend », explique Takeo Yokoyama, directeur technique MotoGP chez Honda de 2013 à 2022. « Il gagnait beaucoup de temps au freinage, mais souvent, la température de son pneu avant et celle de ses freins était la plus basse (parmi les pilotes Honda). C'était très étrange. »

Sa capacité à maintenir son pneu avant plus froid que la plupart des autres pilotes s'est avérée particulièrement avantageuse pendant la période où Michelin était le fournisseur officiel de pneus pour le MotoGP (2016 à 2026), car les pneus slicks avant de la société française perdent en adhérence lorsqu'ils chauffent trop.

Marc maintient les pneus à une température optimale en collaborant avec ses ingénieurs afin de déterminer les sections de chaque circuit qui sollicitent le plus les pneus. Il décide ensuite où il peut ménager les pneus sans trop affecter ses temps au tour. En gros, il économise dans certains domaines pour en profiter dans d'autres.

« Personne ne contrôle l'avant comme Marc », déclare Piero Taramasso, responsable MotoGP chez Michelin. « Il cherche toujours à repousser la limite, où qu'il soit. »

« Lors des essais de pré-saison de 2018 au Qatar, il est sorti la nuit [sous les projecteurs du circuit de Losail] avec un pneu avant dur, car il avait besoin d'un pneu plus dur pour soutenir son style de conduite. Personne d'autre ne sortirait avec un pneu avant dur quand il fait nuit, lorsque la température de la piste est plus basse, mais il nous a dit : "Je veux essayer." »

« Il est donc sorti et, peu après, Jack [Miller] est revenu dans son box. Il nous a dit que Marc était devant lui et qu'il perdait volontairement l'avant, essayant d'atteindre la limite. Il a dit que c'était fou parce que Marc allait à fond. »

« Après la session, Jack est allé dans le garage de Marc et lui a demandé : "Qu'est-ce que tu faisais dans le sixième virage ? Tu t'inclinais de 20 degrés dans le virage et tu tournais le guidon à fond !" »

« Marc a répondu : "Oh, je cherchais la limite, parce que je veux savoir où elle se trouve et je veux ressentir la réaction." Personne d'autre ne peut faire ça. »

« C'est pourquoi il gagne beaucoup dans les virages par rapport aux autres pilotes. Les données le montrent clairement. Il freine très fort à l'entrée du virage, puis il incline sa moto de trois ou quatre degrés supplémentaires, ce qui lui permet de mieux négocier le virage. »

Thomas Alatalo, ancien ingénieur en suspension chez Öhlins, raconte la même histoire.

« Le style de conduite de Marc est unique. Je dirais qu'il a une meilleure perception du comportement du pneu avant que n'importe quel autre pilote. Personne d'autre ne peut faire glisser l'avant aussi longtemps ; personne d'autre ne peut frôler autant de fois la chute sans tomber. Il a donc une perception irréelle de la force avec laquelle il peut freiner dans les virages et dans les zones de freinage. C'est là qu'il gagne du temps. »

« Pour moi, ça tient en grande partie au fait qu'il a une meilleure perception du comportement des pneus à tout moment et qu'il a des réactions plus rapides. »

« La façon dont Marc pilote ; c'est un maître dans l'art de trouver l'équilibre à la limite de l'adhérence, car il sent mieux que quiconque où se trouve cette limite : "OK, je dérape à l'avant et je vais avoir un accident si je ne fais rien pour y remédier." Cette réaction demande plus de temps aux autres pilotes. »

Stoner, doté d'un talent hors du commun tout comme Márquez, partage cet avis : « Marc est fantastique », déclare l'Australien. « Il est incroyablement rapide et ses temps de réaction sont hors pair ; personne ne peut rivaliser avec ses temps de réaction. »

« Il a un sens phénoménal du pilotage que je n'ai jamais acquis. Nous avons en commun le fait que nous ne sommes pas gênés par les mouvements de la moto, et ça vient en grande partie du fait que nous avons appris sur le *dirt track* quand nous étions enfants, car ça aide vraiment à apprendre à glisser et à contrôler, et à maîtriser les points où l'adhérence est bonne. »

C'est pourquoi Márquez est devenu célèbre pour ses sauvetages spectaculaires à l'avant, qui continuent d'étonner non seulement les fans, mais aussi ses rivaux. Il peut perdre complètement l'avant dans un virage, avec le guidon presque à fond, et reprendre le contrôle. Ces sauvetages sont un plaisir et un frisson à regarder, car on sait qu'il dansera toujours au bord du précipice, parce que c'est son endroit préféré au monde.

« Le Saint Graal de la course moto a toujours été de mettre au point un dispositif capable d'empêcher les dérapages avant », m'a confié Tom O'Kane, ancien ingénieur Suzuki MotoGP, peu après l'arrivée de Márquez en MotoGP. « Et aujourd'hui, Honda en possède un : il s'appelle Marc Márquez. »

Et aujourd'hui, Ducati possède ce dispositif.

« Son contrôle de l'avant est unique », déclare Davide Tardozzi, l'actuel directeur de l'écurie de Marc. « Il maîtrise l'avant de la moto bien mieux que n'importe quel autre pilote. Il est le seul à savoir faire glisser latéralement le pneu avant comme il le fait. »

Il existe tout un processus pour sauver les dérapages avant, qui commence par la sensation que le pneu avant est sur le point de dépasser sa limite d'adhérence. Cet avertissement ne dure que quelques millisecondes et peut n'être qu'un murmure, il faut donc être très attentif pour le percevoir.

Il faut alors avoir des réflexes fulgurants, garder son sang-froid lorsque le pneu vous parle, savoir anticiper ce qu'il va se passer, avoir le talent nécessaire pour réagir de manière appropriée et la force physique pour empêcher la moto de tomber et la maintenir en position verticale.

Il n'est pas surprenant que Marc se souvienne encore de son premier sauvetage avant, lors de la saison où il a remporté le Championnat du monde 125 cm^3.

« Je me souviens très bien de la première fois, c'était en 2010, dans le troisième virage à Barcelone. Je me suis dit : "Ah, peut-être que je suis capable d'éviter les chutes en faisant ça." Puis, j'ai commencé à utiliser un peu mes coudes en 125, en commençant par le coude droit. »

Les petites motos GP 125 étaient légères et généralement très maniables, ce qui ne laissait pas beaucoup de possibilités à Marc pour développer cette technique. Les motos Moto2, en revanche, étaient tout autre chose, en particulier la Suter qu'il a pilotée en 2011 et 2012. Plus il s'entraînait, plus il parvenait à faire glisser l'avant pour devancer ses rivaux.

« Quand je suis arrivé en Moto2, l'un des problèmes que nous avions était le broutage important à l'avant. J'ai fait beaucoup de chutes à cause de ces vibrations à haute fréquence provenant du pneu avant, alors j'ai commencé à utiliser mes coudes pour éviter ces chutes en aidant le pneu avant. »

L'utilisation des coudes comme stabilisateurs par Marc a constitué une autre avancée majeure dans le domaine de la course moto.

Dans les années 1960, les spectateurs s'enthousiasmaient lorsque les pilotes traînaient leurs orteils sur le sol, usant parfois leurs bottes jusqu'à ce que leurs orteils saignent, éclaboussant de sang les pilotes qui les poursuivaient.

Dans les années 1970, Kenny Roberts (oui, encore lui) est devenu le premier pilote à utiliser ses genoux comme stabilisateurs, ce qui n'a pas plu à certains de ses rivaux.

« Un mec m'a dit ; "Tu vas finir par te tuer, t'es l'enfoiré le plus cinglé que j'ai vu de ma vie et tu vas mourir !" », nous raconte Roberts.

Certaines personnes pensaient la même chose des coudes de Marc, mais, tout comme Roberts a normalisé le fait de se racler les genoux sur la route, Marc a normalisé le fait de se racler les coudes. Aujourd'hui, tous les pilotes de MotoGP ont des inserts métalliques dans les coudes de leurs combinaisons, tout comme ils ont des *sliders* sur les genoux depuis plusieurs décennies.

« Parfois, on peut éviter une chute grâce à son genou », explique Marc. « Mais si on utilise son genou et son coude, on peut le faire plus facilement ! »

« Quand je perds l'avant, j'appuie avec mon coude [intérieur]. Ensuite, tout dépend de la situation : parfois j'accélère, parfois je ralentis et j'attends. Mais c'est tellement difficile à comprendre ! »

« Tout dépend aussi du type de pneu que j'utilise. Si je perds l'avant avec un pneu très dur, je chute. Mais si je perds l'avant avec un pneu plus tendre, je peux éviter la chute. Quand on perd l'avant avec un pneu dur, tout se passe beaucoup plus vite ! »

« Vous ne pouvez pas imaginer à quel point je joue avec mes coudes tout le temps dans les virages, comment je joue avec mon corps et comment je travaille ma condition physique à la salle de sport. »

Tous les pilotes de MotoGP s'entraînent dur en salle de sport, en privilégiant l'endurance plutôt que la musculation, car plus de muscles signifie plus de poids. Cependant, la technique de Marc, en particulier la façon dont il lutte avec sa moto à la limite du contrôle, nécessite une force physique importante dans le haut du corps. Il est donc plus musclé que la plupart de ses rivaux.

Malgré ça, les dérapages avant ne se terminent pas toujours comme Marc le souhaiterait.

« La plupart du temps, j'aime sentir un peu de mouvement dans le pneu avant, sentir que le pneu glisse un peu, car c'est comme ça que je perçois la limite », explique-t-il. « Parfois, on fait beaucoup glisser l'avant et on a l'impression que le virage sera mieux négocié, mais ensuite, on ne peut plus arrêter la moto, alors on doit relâcher le frein et on sort un peu trop large. »

Les rivaux de Márquez ne parviennent toujours pas à faire ce qu'il fait : parfois, ils peuvent se retrouver à rattraper un dérapage avant, mais ils ne peuvent pas le faire plusieurs fois chaque week-end.

Son coéquipier chez Ducati en 2025 est Pecco Bagnaia, qui a remporté les titres MotoGP 2022 et 2023 grâce à sa technique personnelle d'entrée de virage ultrarapide, ce qui prouve son talent indéniable. Mais l'Italien a connu des difficultés, car la moto MotoGP Desmosedici GP25 de Ducati ne lui permet pas d'aborder les virages comme il en avait l'habitude, même si Márquez se sent plutôt à l'aise sur cette moto.

« Marc est très doué pour piloter n'importe quelle moto, ce que je ne suis pas capable de faire. J'ai besoin d'avoir un bon feeling avec l'avant », a déclaré Bagnaia lors du Grand Prix d'Espagne de 2025. « Les données montrent clairement qu'il a un excellent feeling avec la moto et qu'il peut pousser très fort à différents endroits. »

Plus tôt dans le week-end, Bagnaia avait fait une violente chute dans le septième virage, le genre de virage rapide à gauche où Márquez fait la différence.

« Tu as fait un pacte avec une force antihoraire », a-t-il dit en riant, s'adressant à Marc et suggérant une sorte d'intervention démoniaque. « C'est impossible [de faire ce que tu fais], surtout dans le septième virage. Ce matin, je me suis dit : "Je vais prendre le septième virage comme Marc, et boum, j'ai chuté !" ».

Le fait est que personne ne sait comment Márquez parvient à faire ce qu'il fait ; ni ses ingénieurs ni ses rivaux, ce qui le place au-delà de la compréhension humaine et ce qui le rend presque surnaturel.

CHAPITRE 3

« MARC POSSÈDE UNE VISION PLUS LARGE QUI LUI PERMET DE VOIR ET DE SUIVRE SON OBJECTIF »

La plupart des analyses des capacités de Márquez à remporter des courses se concentrent sur sa sensation vis-à-vis des limites, ses réflexes de félin et sa technique de pilotage, qui semblent défier les lois de la physique.

Mais ceux qui le connaissent bien pensent qu'il y a quelque chose de bien plus important : son esprit, sa psyché, son tempérament et son intelligence. Ce sont les fondements mêmes de notre être, ils sont donc supérieurs au talent et à la technique.

L'esprit, la psychologie et le tempérament de Márquez lui confèrent la détermination, la confiance en soi, le caractère impitoyable et l'intrépidité dont il fait preuve dans son travail. Sans ces qualités, son talent et sa technique n'auraient pas suffi pour qu'il atteigne même la moitié de ce qu'il a accompli.

Son intelligence lui permet de réfléchir comme peu d'autres. C'est comme si Marc avait une vitesse supplémentaire dans son cerveau : ses rivaux ont des boîtes à six vitesses, lui en a sept.

Valentino Rossi, six fois champion du monde de MotoGP, était pareil : un génie du pilotage, une machine de course.

Au cours des quatre décennies pendant lesquelles j'ai écrit sur les courses de motos, j'ai interviewé des dizaines de légendes de la moto, de John Surtees, triple champion du monde de MotoGP dans les années 1950 et 1960, à Giacomo Agostini, huit fois champion du monde de MotoGP dans les années 1960 et 1970, en passant par tous les grands noms actuels. Deux d'entre eux se distinguent particulièrement : Rossi et Márquez.

« Les moto-neurones de Valentino fonctionnent plus rapidement que ceux des autres pilotes », m'a confié Jeremy Burgess, chef d'équipe de longue date de Rossi, il y a de nombreuses années.

Márquez est pareil.

L'intelligence a toujours été importante dans les courses. Le courage seul ne vous mènera pas très loin. Le talent de pilote ne suffira pas non plus. Vous devez avoir un esprit vif, être capable de réfléchir et de comprendre rapidement, savoir ce qui est important et ce qui ne l'est pas, et être capable de garder votre sang-froid pour prendre des décisions en quelques millisecondes, en restant toujours calme alors que n'importe qui d'autre paniquerait.

Vous avez également besoin d'une large bande passante afin de pouvoir compartimenter différents processus de réflexion et effectuer plusieurs tâches à la fois à 350 km/h : essayer d'aller le plus vite possible, penser à la moto, à ce qu'elle fait et à ce qu'elle pourrait faire mieux, travailler sur votre stratégie, essayer différentes trajectoires, surveiller les pneus, examiner vos rivaux, évaluer les forces et les faiblesses de leurs motos, préparer les dépassements, défendre votre position, réfléchir à la configuration pour la prochaine course, aux développements futurs, et ainsi de suite.

Une fois de plus, Marc est ici comparable au génie de la Formule 1, Ayrton Senna.

« Ce qui caractérisait Ayrton, c'était sa capacité à piloter une voiture de course aussi vite, voire plus vite, que n'importe qui d'autre sur la grille, mais il n'utilisait que 50 % de ses capacités pour y parvenir », se souvient Chris Dinnage, mécanicien Lotus de Senna. « Il lui restait donc 50 %... pour être conscient de tout ce qu'il se passait autour de lui. »

Le cerveau de Marc continue de fonctionner ainsi même lors d'une chute. Lorsqu'il est tombé pendant les essais du Grand Prix britannique en 2025 à Silverstone, il a continué à tenir sa moto, car, même alors qu'il glissait sur la route, il réfléchissait déjà à ce qu'il allait faire ensuite.

« Quand j'ai chuté, je pensais davantage à retourner au garage pour continuer avec les mêmes pneus qu'à la chute elle-même », a-t-il déclaré à l'époque. « Je savais pourquoi j'avais chuté, alors je pensais à sauver la moto pour retourner au garage. »

Les rivaux de Marc peuvent observer son intelligence à l'œuvre, de près. Cal Crutchlow s'en est approché plus que les autres, car il pilotait la même moto, issue du garage LCR Honda situé juste à côté de l'équipe Repsol de Marc.

« Si Marc est ce qu'il est, c'est grâce à son instinct de pilote, à sa façon de gérer les courses et de piloter, et pas seulement à sa technique », explique Crutchlow, qui a pris sa retraite de la compétition à plein temps fin 2020. « C'est son sens tactique, sa façon de ne pas freiner trop fort pendant les essais ou les qualifications, puis de freiner soudainement plus fort pendant la course pour dépasser quelqu'un. Tous les autres pilotes Honda, comme moi, regardaient ses données et essayaient de faire comme lui, mais personne n'y arrivait. »

« C'est sa capacité à s'adapter rapidement à n'importe quelle situation à tout moment. Peu importe la situation, qu'il s'agisse de la moto, des conditions, d'une erreur ou autre, il semble toujours avoir une réponse et parvient toujours à revenir. »

« La façon dont il s'y prend en pleine course est l'un des aspects les plus importants. Quand je courais, je regardais le pilote devant moi et je me disais : “Je vais essayer de te dépasser. Quels sont tes points faibles ? Quels sont tes points forts ?” Si Marc est huitième, il a déjà analysé les sept pilotes qui le précèdent. Il ne pense pas à prendre la septième place, il se demande comment arriver en tête. À cet égard, il est très intelligent. »

« Marc reste le plus grand talent actuel, et pas seulement en matière de pilotage », déclare Casey Stoner, double champion du monde MotoGP. « Le talent se manifeste sous différentes formes. Quand les gens parlent de talent, ils font souvent référence au domaine numéro un, à savoir le pilotage, mais Marc n'est pas seulement doué pour piloter. Il est aussi bien plus intelligent que la plupart de ses concurrents. »

« Quand on regarde plus en détail, c'est un gars super intelligent. C'est pour ça qu'il est si bon dans les batailles et qu'il reste calme dans la plupart des situations. Et plus il vieillit, plus il devient malin. Avant, il poussait, poussait, plantait, se relevait, plantait encore, se relevait encore, et, en général, il réglait tout pour le dimanche. Aujourd'hui, nous ne voyons plus autant de chutes. Il comprend vraiment très bien les choses, il se prépare donc pour le jour de la course, plutôt que de simplement tout dominer. »

La vie d'un pilote de MotoGP n'est pas moins compliquée dans le garage, où Santi Hernández, chef d'équipe de longue date de Marc en Moto2 et MotoGP, a appris à le connaître.

« Marc a du talent, bien sûr, mais plus important encore, il est très intelligent », affirme Hernández. « L'une des choses qui le distingue, même lorsqu'il gagne, c'est sa motivation à apprendre et à s'améliorer. Le premier jour où j'ai travaillé avec lui en Moto2, j'ai été surpris de voir à quel point un jeune pouvait faire des commentaires aussi clairs et directs. J'ai travaillé avec de nombreux pilotes très expérimentés, mais, dès le premier jour, nous avons pu constater que ce garçon était très intelligent et toujours prêt à apprendre. »

« Même aujourd'hui, alors qu'il a remporté de nombreuses courses et championnats, il veut continuer à apprendre. Beaucoup de pilotes pensent tout savoir lorsqu'ils gagnent. Lui, il continue d'apprendre sans cesse et s'il commet une erreur, il est le premier à le reconnaître. »

« Ceux qui disent que Marc n'est pas capable de développer une moto n'y connaissent rien. Ils se trompent. Le pilote n'est pas l'ingénieur, il ne crée pas la moto. Le pilote ne décide pas du réglage, de la stratégie électronique et de toutes ces choses-là. Il donne son avis, ses impressions, ses commentaires. Marc est quelqu'un de très intelligent et il fournit des commentaires précis, ce qui lui permet de très bien développer la moto. »

Marc n'avait jamais abordé ce mythe jusqu'à présent.

« Même si certains disent que Marc Márquez ne sait pas régler une moto, je pense que c'est l'un de mes points forts : essayer de comprendre où en est la moto à chaque instant et ce dont elle a besoin pour aller plus vite », explique-t-il.

Frankie Carchedi, ingénieur chez Gresini Ducati, qui avait auparavant guidé Joan Mir (Suzuki) vers le titre MotoGP, a travaillé avec Marc en 2024.

« Pendant toutes les années où j'ai travaillé dans le monde de la course, je n'ai jamais rencontré de pilote qui ait son niveau de connaissance de la moto et de ses réglages », déclare Carchedi.

L'ingénieur en suspension Öhlins de Marc pendant la saison 2024 était Mike Watt, un vétéran des stands qui a travaillé avec tout le monde, de Wayne Rainey, Eddie Lawson et John Kocinski à Jack Miller, Franco Morbidelli et Enea Bastianini.

« Parfois, Marc débarquait, réfléchissait à ce qu'il se passait, puis dessinait un graphique sur une feuille de papier, montrant, je crois, la courbe d'accélération, le point de freinage et le *fork stroke* », se souvient Watt. « Nous avons superposé le papier sur les données à l'écran et elles étaient identiques ! C'était incroyable, putain ! La première fois qu'il l'a fait, Frankie et moi étions là à nous dire ; bon sang ? C'était tout simplement incroyable ! »

L'intelligence de Marc et son feeling hors du commun de la moto jouent un rôle essentiel dans son succès, car aller vite ne concerne pas seulement ce que vous faites sur la piste, mais aussi ce que vous faites dans le garage.

« Ce n'est pas seulement une question de conduite », ajoute Carchedi. « C'est aussi une question de réglages, afin qu'il puisse faire ce qu'il veut avec sa moto. »

Bien que Marc soit le roi de l'avant, il sait très bien que le pneu arrière actuel du MotoGP est bien meilleur que l'avant. Il privilégie donc le réglage de l'arrière afin de pouvoir trouver le meilleur temps au tour avec le pneu arrière, en particulier lors du freinage.

Et que fait-il exactement avec l'arrière pendant le freinage ?

« Je ne veux pas trop en dire, car ce ne serait pas juste pour lui », poursuit Carchedi. « Il a un bon feeling, mais il sait aussi comment régler sa moto pour ça, donc celle-ci est réglée de manière à lui donner ce feeling à l'avant. »

Comme l'a dit Casey Stoner, il s'agit d'être peu orthodoxe. Vous essayez de résoudre les problèmes avec vos ingénieurs, mais s'il n'y a pas de solution technique, vous devez atteindre votre objectif en vous adaptant.

Ce n'est pas quelque chose qui s'apprend. C'est une capacité innée qui vous permet d'avoir une conversation avec la moto, d'écouter ce qu'elle vous dit et de réagir en conséquence. Peu de pilotes possèdent ce génie ; Stoner l'avait et Marc l'a aussi.

« Vous ne pouvez pas avoir la moindre fierté, vous ne pouvez pas être fier, même un tout petit peu, de ce que vous pensez pouvoir faire », m'a confié Stoner lorsqu'il était pilote de MotoGP. « Vous devez découvrir comment la moto doit être conduite et la conduire comme elle doit l'être. »

« Malheureusement, beaucoup de pilotes disent : "Ah, la moto doit m'être adaptée, donc les ingénieurs doivent la développer pour que je puisse la piloter." Eh bien, pourquoi ne pas changer un peu soi-même ? Il n'est pas si difficile de changer certaines choses en soi-même pour s'adapter. »

« C'est juste une question d'état d'esprit : il ne faut pas être trop sûr de soi. Il faut se plier à la moto et comprendre qu'on n'a pas toujours raison. Elle est là, elle peut gagner des courses, mais il faut trouver la manière dont elle veut être pilotée. »

Ce concept n'est pas nouveau. Le regretté John Surtees, qui a remporté quatre titres MotoGP dans les années 1950 et 1960, avait compris que le pilote devait être à l'écoute de sa moto et faire ce qu'elle lui demandait.

« La relation que vous établissez avec une machine est quelque chose de très spécial », explique Surtees. « D'une certaine manière, la machine vous parle, et l'important est donc de comprendre ce qu'elle vous dit. »

La RC213V de Honda n'a jamais été la meilleure moto sur la grille pendant les 11 saisons de Marc chez Repsol Honda. Certes, elle était la meilleure sur certains circuits, mais sur d'autres, la YZR-M1 de Yamaha, la Desmosedici de Ducati ou la GSX-RR de Suzuki avaient l'avantage. Marc a donc dû, pendant de nombreux week-ends, écouter la RC213V et faire tout son possible pour minimiser ses inconvénients et maximiser ses avantages.

Même lorsqu'il pilotait une Ducati GP23 d'occasion en 2024, il devait composer avec des problèmes. Le nouveau pneu arrière slick de Michelin provoquait des vibrations à haute fréquence qui pouvaient faire sauter les pneus de la route de plusieurs millimètres, obligeant le pilote à ralentir, à risquer une chute ou à faire preuve de dextérité pour éviter ce problème technique redoutable.

« Ducati nous a poussés à essayer différents réglages d'amortisseurs arrière pour corriger les vibrations, mais Marc ne les a jamais appréciés », ajoute Watt. « Il nous a dit que les différents réglages corrigeaient les vibrations, mais réduisaient l'adhérence. Ducati nous a fait essayer différents réglages à trois reprises et, chaque fois, il a fait deux tours et a dit : "Enlevez-les. Le réglage corrige les vibrations, mais je n'ai plus d'adhérence. Je veux de l'adhérence et je m'occuperai des vibrations." »

Le patron actuel de l'écurie de Marc, Davide Tardozzi, était un pilote qui a failli remporter le premier Championnat du monde de Superbike en 1988, à quelques points près. Depuis qu'il a arrêté la compétition, Tardozzi a guidé Carl Fogarty, Troy Bayliss,

Andrea Dovizioso, Danilo Petrucci, Jack Miller, Pecco Bagnaia, Márquez et bien d'autres vers la gloire en WSBK et en MotoGP.

« Marc est tellement intelligent », déclare Tardozzi, qui a joué un rôle important dans le recrutement de Márquez chez Ducati, aux côtés de l'ingénieur en chef Gigi Dall'Igna, du directeur sportif Mauro Grasselli et du PDG de Ducati Motor, Claudio Domenicali. « Il possède une vision plus large qui lui permet de voir et de suivre son objectif. Il sait que tout ce qui l'entoure contribue à la performance. Il sait que la moto est source de performance, tout comme la manière dont l'équipe travaille et l'aide à résoudre les problèmes. C'est pourquoi il est profondément concentré sur tout ce qui l'entoure. Les ingénieurs, les mécaniciens, son manager, sa petite amie, tous contribuent à la performance.

« Après seulement quelques courses avec nous, il connaissait déjà les noms et les rôles de tous nos ingénieurs et m'a raconté ce qu'il avait appris de chacun d'entre eux. En trois courses, putain ! Il est tellement intelligent qu'il comprend tout ce qu'il se passe, ce qui peut l'aider et quelles personnes peuvent l'aider. »

Son compatriote espagnol Alberto Puig a été le directeur de l'équipe Repsol Honda de Márquez de 2018 à 2023. Avant de se lancer dans la gestion d'équipe et l'entraînement de pilotes, Puig était un pilote de MotoGP de haut niveau, remportant le Grand Prix d'Espagne de 1995 à Jerez. Deux mois plus tard, sa carrière a pris fin lorsqu'il s'est brisé la jambe gauche dans un accident à 260 km/h au Mans.

Son histoire est très proche de celle de Márquez, non seulement parce qu'il a travaillé avec le jeune pilote pendant très longtemps, mais aussi parce que ses expériences en matière de blessures et d'opérations chirurgicales mettent en lumière ce que Marc a vécu ces dernières années. Puig a subi une douzaine d'opérations sur sa jambe cassée, qui n'ont finalement pas réussi à réparer les dommages, et il n'a donc eu d'autre choix que de raccrocher sa combinaison et son casque.

« La blessure était catastrophique : tout dans ma jambe était détruit », explique Puig. « Les nerfs étaient sectionnés, la cheville et tous les orteils étaient soudés, j'avais perdu toute ma masse musculaire et l'os s'était infecté. Ça a duré trois ans : je prenais un gramme et demi d'antibiotiques par jour, puis on m'a posé un fixateur externe. Finalement, on m'a retiré l'os et on m'a fait une greffe à partir d'un animal. »

Quel animal ?

« Une vache ! Ma jambe contient de la vache ! J'ai subi 12 opérations chirurgicales et j'ai finalement compris que je ne pouvais plus être compétitif, car ma jambe ne fonctionne plus que comme un bâton. »

« Plus tard, j'ai également réalisé que cette blessure m'avait rendu craintif. Je n'étais plus capable de courir d'un point de vue physique, mais aussi d'un point de vue psychologique. Ça peut sembler étrange, mais pour être pilote, il faut parfois être un peu idiot. Il faut juste piloter la moto et si on réfléchit trop, on retarde tous les processus et le temps au tour n'arrive jamais. J'adore la course, mais je devais passer à autre chose. »

Après avoir mis fin à sa carrière de pilote, Puig s'est fait connaître en tant que mentor, entraînant de jeunes talents tels que Casey Stoner, Dani Pedrosa, Chaz Davies et Leon Camier. Stoner a remporté deux championnats MotoGP, Pedrosa a décroché trois titres mondiaux en 125cc/250cc, Davies a remporté plusieurs courses WSBK et Camier est devenu champion britannique de Superbike.

Stoner a beaucoup écrit sur Puig dans son autobiographie, *Pushing The Limits*. Il le décrit comme « dur et intransigeant », « sévère et brusque », mais se souvient également de la générosité de la famille Puig lorsqu'il était au bas de l'échelle dans le monde de la course. L'anecdote clé du livre concernant Puig est un souvenir de Davies lors du championnat Movistar Honda en Espagne, destiné à repérer les talents.

« Nous étions tous impressionnés par Alberto Puig », écrit Stoner. « Chaz se souvient à quel point Alberto était dur : "Pas dans ses relations ou ses discussions, mais les conversations commençaient et finissaient toujours par ce qu'il se passait sur la piste, et il y appliquait un programme très strict." Lors de la deuxième course [Movistar] à Albacete, Camier a pris un mauvais départ. "Que s'est-il passé ?" lui a demandé Alberto. Leon a répondu : "Quelqu'un devant moi a calé au départ et j'ai dû ralentir, ce qui m'a fait perdre beaucoup de terrain..." Alberto l'a regardé et lui a dit : "Tu dois le percuter !" C'était comme si on se disait : "Bon, on est là pour courir, quoi qu'il en coûte..." ».

Puig s'est plus tard orienté vers la gestion d'équipe.

« J'ai eu beaucoup de chance de travailler avec des gars extrêmement talentueux : Dani, Casey, Jorge [Lorenzo] et Marc », ajoute-t-il. « Tous les champions sont spéciaux, mais ce gars-là [il rit] est vraiment unique. »

« Avec Marc, tout est différent. D'un point de vue sportif, c'est clairement un animal. Quand il enfile son casque et qu'il entre en piste, on sait que quelque chose va se passer, quelque chose de spécial. Et quand on discute avec lui, on comprend qu'il ne plaisante pas, mais il est vraiment très facile de travailler avec lui, car il n'a jamais pris la grosse tête. »

« En plus de ses talents de pilote, c'est aussi quelqu'un d'intelligent. C'est important. Il souhaite que son équipe soit comme une famille et il sait comment créer une bonne ambiance au sein de celle-ci. Demandez à n'importe quel membre de son équipe, ils feraient n'importe quoi pour lui. »

Dans la plupart des domaines, si quelqu'un vous traite d'animal, c'est une insulte. Mais pas dans le monde de la course moto. Depuis le côté sûr de la barrière, il est difficile d'imaginer la nature animale qui se cache sous le casque d'un pilote moto.

Le regretté Nicky Hayden, champion du monde de MotoGP en 2006, utilisait souvent l'expression « *beast-mode* » pour décrire son état d'esprit avant une course. Lorsque les feux s'éteignent, les pilotes deviennent des chasseurs, poursuivant ceux qui les précèdent : ils les traquent comme des animaux et lancent des attaques impitoyables et sanglantes. Et parfois, ça tourne au carnage. Trop souvent, en fait.

Le MotoGP, c'est du ballet sur un champ de bataille. Vu de l'extérieur, ça a l'air tellement brillant, tellement glamour, tellement amusant. Les pilotes sourient aux caméras et saluent les fans, mais au fond d'eux-mêmes, ils complotent pour se tuer.

« La course moto est un sport brutal », poursuit Puig, dont le ton est presque militaire, ce qui n'est pas surprenant, car la course moto s'apparente à une opération militaire. « Quand j'aidais des jeunes comme Pedrosa et Stoner, je leur disais toujours qu'ils devaient être des combattants. Et je leur disais toujours que rien ne vient jamais de rien, donc si vous voulez quelque chose, vous devez le garder à l'esprit. »

« Je leur disais également que, lorsqu'ils entreraient dans le paddock de MotoGP, ils ne devraient rien attendre de personne.

Ils doivent se battre pour obtenir ce qu'ils veulent et le prendre ; c'est le principe même de l'esprit combatif... »

Alors que Puig prononce ces mots, il frappe trois fois du poing sur la table pour souligner son propos.

« ... Si vous voulez être un pilote de haut niveau, vous devez être comme ça tout le temps. Pas seulement quand vous êtes sur la piste, mais aussi à la maison. Vous devez toujours avoir l'état d'esprit d'un ouvrier qui travaille à l'usine dès six heures du matin. Vous devez aussi être égoïste, car vous ne pouvez pas imaginer à quel point les pilotes de haut niveau le sont. C'est ce qu'il faut... »

Il frappe une nouvelle fois sur la table.

« Ce que j'ai essayé de transmettre à ces jeunes, c'est le sérieux, la passion et la constance. Et pas seulement par des discours, mais aussi par des actes. Je me suis donc entraîné avec eux, car, pour que les gamins vous respectent, ils doivent se dire : "Bon sang, ce type est vieux et blessé, mais il se donne à fond." C'est ce que j'ai toujours essayé de leur transmettre. »

Tous les grands pilotes de moto sont coriaces : impossible d'atteindre les sommets dans ce sport sans se faire démolir. À plusieurs reprises. Fractures, commotions cérébrales, atélectasies pulmonaires, blessures à la colonne vertébrale. Et pire encore.

Par conséquent, la vitesse n'est pas la seule compétence requise. Il faut également être capable de supporter la douleur, non pas occasionnellement, mais la plupart du temps. Il n'y a pas un seul pilote de MotoGP qui ne souffre pas déjà de blessures qui le hanteront pour le reste de sa vie. Mais aucun plus que Márquez. C'est pourquoi son désir de continuer à risquer sa vie et ses membres comme il le fait dépasse l'entendement.

« Le plus important, c'est que Marc le veut plus que quiconque », explique Mats Larsson, ingénieur en suspension chez Öhlins, qui a travaillé avec plusieurs champions MotoGP, à commencer par le triple champion Wayne Rainey à la fin des années 1980.

« Marc est comme Rainey, qui était prêt à tout pour gagner. Wayne était insupportable dans le stand quand il perdait, mais dès le lundi, il redevenait le meilleur gars du monde. Il était tellement concentré et motivé. C'était pareil avec Mick Doohan [cinq fois champion du monde MotoGP dans les années 1990], qui voulait gagner chaque session d'essais. Marc est pareil. Quand il chute, on le voit se relever et courir pour remettre sa moto en état de marche. »

« Marc en a besoin, il en raffole. Il est tellement concentré. Les autres gars sont comme des petits morveux pourris gâtés. »

« Marc est tellement impatient : sur la Honda, il freinait trop fort, il coupait les virages et n'attendait pas que la moto se stabilise. Il la poussait à fond et parfois elle rebondissait, et donc il connaissait ses limites. Mais ça ne le dérangeait pas vraiment. »

La peur est un facteur très important dans la compétition motocycliste, qui est sans doute le sport télévisé le plus dangereux au monde.

Les pilotes de moto doivent être courageux pour faire ce qu'ils font : risquer leur vie et leur intégrité physique pour atteindre leur objectif. Le MotoGP est plus sûr aujourd'hui qu'auparavant, mais des pilotes perdent encore la vie : trois décès ont été déplorés au cours des 15 dernières saisons dans les trois catégories du championnat, et d'autres dans les épreuves dites « *Road To MotoGP* ».

« Notre sport comporte beaucoup plus de risques que les autres sports, c'est évident », explique Marc. « Mais le risque fait partie de notre travail, de notre métier. C'est sûr que sans risque, tout le monde serait capable de rouler très vite. »

Márquez a connu plus de 250 accidents lors des week-ends de Grand Prix, subissant toutes sortes de blessures qui ont nécessité toutes sortes d'opérations chirurgicales. Mais il n'a toujours pas peur.

Son intrépidité pourrait-elle être sa plus grande arme ?

« Marc est extrêmement compétitif et son niveau d'agressivité est très élevé », explique Jordi Castellà, son mécanicien depuis une quinzaine d'années. « De plus, c'est un pilote très fort qui ne laisse jamais d'espace pour le dépasser. Mais pour moi, la plus grande force de Marc, c'est qu'il n'a peur de rien. Je ne sais pas s'il comprend la peur comme les autres. »

Et pourtant, Stoner ne pense pas que tout soit une question d'intrépidité.

« Je ne pense pas que ce soit parce qu'il n'a pas peur », explique l'Australien. « Marc et moi sommes probablement les seuls pilotes que j'ai vus récemment capables de chuter, de repartir et d'aller encore plus vite. »

« Ce n'est pas par manque de peur, c'est parce que tu sais ce que tu as fait de mal. Marc repoussait ces limites en sachant qu'il repoussait la limite et il continuait à essayer dans ces domaines. La plupart du temps, je roulais de la même manière, sachant que [l'accident] allait arriver, donc si ça arrivait, je me disais ; "D'accord, j'ai dépassé la limite." »

« Alors, vous comprenez que vous avez commis une erreur et vous savez d'où elle vient, donc vous réduisez légèrement votre effort à cet endroit et vous continuez. »

« Marc a eu un peu plus d'accidents que moi pendant les week-ends, mais la plupart du temps, il s'agissait de petits accidents à l'avant, juste en dépassant un peu cette limite, alors il en tirait les leçons et repartait pour écraser tout le monde à nouveau. Ce n'est donc pas par manque de peur, c'est plus réfléchi et plus savant que vous ne le pensez. »

Il ne fait aucun doute que Márquez accepte tous ces risques, même s'il est plus proche de détruire sa vie que n'importe quel autre pilote de MotoGP.

La vision double qui a menacé sa carrière lorsqu'il s'est cogné la tête à Sepang en 2011 est revenue à plusieurs reprises depuis et pourrait le faire à nouveau, mettant fin à sa carrière et gâchant le reste de sa vie.

« C'est un nerf qui s'est légèrement déplacé lors de l'impact », a-t-il déclaré lorsque le problème est réapparu après un autre accident violent en 2022. « C'est désormais l'un de mes points faibles, mais je ne peux pas me permettre de penser que je ne peux pas avoir d'accident. »

« C'est la chose la plus difficile, honnêtement », ajoute-t-il aujourd'hui. « Je sais que si j'ai (et je ne le souhaite pas !) un gros *highside* et que je me cogne la tête au même endroit, je risque d'avoir à nouveau une diplopie. Et je comprends ce qu'est la diplopie, car j'ai vu double pendant six mois, puis j'ai à nouveau souffert de cette blessure, donc je sais qu'on ne peut pas mener une vie normale dans ces conditions. Mais j'accepte ce risque. Pour l'instant. Dans deux ou cinq ans, je ne l'accepterai peut-être plus. Mais pour l'instant, je l'accepte encore. »

Et pourtant, il n'a pas peur.

« La meilleure situation pour Marc, c'est quand il commence à pleuvoir », ajoute Castellà. « C'est une question de peur, car il ne comprend pas la peur de la même manière que la plupart des gens. Il dit toujours que s'il voit des gouttes de pluie sur l'écran de contrôle, ce n'est pas mouillé. La plupart des pilotes ralentissent quand ils voient des gouttes sur l'écran de contrôle. Marc a besoin d'un tour : si les gouttes ne s'intensifient pas, pour lui, ce n'est pas mouillé et il continue à pousser. »

Márquez a remporté de nombreuses courses dans ces conditions risquées, où il est si difficile de savoir si le prochain virage sera adhérent ou non.

Ses statistiques d'accidents nous montrent que même ses compétences ne lui permettent pas d'éviter tous les dérapages, qu'il tente de remporter une course ou qu'il cherche à repousser les limites d'adhérence à l'entraînement, et pourtant, il continue à prendre ces risques avec plaisir.

Takeo Yokoyama, ingénieur en chef de Marc pendant ses dix premières saisons en MotoGP, garde un souvenir très vif de leurs premières journées de collaboration, lors des premiers essais complets de Marc en MotoGP à Sepang, en Malaisie, en février 2013. Le *rookie* de 19 ans avait chuté à plusieurs reprises, ce qui avait incité Yokoyama à lui suggérer de se calmer un peu.

« Après ces chutes, j'ai dit à Marc : "S'il te plaît, fais plus attention, blah blah blah." Et il m'a répondu : "Mais Takeo, tu dois comprendre que, peut-être, c'est ça ma façon de comprendre la moto et de trouver rapidement sa limite." »

« Marc a franchi la limite, puis il a réalisé où elle se trouvait, tandis que les autres pilotes avancent progressivement vers cette limite : un pas à la fois, puis un autre... Ils pourraient même l'atteindre un jour. Mais ça prend plus de temps. Marc avait déjà trouvé sa propre méthode. »

Il est extrêmement important d'accélérer ce processus, car les week-ends de Grand Prix ne laissent pas beaucoup de temps pour s'entraîner. Ainsi, plus un pilote trouve rapidement sa limite, plus ses ingénieurs peuvent améliorer la moto rapidement afin de repousser cette limite, ce qui permet au pilote de partir une nouvelle fois à la recherche de cette limite. De cette façon, la moto sera en meilleure forme au moment du départ de la course. C'est pourquoi il peut être intéressant de prendre des raccourcis, même s'ils sont douloureux.

Bien sûr, Márquez ne chute pas volontairement, et il ne tombe pas systématiquement lorsque son pneu avant dérape. La plupart du temps, il parvient à contrôler sa glissade, ce qui lui permet de trouver sa limite sans se blesser, sans détruire sa moto et sans abandonner la course.

Star du supercross, fan de MotoGP et ami de Marc, Chad Reed comprend pourquoi Marc aime jouer avec la limite, mais il estime que ces sauvetages sont autant le fruit de son tempérament que de son talent.

« La grande majorité des pilotes réagissent au dérapage avant en se demandant comment ils vont pouvoir éviter l'accident », explique Reed. « Alors que la réaction naturelle de Marc est de se demander comment il va pouvoir sauver la situation. Nous pouvons tous reconnaître ses réflexes et ses compétences, mais pour moi, c'est son état d'esprit qui fait la différence : il ne veut pas avoir d'accident, il ne veut pas être éliminé de la course, il ne veut pas échouer. Je mets davantage l'accent sur le fait que c'est sa nature profonde qui le caractérise, plutôt que ses compétences, car les 22 pilotes sur la grille ont tous du talent. Certains d'entre eux sont incroyablement doués et tout aussi talentueux que Marc, mais je pense que c'est sa nature profonde qui le pousse à se battre jusqu'au bout, jusqu'à ce que tout soit joué. Je pense que c'est sa nature qui le rend spécial. »

La ténacité de Marc est évidente pour tous lorsqu'il chute mais parvient à rester sur sa moto, glissant à grande vitesse sur le sol, comme il l'a fait lors du Grand Prix de Grande-Bretagne en 2025, pendant les essais, puis à nouveau pendant la course.

« C'est quelque chose de particulier et d'intéressant à voir », explique Hernández. « Marc tient fermement la moto ; "C'est la mienne ! C'est la mienne ! C'est la mienne !" Il fait ça parce qu'il veut revenir sur la piste le plus vite possible. Quand la plupart des autres pilotes chutent, ils oublient leur moto. »

Deux jours après sa chute lors des essais à Silverstone en 2025, Marc a chuté alors qu'il était en tête du Grand Prix. Il a perdu l'avant à 160 km/h, la moto et le pilote ont glissé à toute vitesse sur l'asphalte. Marc n'a jamais lâché prise, même lorsqu'une barrière (en mousse, mais tout de même) se profilait devant lui. Il a terminé son parcours en percutant la barrière de la tête, puis il a relevé sa moto et a repris la course.

Non seulement Márquez n'a pas peur, mais il aime prendre des risques. La plupart des pilotes aiment prendre des risques calculés (ce mot est très important), c'est pourquoi ils font ce qu'ils font. L'acteur hollywoodien et pilote Steve McQueen appelait ce processus « tordre la queue du tigre ». Vous provoquez le tigre, vous cherchez les ennuis, puis vous comptez sur vos compétences pour vous en sortir. Quelle sensation !

« En tant que pilote, j'aime prendre des risques », déclare Marc avec un large sourire. « Je ne peux pas piloter sans prendre de risques ! Parfois, j'essaie de piloter sans prendre de risques, mais même lors de mes dernières courses avec Honda, alors qu'il n'y avait plus rien en jeu, j'ai donné 100 % de moi-même. »

Ça vaut même lorsqu'il est chez lui.

« Bien sûr, je n'aime pas me blesser, mais c'est comme quand je m'entraîne au motocross avec mon assistant José (Luis Martínez, ancien champion espagnol de motocross). Parfois, José me dit : "Bon, aujourd'hui, on va rouler deux secondes plus lentement." Je ne peux pas, parce que, quand je roule deux secondes plus lentement, je fais des chutes stupides parce que je ne suis pas assez concentré. J'ai besoin de rouler à cette limite. »

Mais récemment, il a changé. Un peu.

« L'une des choses sur lesquelles j'ai le plus travaillé, c'est le contrôle de mes instincts (de prendre des risques) et le contrôle de moi-même », m'a-t-il confié en juillet 2025. « C'est particulièrement vrai les jours d'entraînement, car José et mon frère Alex me font souvent des remarques sévères. Parfois, à la fin de la journée d'entraînement, je dis : "Maintenant, je dois faire un *time attack*." Et ils me demandent : "Mais pourquoi ?" Et je réponds : "Je ne ressens pas l'adrénaline." »

« Avant, je faisais ça et parfois ça finissait mal. Maintenant, je suis plus précis en mode entraînement, mais c'est l'adrénaline… Même quand je fais du VTT de descente, je veux sentir la limite. On verra bien ! Si je n'ai pas d'avertissement [de chute], je gâche ce moment. C'est mon caractère. »

En d'autres termes, il est accro à l'adrénaline.

« Oui, oui, oui, c'est une addiction ! Le motocross est aussi une addiction pour moi. Je dois lutter contre moi-même pour ne pas faire de motocross entre les courses [de MotoGP], sinon je roulerais trois ou quatre jours d'affilée, mais je sais que ce n'est pas bon pour mon corps et ma condition physique. »

« L'adrénaline de la course est une addiction. On peut bien sûr la contrôler, et parfois on se demande : pourquoi je suis là ?

Pourquoi est-ce que je veux être là si je souffre ? Parce que, pendant les 22 courses d'une saison, on souffre parfois. Par exemple, vendredi à Assen [GP des Pays-Bas de 2025], j'ai chuté deux fois et je me suis demandé : qu'est-ce que je fais ici ? Tu ne prends pas de plaisir, tu souffres ! Mais le lendemain, tu te sens mieux. »

Les conséquences de cette mentalité « toujours attaquer, ne jamais défendre » (même s'il a essayé de s'imposer une approche plus calme) sont de multiples championnats du monde et de multiples opérations chirurgicales. Et les opérations chirurgicales exigent autant de détermination que les titres mondiaux.

C'est pourquoi Yokoyama pense que la détermination est le fondement même des réalisations de Márquez.

« Bien sûr, c'est une combinaison de plusieurs facteurs. Mais tout le monde est talentueux en MotoGP, donc la technique de pilotage est quelque chose qu'ils ont tous en commun. Si j'essaie de réfléchir à ce qui manquait à Dani [Pedrosa, qui a été trois fois vice-champion] et à ce qui rend Marc si spécial, je dirais que Dani est quelqu'un de plus normal. Quand il est heureux, il sourit, quand il est triste, il est triste, ses émotions sont donc très semblables aux miennes. »

« J'ai parfois l'impression que Marc est différent. Chacun de ses comportements, chacune de ses conversations, chacune de ses activités ou quoi que ce soit d'autre. Le seul objectif de chacun de ses comportements est de le rendre plus rapide, même si c'est inconsciemment. »

« Je dirais donc que sa plus grande qualité est sa détermination, car c'est elle qui guide son comportement et ses actions, qui ont tous pour seul objectif de le rendre plus rapide. C'est une obsession permanente dans son esprit, c'est donc instinctif.

Il est né comme ça. À chaque instant, son esprit ne pense qu'à aller plus vite. »

Sa capacité à se concentrer exclusivement sur l'objectif qu'il s'est fixé est impressionnante, surtout lorsqu'il s'est remis des opérations chirurgicales qui ont suivi son accident à Jerez en juillet 2020, accident qui a bouleversé sa vie. Une telle ténacité et une telle persévérance relèvent presque du surhumain.

Livio Suppo, directeur de l'équipe Repsol Honda de 2010 à 2017, a très bien connu Marc. L'Italien estime qu'il existe un autre trait de caractère qui a bien servi Márquez, lui donnant un avantage crucial dans toutes sortes de situations, comme une vitesse supplémentaire dans son cerveau. C'est une partie de lui que la plupart des fans ne voient pas : la façon dont il se comporte avec son équipe et son écurie.

« C'est un mélange de plusieurs choses », explique Suppo. « Outre son talent, le plus grand atout de Marc est son caractère, car il est toujours positif. Il rit tout le temps et crée toujours une très bonne ambiance autour de lui. »

« Je cite souvent son exemple pour aider les autres pilotes [Suppo travaille désormais avec l'équipe Italtrans Moto2]. Je leur dis qu'ils ne doivent pas oublier que c'est le pilote qui fait l'équipe. Si le pilote est capable de transmettre à l'équipe sa passion pour la course, alors tout devient plus facile pour tout le monde. »

« Je pense que le caractère positif de Marc lui donne également un avantage dans les situations critiques, car il n'est pas trop stressé et peut donc prendre la meilleure décision. Par exemple, il est généralement le meilleur dans les courses *flag-to-flag*, où il faut prendre très rapidement des décisions très risquées. »

« Il prend souvent des décisions risquées, comme à Austin [en 2025, lorsqu'il a quitté la grille de départ pour tenter de tirer le meilleur parti des règles pré-départ du MotoGP]. Je pense que tout ça est lié à son caractère. En étant positif, il est moins stressé que les autres, ce qui lui permet de mieux gérer les situations stressantes. Et bien sûr, il a une énorme confiance en lui. Si vous n'avez pas une énorme confiance en vous, vous ne pouvez pas faire ce qu'il a fait depuis sa blessure en 2020, car il a traversé l'enfer et il est revenu. »

Les proches de Marc connaissent très bien la septième vitesse de son cerveau.

« Parfois, mes proches me disent : "Tu vis dans le futur, on dirait que tu as toujours une longueur d'avance." », explique-t-il. « Par exemple : "Tu es ici aujourd'hui, tu cours à Sachsenring, et tu penses déjà à [la prochaine course à] Brno." Dans ma vie quotidienne, c'est un peu la même chose : je suis en vacances, mais je pense déjà à la semaine prochaine. »

« C'est vrai que, parfois, c'est un avantage, mais c'est aussi pour ça que je dis que je veux vivre l'instant, parce que, parfois, je n'arrive pas à profiter du moment présent parce que je pense déjà au moment suivant. »

L'amour de Márquez pour rassembler un groupe de personnes autour de lui est crucial et constitue une autre des nombreuses caractéristiques qu'il partage avec son ennemi juré, Rossi.

« Je connais très bien Marc, je connais son caractère », poursuit Suppo. « Il est très difficile de ne pas tomber amoureux quand on travaille avec lui. Je n'ai jamais travaillé avec Vale, mais je sais que tous ceux qui ont travaillé avec lui étaient complètement sous son charme, car, en fin de compte, l'idée est d'être rapide sur deux roues. Les pilotes de ce type sont exceptionnels.

Pour les ingénieurs, c'est comme une jolie fille dans une discothèque : tout le monde veut danser avec elle. »

La course moto est peut-être un jeu entre l'homme et la machine, mais en fin de compte, c'est un jeu de relations humaines, comme presque tout dans la vie. Les pilotes qui ont l'intelligence de comprendre ça obtiennent de meilleurs résultats, car personne ne peut être rapide tout seul.

Márquez peut apparaître à certains comme une machine de course impitoyable, mais ceux qui ont passé des semaines, des mois et des années à ses côtés voient une autre facette de sa personnalité.

« Il y a le Marc sur la piste et il y a le Marc en dehors de la piste », explique Carchedi. « C'est un gars formidable. En fait, les Márquez sont une famille formidable. On ne peut pas s'empêcher de les aimer et de vouloir faire tout ce qu'on peut pour eux, simplement pour leur façon d'être. »

« Il m'a beaucoup surpris lorsque nous avons commencé à travailler ensemble, car les meilleurs ne sont généralement pas comme ça. C'est vraiment quelqu'un de bien. Il passe souvent à l'hospitalité Gresini ou dans notre box, juste pour dire bonjour. Il a même donné d'excellents conseils à Fermin [Aldeguer, le nouveau pilote de Carchedi] et l'a aidé sur plusieurs points, même s'il sait que Fermin sera bientôt l'un de ses principaux concurrents. »

« Je pense que c'est pour ça qu'il s'est si bien intégré à l'équipe Gresini et qu'il s'y est autant plu, car l'équipe Gresini est comme une famille et c'est quelque chose qu'il apprécie. »

« Tous nos ingénieurs apprécient Marc et sa façon de communiquer avec eux », ajoute Tardozzi. « Il fait toujours preuve d'un immense optimisme, donc, chaque fois qu'il y a un problème, il souligne toujours les points positifs de la moto : “Dans ce domaine, nous sommes bons, mais nous devons nous améliorer dans cet autre domaine.” »

« C'est très différent de certains pilotes qui se contentent de dire que la moto ne fonctionne pas. Il souligne les domaines dans lesquels il peut pousser davantage parce que la moto est performante et ceux dans lesquels nous pouvons améliorer la moto pour le rendre plus rapide. »

Et bien sûr, ce cerveau ne tourne pas seulement à plein régime pendant les week-ends de course : celui de Márquez est en mode victoire pratiquement 24 heures sur 24, 7 jours sur 7 et 365 jours par an.

« Marc nous a vraiment surpris par son comportement », poursuit Tardozzi. « Je n'ai jamais vu quelqu'un d'aussi concentré sur le résultat. Bien sûr, tous les pilotes de MotoGP veulent gagner, veulent être les meilleurs. »

« Je ne sais pas comment, mais il a quelque chose en plus. On comprend qu'il vit cette vie pour gagner des courses. C'est tout ce à quoi il pense, du matin au soir. Tous les jours, sans exception, putain ! Quand on discute avec lui, on peut parler de vacances, de musique, de tout et de rien, mais on comprend qu'il ne pense qu'à gagner. »

Doohan pilotait avec la même intensité. L'Australien était tellement dévoué à sa cause qu'il passait des saisons entières dans la zone, l'esprit totalement concentré sur la course, excluant tout le reste. Il dit que, même lorsqu'il était loin du circuit, il pensait à la course 90 % du temps.

Voici ce qu'il faut : un dévouement total à la cause et exclure tout le reste. C'est presque une psychose.

CHAPITRE 4

« LE SPORT, C'EST LA GUERRE, LES FUSILS EN MOINS »

Qui a inventé le sport ? Et pourquoi ? C'est une question que l'on se pose rarement parce que le sport fait partie de notre vie depuis tellement longtemps que la plupart d'entre nous ne peuvent pas imaginer un monde sans sportifs en train de jouer à des jeux qui séparent un gagnant d'un perdant.

Les êtres humains ont toujours été compétitifs, car ça leur donne plus de chances d'obtenir les ressources nécessaires à leur survie et à leur procréation.

Il faut remonter plusieurs milliers d'années en arrière pour trouver les premiers pratiquants de sports organisés : coureurs et lutteurs, nageurs et archers, toreros et boxeurs. Les hommes (presque exclusivement à l'époque) aimaient utiliser leur cerveau et leur corps pour tenter de devenir les rois de leur petit monde le temps d'une journée. Les jeux amusaient également les spectateurs. Mais la force motrice derrière les premiers sports était généralement l'entraînement militaire. Dans le sport comme dans la guerre, il s'agit toujours de lutter pour être le plus fort, le plus rapide.

C'est comme ça que de nombreux sports ont évolué en fonction des besoins militaires. Au Moyen Âge, les chevaliers se préparaient au combat en participant à des tournois de joutes qui divertissaient à la fois les seigneurs, les dames et les paysans. Considérez ça comme un MotoGP à une seule puissance.

Un demi-millénaire plus tard, deux des plus grands auteurs du XXe siècle se sont penchés sur l'histoire du sport.

L'auteur et journaliste britannique George Orwell a écrit : « Le sport sérieux n'a rien à voir avec le fair-play. Il est lié à la haine, à la jalousie, à la vantardise, au mépris de toutes les règles et au plaisir sadique de voir de la violence : en d'autres termes, c'est la guerre, les fusils en moins. »

Orwell avait combattu aux côtés des communistes pendant la guerre civile espagnole et avait écrit son célèbre article : « Le sport, c'est la guerre, les fusils en moins » sur la tournée controversée en Grande-Bretagne de l'équipe de football russe du Dynamo Moscou, quelques mois après la fin de la Seconde Guerre mondiale.

L'auteur américain Ernest Hemingway aurait déclaré (prétendument) : « Il n'y a que trois sports : la corrida, la course automobile et l'alpinisme ; tous les autres ne sont que des jeux. »

Hemingway était un machiste alcoolique qui a été blessé pendant la Première Guerre mondiale et a couvert les derniers événements de la Seconde Guerre mondiale en tant que journaliste. Il s'est suicidé avec un fusil de chasse à l'âge de 61 ans.

Orwell voulait dire que tous les sports sérieux sont violents. Hemingway voulait dire que les seuls vrais sports sont ceux qui mettent le joueur en danger de mort, ce qui ajoute une gravité qui n'existe pas vraiment dans le football, le cricket, le tennis, etc.

En d'autres termes, la course automobile, sur deux ou quatre roues, s'apparente quelque peu à la guerre. Et il y a indéniablement quelque chose de militaire dans la course automobile : les armes de haute technologie, les uniformes, les blessures sanglantes, l'odeur de la défaite qui imprègne vos narines un week-end, puis celle de la victoire le week-end suivant.

La course moto est probablement le sport télévisé le plus meurtrier au monde, ce qui attire des personnes extrêmes (des fous furieux, si vous préférez), qui sont prêtes à risquer leur vie pour l'or et la gloire.

La plupart des pilotes ne se considèrent pas comme fous, car ils se sont adaptés aux risques, les acceptent comme étant quelque chose de normal et utilisent leurs compétences pour les minimiser. Mais beaucoup de spectateurs pensent différemment.

« Tu n'as pas peur de mourir ? » « Tu ne t'es pas déjà cassé cette jambe ? » « Mec, t'es un cinglé, t'es accro à l'adrénaline ! »

Certains pilotes, comme Marc, admettent leur addiction, d'autres considèrent ce mot comme une insulte. La vérité fait mal…

Le premier roi du MotoGP, vainqueur du tout premier Championnat du monde de moto de 1949, fut Les Graham. Ce Britannique avait piloté des bombardiers pendant la Seconde Guerre mondiale, il n'avait donc aucun scrupule à mener la vie dure à ses rivaux.

Graham a mis au point une tactique qui a rendu la vie très difficile à ses rivaux qui tentaient de le dépasser, à l'image d'un pilote de bombardier échappant à l'attaque d'un chasseur.

Quand il accélérait en sortie de virage, il aimait déraper plus que nécessaire, dans les accotements boueux de la route, où ses pneus arrière projetaient des cailloux qui bombardaient ses adversaires. À l'époque, on portait des gants en cuir fins comme du papier et des casques en forme de bol à pudding, et ces cailloux étaient une véritable torture pour quiconque espérait lancer une attaque. Et tout ça à une époque où la course était censée être un sport de gentlemen.

Il est triste mais vrai qu'il n'existe aucun autre sport de championnat du monde comparable au Grand Prix moto : 31 pilotes ont trouvé la mort au cours de sa première décennie, 23 au cours de la deuxième, 27 au cours de la troisième et 13 au cours de la quatrième.

Depuis la fin des années 1980, « seulement » six pilotes de Grand Prix ont perdu la vie, grâce à des motos plus performantes, des circuits plus sûrs et des équipements de protection plus efficaces.

Mais le danger sera toujours présent, car il est impossible de construire un halo de type Formule 1 autour d'un pilote de MotoGP. Même à 360 km/h, les seules protections dont disposent les pilotes sont des combinaisons, des bottes et des gants renforcés, ainsi qu'un casque.

Le danger actuel réside dans les courses très serrées, créées par des règlements techniques spécialement conçus pour générer des batailles entre plusieurs pilotes afin d'attirer davantage de fans et, par conséquent, de rapporter plus d'argent aux propriétaires du championnat.

Trois des quatre pilotes de MotoGP décédés au cours des quinze dernières années ; Shoya Tomizawa, Marco Simoncelli et Jason Dupasquier, ont perdu la vie de la même manière.

Ils ont été percutés par des motos qui les suivaient de près. Il s'agit là d'un nouveau danger, car avant l'instauration de règles techniques visant à garantir la parité, les pilotes étaient généralement tellement dispersés qu'ils avaient plus de chances de se croiser au bar du paddock que sur la piste.

Le monde a déjà connu ça, du moins au cinéma. Le film de science-fiction *Rollerball*, sorti dans les années 1970, raconte l'histoire d'un sport cruel et violent dans lequel les joueurs foncent à travers les stades sur des patins à roulettes et des motos blindées, se battant à coups de poing et utilisant toutes sortes de violences extrêmes pour remporter la victoire. Les dirigeants d'entreprise qui possèdent *Rollerball* vivent dans des palais dorés, organisent des orgies avec des androïdes et réécrivent continuellement les règles pour attiser la violence, ce qui incite les fans à revenir pour en voir davantage, ce qui rend les dirigeants de plus en plus riches.

« Ils changeront les règles jusqu'à ce que nous patinions sur une couche de sang, nous sommes tous au courant », déclare Jonathan E., la plus grande star de *Rollerball*.

« Quand je regarde le film aujourd'hui, j'ai l'impression d'être un prophète », déclare William Harrison, le créateur du film. « À l'époque romaine, il y avait des sports mortels dans le Colisée. Ils ont été édulcorés aujourd'hui pour devenir la NFL (la Ligue nationale de football américain) et d'autres sports, mais ils existent toujours. Quand j'ai écrit *Rollerball*, les sports devenaient sombres et violents. Il y avait une méchanceté générale, que j'ai perçue. »

Un rapide coup d'œil aux résultats du MotoGP nous montre à quel point les courses de Grand Prix sont devenues plus serrées (et donc plus acharnées) ces dernières années.

Entre 1949 et 2016, période durant laquelle plus de 850 Grands Prix de première classe ont été disputés, les 15 premiers ont été séparés par moins de 35 secondes à seulement quatre reprises. En 2024, ça s'est produit dans 11 des 20 courses. En 1967, l'avance moyenne du vainqueur était de deux minutes et cinq secondes, alors qu'en 2024, elle était de 2,007 secondes.

Les pilotes de MotoGP sont donc devenus des gladiateurs de l'asphalte, se battant pour chaque millimètre de piste. Et bien sûr, les fans adorent cette proximité et cette intensité, car qui ne serait pas emballé par une bagarre à 320 km/h ?

Ce n'est donc pas un hasard si les accrochages, les bousculades et les sorties de piste des adversaires sont devenus de plus en plus fréquents en MotoGP. Les pilotes ne font que ce qu'ils doivent faire pour faire la différence et remporter la victoire. S'il y a une ouverture, il faut la saisir. Même si ça vous vaut la haine du public.

Marc Márquez est sans doute le pilote MotoGP le plus controversé de tous les temps, tandis que le triple champion de Formule 1 Ayrton Senna est certainement le pilote F1 le plus controversé de tous les temps. Il existe donc de nombreuses similitudes entre l'Espagnol et le Brésilien.

Senna est généralement reconnu comme le pilote qui a transformé la F1 en un sport de contact. Il n'hésitait pas à percuter ses rivaux pour tenter de se hisser en tête, ce qui lui a valu des ennuis avec toutes sortes de personnes : ses rivaux, les journalistes, les dirigeants de la F1 et certains fans.

« Être pilote de course signifie que vous courez contre d'autres personnes, et si vous ne tentez plus de profiter d'un écart qui se présente, vous n'êtes plus un pilote de course », a déclaré Senna après avoir délibérément percuté Alain Prost à Suzuka afin de s'assurer le titre de champion du monde de F1 en 1990.

Márquez n'a pas transformé le MotoGP en un sport de contact, car ce processus était déjà bien engagé à son arrivée, mais il est plus disposé que la plupart de ses rivaux à échanger des coups.

« Il n'y a pas d'écart, ils ne le permettent pas, alors parfois, il faut créer cet écart », dit-il dans le documentaire *All In*.

Senna, Márquez et d'autres pilotes pensent que la fin justifie les moyens, car le but n'est pas seulement de remporter la victoire, mais aussi d'éviter l'ignominie de la défaite.

« Je ne suis pas fait pour finir deuxième ou troisième, je suis fait pour gagner », déclarait Senna dans cette même interview de 1990.

« Ayrton va tout faire pour passer, quoi qu'il en coûte », a déclaré l'un de ses rivaux. « Certaines de ses manœuvres étaient un peu injustifiées. »

Il en va de même pour Márquez. Tous deux partagent un besoin presque spirituel de gagner. Parfois, c'est comme si rien d'autre n'avait d'importance dans la vie. Une seule chose peut leur procurer l'euphorie qu'ils recherchent : la victoire.

Ils ont besoin de gagner comme si leur vie en dépendait.

« Marc n'aime pas la compétition, il aime gagner », explique son ancien mécanicien Jordi Castellà. « Pour lui, une quatrième, cinquième ou sixième place est un désastre total, c'est pourquoi il envisageait de prendre sa retraite après s'être blessé au bras. Et c'est pourquoi il a perdu toute son énergie lorsqu'il n'a plus été capable de gagner. » (Márquez a remporté douze courses en 2019, trois au cours des trois saisons suivantes.)

« Pour lui, ça n'avait aucun intérêt d'être là pour terminer sixième ou septième. Certains pilotes peuvent s'en contenter, mais Marc ne vient que pour gagner. Il veut se prouver qu'il est le plus rapide. Pas le meilleur, car seuls les autres peuvent affirmer ça. »

Les responsables du MotoGP sont pleinement conscients que la mise en place de règles de parité contrôlée visant à accroître la popularité du championnat a entraîné une augmentation spectaculaire du nombre de collisions et d'accidents. En 1997, on comptait 32 accidents par week-end de MotoGP. En 2024, ce chiffre est passé à 43, soit une augmentation de plus d'un tiers.

« Toutes les querelles, les comportements répréhensibles et les pilotes prêts à tout pour obtenir un avantage sont le reflet du caractère extrêmement compétitif de cette discipline », affirme Mike Webb, directeur de course MotoGP.

Les règles techniques de parité contrôlée ne sont pas les seuls facteurs qui ont créé cette tempête parfaite.

Les motos à deux temps qui ont dominé les courses de Grand Prix depuis les années 1970 jusqu'à leur récente interdiction légale étaient des machines redoutables, aussi susceptibles de blesser leurs pilotes que n'importe qui d'autre. Elles étaient capricieuses et difficiles à maîtriser, si bien que les pilotes étaient généralement trop occupés à veiller sur eux-mêmes pour penser à percuter quelqu'un d'autre. Du moins, la plupart du temps.

Au tournant du siècle, les courses de Grand Prix ont commencé à changer d'armement, passant des moteurs à deux temps aux moteurs à quatre temps, pour des raisons commerciales. Le MotoGP est passé des 500 cm^3 à deux temps aux 990 cm^3 à quatre temps en 2002, les 250 cm^3 à deux temps ont été remplacés par les 600 cm^3 à quatre temps en 2010 et les 125 cm^3 à deux temps par les 250 cm^3 à quatre temps deux ans plus tard.

Si ces moteurs à deux temps légers étaient des lames, les moteurs à quatre temps plus puissants d'aujourd'hui s'apparentent davantage à des haches de combat. Et lorsque vous changez d'arme, vous changez votre façon de vous battre.

« Quand Marc est passé en Moto2, il a commencé à sentir qu'avec ces grosses motos lourdes, il était capable de se battre », explique Pol Espargaró, qui a affronté Márquez en 125 cm^3, en Moto2 et en MotoGP pendant plus de deux décennies.

En fait, Márquez a participé à un changement générationnel dans les styles de conduite et les stratégies de course, déclenché par l'arrivée des moteurs à quatre temps.

« Il ne faut pas forcer une moto à deux temps, car si vous le faites, elle vous surprendra, et pas dans le bon sens », explique Dani Pedrosa, ancien champion du monde 125 cm^3 et 250 cm^3, passé en MotoGP en 2006. « Mais avec un moteur à quatre temps, vous devez forcer sur la moto. Et c'est comme ça en Moto2. Avec la puissance dont ils disposent et le gros pneu arrière, les pilotes doivent forcer les motos pour réaliser leur temps au tour. Avec les 250, vous ne pouviez pas forcer les motos, car vous risquiez de chuter ou de ralentir. Il y a clairement une différence d'approche. »

Le premier grand gladiateur du MotoGP à quatre temps fut Valentino Rossi.

L'Italien était déjà une superstar mondiale lorsqu'il a commencé sa rivalité avec Sete Gibernau, petit-fils de Don Paco Bulto, fondateur de la marque de motos Bultaco.

Les deux pilotes se sont affrontés pour la victoire lors du Grand Prix d'Espagne de 2005 à Jerez, où Rossi a poussé Gibernau dans le gravier dans le dernier virage, avant de remporter la victoire.

Et tout le monde a adoré. Une demi-heure après la cérémonie du podium, au cours de laquelle Rossi jubilait et Gibernau pleurait, une poignée de journalistes (dont moi-même) se sont rassemblés dans le garage Yamaha de Rossi pour entendre sa version des faits.

« Après la course, Sete m'a lancé quelques regards noirs, mais nous ne nous sommes pas parlé, nous n'avions rien à nous dire », nous a confié Rossi. « Il est certain que notre relation n'est pas incroyable. Quoi qu'il en soit, je suis désolé, mais c'est la course. »

En d'autres termes, en amour comme à la guerre, tous les coups sont permis.

Quelques mois plus tard, le championnat faisait étape à Motegi pour le Grand Prix du Japon, où Rossi a éliminé Marco Melandri, pilote de Gresini Honda, alors que les deux pilotes attaquaient le onzième virage en descente de Motegi.

Melandri a été transporté par hélicoptère à l'hôpital, où les chirurgiens ont soigné une grave blessure au pied en lui faisant 30 points de suture. Il s'est présenté à la course suivante dans un fauteuil roulant.

Lors de la même épreuve, Jorge Lorenzo a éliminé Alex De Angelis alors qu'ils se disputaient la victoire en 250 cm^3. Le jeune Espagnol prometteur a été sanctionné d'une suspension d'une course pour cet incident, tandis que Rossi a échappé à toute sanction, comme ça avait été le cas à Jerez. La direction de course a déclaré avoir sanctionné Lorenzo pour des infractions cumulées.

Même à l'époque, tout le paddock du MotoGP savait que Rossi avait un côté sombre, parce que tous les pilotes en ont un ; un endroit où ils se réfugient lorsqu'ils se retrouvent acculés, un endroit où ils se plongent volontiers pour recourir aux tactiques des ruelles sombres.

Son coéquipier chez Yamaha, Colin Edwards, qualifiait Rossi de « vicieux » et la légende de Ducati, Troy Bayliss, le traitait de « maniaque ». Et ce n'étaient pas des critiques, mais des compliments.

Avec le recul, on peut observer que, pendant ces années, une nouvelle façon de courir était en train d'apparaître. Se contenter de rouler plus vite et de mieux doubler que les autres n'était plus suffisant. Si vous vouliez gagner, vous deviez vous battre violemment avec vos rivaux et parfois même leur rentrer dedans.

Le premier véritable gangster du MotoGP à quatre temps fut Marco Simoncelli, qui remporta sa première victoire en Grand Prix, dans la catégorie 125 cm^3, quelques heures avant que Rossi n'envoie Gibernau dans le gravier à Jerez.

Après la catégorie 125 cm^3, Simoncelli a passé trois saisons dans la catégorie 250 cm^3, où il s'est forgé une réputation à cause de sa volonté de foncer sur tout et tout le monde dans sa quête de la victoire. Certaines de ses manœuvres ont été qualifiées de « lunatiques » par les commentateurs.

Lors de la course 250 cm^3 de 2008 au Mugello, il a éliminé Hector Barbera en zigzaguant sur la ligne droite de départ/arrivée. Un an plus tard, sur le même circuit, il a percuté son rival Alvaro Bautista, entraînant les deux pilotes dans une course à grande vitesse dans le gravier.

Et il était toujours magnifiquement impénitent. « Pendant la course, vous voulez tuer les autres pilotes », disait-il.

La nouvelle façon de courir en MotoGP (les accrochages et les frottements) a vraiment fait les gros titres en 2011. À cette époque, presque tout le monde s'y adonnait. Pas toujours intentionnellement, mais ils le faisaient quand même : ils percutaient leurs rivaux, les poussaient hors de la ligne de course, les éliminaient. Une guerre des mots s'ensuivit.

En avril, Rossi a éliminé Casey Stoner sur un circuit détrempé à Jerez, lorsqu'une manœuvre trop optimiste a mal tourné. Ce fut un nouveau chapitre dans leur histoire qui avait commencé lors du Grand Prix des États-Unis de 2008 à Laguna Seca, où ils s'étaient livré un duel inoubliable, Rossi arrachant la victoire des griffes de la défaite grâce à des dépassements extraordinaires. Les deux pilotes ne se sont jamais touchés pendant ce duel, mais Stoner a clairement manifesté son mécontentement, puis à nouveau après l'accident de Jerez, ce qui a suscité cette réponse de Rossi :

« Stoner dit que je suis un pilote impoli, il dit que c'est effrayant d'être sur la piste avec moi. Pourquoi ? Tout simplement parce qu'il a perdu la bataille à Laguna et qu'il n'arrive toujours pas à l'accepter. »

Le Grand Prix d'Espagne de cette année-là a été suivi du Grand Prix du Portugal, où Lorenzo a confronté Simoncelli lors de la conférence de presse précédant l'événement, l'accusant de conduite dangereuse.

« Si quelque chose [d'autre] t'arrive à l'avenir, ça posera problème », a déclaré Lorenzo en lançant un regard menaçant à son jeune rival.

« D'accord, je vais me faire arrêter ! » a répondu Simoncelli en riant.

La salle de presse bondée a éclaté de rire. Lorenzo était peut-être la victime, mais comme toujours dans ce genre de situation, c'est le favori des fans qui a remporté la bataille des cœurs et des esprits.

Quelques jours plus tard, Rossi s'est joint à la polémique, qualifiant la nouvelle génération de jeunes pilotes MotoGP, peu enclins à se battre, de « mauviettes » et d'« enfants ».

À quoi Lorenzo, le roi actuel du MotoGP, a répondu : « Ça doit être honteux de se faire battre par des gamins tous les week-ends. »

C'est là que Márquez a fait son entrée en 2013, ce qui soulève une grande question : Márquez est-il trop dangereux ?

Certains disent que oui, certains disent que non.

Que dit le principal concerné ?

« En tant que pilote, sur la piste, je suis un connard », déclare-t-il (dans les sous-titres) dans *All In*. « J'ai les couilles... les gentils ne réussissent pas. Il n'y a pas d'écart, ils ne le permettent pas, alors parfois, il faut créer cet écart. »

(En réalité, le documentaire de Marc a mal traduit son espagnol, passant de « fourbe » à « connard »).

Dans tous les cas, il sait qu'il a été méchant. Márquez a éliminé de nombreux rivaux au cours de ses 18 années de carrière en Grand Prix, parmi lesquels Valentino Rossi, Miguel Oliveira, Andrea Iannone, Simone Corsi, Mika Kallio et Ratthapark Wilairot, pour n'en citer que quelques-uns. Mais il a lui-même été éliminé à plusieurs reprises.

Cet accident de Wilairot, lors des essais de la course australienne du Moto2 en 2011, est sans aucun doute sa pire faute à ce jour, même si elle a été oubliée par la plupart des gens, car le pilote thaïlandais n'était pas très connu.

Simoncelli n'est plus parmi nous pour participer au débat, mais voici ce qu'il avait déclaré en 2011, deux ans avant que Marc ne passe en MotoGP.

« À l'heure actuelle, il existe deux styles de pilotes en MotoGP. Il y a les pilotes à l'ancienne : moi, Rossi, [Ben] Spies, [Colin] Edwards, [Loris] Capirossi, [Randy] de Puniet et peut-être quelques autres. Et puis il y a les autres : Lorenzo, Stoner,

[Andrea] Dovizioso et [Dani] Pedrosa. Pour moi, la bonne façon de piloter, c'est comme le font les pilotes à l'ancienne, je n'aime pas le nouveau style. »

La définition que donne Simoncelli des nouveaux et anciens styles n'est pas tout à fait correcte, mais ses types de personnages sont pertinents. Ceux-ci ont toujours existé dans le monde de la course. Certains pilotes préfèrent une conduite propre et solitaire. Puis, il y a ceux qui aiment se battre et échanger des coups.

Sans surprise, Edwards est de l'avis de Simoncelli.

« On n'amène pas des gladiateurs à l'opéra, nous sommes ici pour nous battre », a déclaré l'ancien champion du monde de Superbike. « Je ne pense pas que Marco soit trop agressif, il aime simplement se battre. »

Alex Briggs, mécanicien de longue date de Rossi, partage cet avis. « La seule raison pour laquelle ils n'aiment pas Marco, c'est parce qu'il est nouveau et rapide, c'est aussi simple que ça », a-t-il déclaré.

Bradley Smith a couru avec Márquez en 125, Moto2 et MotoGP et partage cet avis.

« J'ai souvent fait des courses avec Marc, mais il ne m'a jamais rien fait que je ne lui aurais fait », explique le Britannique, qui a remporté trois GP 125 cm^3 en 2009 et 2010. « Lors de la course Moto2 de 2012 au Mugello, j'ai réussi à le dépasser, puis, dans le deuxième virage, je me suis rabattu sur lui alors que nous étions côte à côte. Il a pratiquement percuté le côté de ma jambe, mais si j'avais eu la ligne intérieure, j'aurais fait la même chose. »

Cal Crutchlow, triple vainqueur de courses MotoGP, se range également du côté des lutteurs contre les danseurs de ballet.

« Je ne pense pas que Marc soit dangereux », déclare le Britannique. « La course moto est dangereuse, nous connaissons les risques. Est-ce que je trouve que certains de ses dépassements étaient difficiles ? Bien sûr. Mais est-ce que je trouve que certains de mes dépassements étaient difficiles ? Oui ! Chacun dépasse comme il peut. J'ai fait tomber des pilotes, tous les pilotes ont fait tomber d'autres pilotes. »

Alors que Simoncelli faisait des siennes en MotoGP, Marc était à mi-chemin de sa première saison en Moto2 et commençait déjà à avoir des ennuis. Mais si certains rivaux de Simoncelli en MotoGP s'opposaient aux tactiques de l'Italien, ces mêmes pilotes ne se souciaient pas de celles de Marc, car ils ne couraient pas avec lui.

« C'était drôle, parce que, lorsque Marc me combattait en Moto2, il faisait la même chose à beaucoup de pilotes, il était agressif, il éliminait ses adversaires », se remémore Pol Espargaró. « Je me souviens que Casey, Valentino, Lorenzo et d'autres pilotes de MotoGP, lorsqu'on leur posait des questions [sur le pilotage de Márquez], ne s'en plaignaient pas. Ils disaient tous : "C'est ça, la course !"

« Puis, quand Marc est passé en MotoGP, il a commencé à faire la même chose, car les meilleurs pilotes lui avaient dit que ce qu'il faisait [en Moto2] n'était pas si mal, que c'était OK. Ensuite, quand il a commencé à se battre avec les meilleurs pilotes, ceux-ci se sont mis à se plaindre, mais il était trop tard ! Finalement, nous avons accepté que c'était sa façon de piloter et que, si l'on voulait se battre avec lui, il fallait faire la même chose. »

Le quintuple champion du monde Lorenzo (deux fois dans la catégorie 250 cm^3, trois fois en MotoGP) a été battu dans ses duels avec Simoncelli, qui l'a éliminé à Assen en 2011, avec Rossi, qui l'avait dépassé de force à Motegi l'année précédente, et avec Márquez, qui l'avait envoyé dans le gravier à Jerez en 2013, copiant et collant le mouvement de Rossi sur Gibernau. Mais il ne pense pas que Rossi ait été aussi mauvais que Simoncelli ou Marc.

« En faveur de Valentino, il a percuté certaines personnes, mais il ne l'a fait que dans des circonstances très particulières », explique Lorenzo, qui a remporté le titre MotoGP en 2010, 2012 et 2015. « Par exemple, dans le dernier tour, en toute conscience, connaissant très bien les conséquences d'un accident. Il maîtrisait mieux la situation. »

« Je me souviens que Márquez est entré en collision avec de nombreux pilotes, même lors des essais libres. C'était comme s'il s'en fichait, qu'il ne maîtrisait pas la situation, qu'il ne voyait pas bien ou qu'il ne calculait pas bien les distances. C'est l'impression que me donnent certaines collisions de Márquez, mais je n'ai pas eu cette impression avec Valentino. »

« Avec Marco, j'avais aussi l'impression qu'il ne se souciait pas beaucoup des autres pilotes lorsqu'il effectuait des dépassements. Valentino était plus précis et ses manœuvres agressives étaient plus uniques, plus spéciales. Marco, lui, déconnectait tout simplement son cerveau, ne se souciait pas vraiment de ce qu'il faisait et n'était pas conscient du risque. »

Au cours de l'entretien pour ce livre, Lorenzo m'a interrogé sur la couverture. Je lui ai répondu que la quatrième de couverture représentait un jeune Marc à l'air angélique, avec les mots « *Grinning Assassin* » (l'assassin souriant).

« Ah ah ah, Marc est très proche d'un assassin, mais évidemment sans tuer personne », dit-il en riant, avant d'ajouter : « Presque… »

Dovizioso, tout comme Lorenzo, a également eu de nombreux affrontements avec Simoncelli et Márquez.

« Je pense qu'ils ont abordé la bataille d'une manière différente par rapport à la plupart des pilotes », explique Dovizioso, qui a remporté 15 victoires en MotoGP, dont beaucoup après des batailles passionnantes avec Márquez.

Alors, a-t-il déjà eu peur lorsqu'il pilotait avec le jeune ?

« Bien sûr, parce que vous saviez qu'il essayait. C'était Marco. Chaque fois, tout pouvait arriver. »

Et Marc a-t-il fait des manœuvres excessives ?

« Souvent ! », répond-il.

Stoner compare Márquez au quadruple champion de F1 Max Verstappen, qui a fait son entrée dans l'arène de la F1 comme un éléphant dans un magasin de porcelaine.

« Je vois beaucoup de similitudes entre Marc et Max », dit-il. « À ses débuts en F1, Max a repoussé les limites, les a dépassées et s'est retrouvé impliqué dans des accidents dont il n'avait pas besoin. Je pense que Marc était pareil. Il repoussait les limites et allait trop loin, à mon avis. Max a été pénalisé, mais le MotoGP ne semble pas infliger de pénalités, donc Marc s'en est tiré. »

« Mais plus Marc a mûri et gagné en sagesse, plus il a compris où se situait cette limite, et il veille désormais à ne pas la dépasser. Il apprend sans cesse et continue d'évoluer. »

Livio Suppo a été directeur de l'équipe Repsol Honda et employé de Honda Racing Corporation de 2010 à 2017. Il a donc été responsable de Simoncelli et Márquez à différentes périodes.

Il garde un souvenir très vif du Grand Prix de France de 2011 au Mans, où Simoncelli et Pedrosa sont entrés en collision alors qu'ils se disputaient une place sur le podium. Pedrosa a chuté et, malchanceux et fragile comme toujours, s'est cassé la clavicule.

« Marco était un peu trop agressif », explique Suppo. « Cet après-midi-là, après la chute de Dani au Mans, Nakamoto

[Shuhei Nakamoto, vice-président de HRC] et moi avons parlé à Marco. Nous lui avons dit : “Tu dois comprendre que tu fais quelque chose de dangereux. Tu dois réaliser que, lorsque tu dépasses un pilote, tu ne peux pas simplement lui fermer la porte en pensant qu'il a disparu.” »

« Quelques jours plus tard, je l'ai appelé et lui ai dit : “Marco, tu y as réfléchi, tu comprends vraiment ?” Et, honnêtement, je ne sais pas s'il comprenait ou non. C'était son caractère. »

Suppo ne pense pas que Márquez soit comme Simoncelli.

« Marc est certainement l'un des pilotes les plus agressifs, mais je ne le trouve pas excessif, sauf dans certaines occasions, comme lors de la course en Argentine en 2018, où il a percuté Aleix [Espargaró] et Valentino. Il lui est parfois arrivé au cours de sa carrière de perdre le sens des réalités, et le fait d'être tellement plus rapide que les autres facilite les erreurs. »

Marc a été pénalisé à trois reprises lors du Grand Prix d'Argentine de 2018 à Termas de Río Hondo. Il a reçu une pénalité de passage par les stands pour une infraction sur la grille de départ et deux autres sanctions pour avoir percuté des adversaires alors qu'il remontait le peloton : une place de recul pour avoir heurté Espargaró et une pénalité de 30 secondes pour avoir percuté Rossi, qui a fait chuter l'Italien.

« J'ai peur sur la piste quand je suis avec Márquez… », a déclaré Rossi après cette course. « Il détruit notre sport… Il se faufile entre vos jambes et la moto. Il le fait exprès, car il sait qu'il ne va pas chuter, mais espère que vous allez le faire. Je ne prends aucun plaisir à courir avec lui, car il ne joue pas franc jeu. »

Aleix Espargaró n'a pas eu peur lorsque Marc l'a percuté à Termas, mais il était en colère.

« Tu te mets en colère parce que tu estimes que c'est un manque de respect envers toi, car tu participes à la même course, même si je n'étais pas en bonne position à ce moment-là », explique-t-il. « Sur le moment, tu es très en colère, mais après coup, avec du recul, tu comprends que, lorsque tu es sous pression et que tu essaies de remonter pour gagner la course, tu peux commettre ce genre d'erreur. Ce n'est pas juste, mais ça fait partie de la course. »

Bien sûr, 18 mois plus tôt, Rossi et Márquez avaient eu leur propre accrochage lors du Grand Prix de Malaisie en 2015, qui avait vu Márquez finir à terre.

Même Pedrosa, généralement le plus docile des pilotes, a eu ses moments de folie. En 2006, il a éliminé son coéquipier Nicky Hayden à Estoril et, quelques années plus tard, il a fait de même avec Crutchlow au Mugello. A-t-il pardonné aux pilotes qui l'ont fait chuter ? Bien sûr que non : lorsqu'il a revu Simoncelli quelques mois après leur collision au Mans, il a refusé de lui serrer la main.

C'est vrai, la plupart des pilotes sont hypocrites. Ils exigent de tout le monde, sauf d'eux-mêmes, qu'ils respectent les normes les plus élevées. Aucun d'entre eux n'est sans péché, aucun n'est innocent.

Nous sommes nombreux à agir de la même manière lorsque nous roulons à moto ou en voiture. Nous doublons les autres conducteurs et, lorsqu'ils s'en plaignent, nous pensons qu'ils en font trop. Puis, lorsque quelqu'un nous fait la même chose, nous nous plaignons énormément.

Au fil des années, Márquez a peut-être été le pire fonceur et bagarreur du MotoGP (il est beaucoup moins combatif aujourd'hui), mais il y a une caractéristique qui le distingue de la plupart des pilotes. Il ne fait pas d'histoires lorsque ses rivaux le bousculent, car il est assez intelligent pour comprendre que, si l'on donne, il faut aussi savoir recevoir. Sinon, sa situation serait intenable.

« Ce que je sais, ou ce que je crois, c'est qu'aucun pilote ne provoque intentionnellement un contact », affirme-t-il. « Mais nous sommes en course et nous sommes à la limite, donc parfois, on ne peut pas le contrôler. »

« Je me souviens de Jerez en 2011, lorsque Jules Cluzel m'a percuté pendant la course Moto2. Il a freiné très tard et m'a percuté par-derrière, provoquant un énorme accident. Un des membres de mon équipe m'a dit : “Ne te plains pas devant les journalistes.” Je lui ai répondu : “Mais pourquoi, parce qu'il m'a percuté et que j'ai chuté ?” Il m'a répondu : “Ne le fais pas, car lors de la prochaine course, ce sera peut-être de ta faute.” Je ne me suis donc pas plaint cette fois-là. Lors de la course suivante à Estoril, j'ai percuté Scott Redding de la même manière, avec le même style. J'ai alors dit à au gars de l'équipe : “D'accord, tu as raison.” Depuis ce jour, je ne me suis plus jamais plaint. »

Márquez a été pénalisé à de nombreuses reprises, mais n'a jamais changé ses habitudes, comme à Valence en 2012, lorsqu'il a été convoqué dans le bureau du directeur pour recevoir une pénalité de départ en fond de grille pour avoir éliminé Corsi.

« Aucun effet », a-t-il déclaré, arborant son plus beau sourire d'écolier. « Comme vous pouvez le constater, je suis toujours le même sur la moto. »

Santi Hernández, chef d'équipe de longue date, sait comment tout ça fonctionne.

« Je ne pense pas qu'il ait changé son style. En fin de compte, c'est Marc. Pour le meilleur et pour le pire, il est comme ça. »

CHAPITRE 5

« POUR MARC, FINIR DEUXIÈME C'ÉTAIT COMME DESCENDRE EN ENFER »

La ville natale de Marc, Cervera, est apparue pour la première fois dans les livres d'histoire au XIe siècle, à la suite d'un affrontement violent entre deux factions rivales. Ça n'a donc rien de surprenant.

À cette époque, la majeure partie de la péninsule ibérique était gouvernée par les armées musulmanes depuis 300 ans. Les Maures étaient arrivés d'Afrique du Nord au début du VIIIe siècle et avaient mis moins d'une décennie pour conquérir la péninsule, jusqu'à Cervera.

Cette ville catalane, située à 90 minutes de route à l'intérieur des terres depuis Barcelone, est toujours dominée par son château, construit par le califat de Cordoue pour se défendre contre les forces chrétiennes lors de leur reconquête de la péninsule.

À Cervera, l'histoire est omniprésente, depuis les vestiges pittoresques du château jusqu'à sa magnifique université du XVIIIe siècle.

Aujourd'hui, la ville est surtout connue pour être le lieu de naissance de ses deux fils les plus célèbres : Marc et Alex Márquez. Ou, pour leur donner leur nom complet, Marc et Alex Márquez Alentà. Traditionnellement, les noms de famille espagnols font référence aux deux parents : le premier nom vient du père, le second de la mère.

Nous connaissons le jour exact où l'histoire de Márquez a commencé : le 20 mai 1992, l'un des jours les plus importants de l'histoire culturelle de la Catalogne, lorsque le Futbal Club Barcelona a remporté pour la première fois la finale de la Coupe d'Europe.

Le FC Barcelone est une source de fierté intense en Catalogne, une région qui a subi une répression culturelle sévère pendant une grande partie du XXe siècle, en particulier lorsque le dictateur Franco a pris le pouvoir en 1936. Franco a interdit l'usage de la langue catalane, tentant ainsi d'effacer l'héritage local. L'un des rares endroits où les Catalans pouvaient parler leur langue maternelle était le stade du club, qui reste aujourd'hui encore un centre de la culture catalane.

Les Catalans n'ont jamais autant fait la fête que cette nuit-là, en 1992, après avoir vu leur équipe remporter une victoire 1-0 contre le club italien Sampdoria au stade de Wembley, au nord-ouest de Londres.

Avant le match, on a demandé au vice-président du club ce qu'il ferait si son équipe remportait la coupe et devenait ainsi la première équipe catalane à remporter le plus grand trophée du football européen. Il a répondu en plaisantant qu'il se jetterait dans la Tamise à Londres. Et c'est exactement ce qu'il a fait, avec quelques autres personnes, sans doute un peu éméchées, vers quatre heures du matin le lendemain.

Le père de Marc, Juliá (le catalan de Julian), et sa mère, Roser, ont terminé cette journée mémorable en la célébrant de la meilleure façon qui soit. Environ quarante semaines plus tard, le 17 février 1993, Marc est né. Et il n'était pas le seul. L'engouement qui a suivi la victoire historique du Barça à Wembley a provoqué un baby-boom en Catalogne, où le taux de natalité a brièvement augmenté de 16 %.

Juliá et Roser formaient un couple normal issu de la classe ouvrière. Juliá conduisait des grues et des pelleteuses lourdes sur les chantiers de construction et Roser avait un emploi de bureau.

Juliá n'était pas n'importe quel conducteur d'excavatrice. Il était bien connu dans la région pour son talent et ses compétences, si bien que, chaque fois qu'il y avait un travail particulièrement délicat à réaliser, c'était lui qu'on appelait. En d'autres termes, la coordination œil-main et ce sens inné si important pour contrôler les machines sont des qualités qui se transmettent dans la famille.

« Tout le monde peut conduire une pelleteuse, mais c'est autre chose que de vraiment travailler avec », explique Juliá. « C'est comme une moto : facile à conduire, mais difficile à pousser à ses limites. Quand je vais en Aragón [sur le circuit MotorLand], je regarde le grand mur de pierre [qui se trouve derrière le treizième virage] et je me dis… cette partie est plutôt bonne, mais là-bas, le gars se relâchait [il se reposait sur ses lauriers]. »

Et Juliá était passionné de motos, tant pour rouler sur route que pour regarder les courses.

Il se rendait au nord pour assister au Grand Prix moto des Pays-Bas à Assen et au sud chaque printemps pour assister au plus grand festival moto d'Espagne, le Grand Prix d'Espagne à Jerez, où il regardait les héros nationaux Jorge Martinez et Alex

Crivillé en action, aux côtés des anciens pilotes de *dirt track* Wayne Rainey, Kevin Schwantz et Mick Doohan.

De retour chez lui, il a rejoint le *Moto Club Segre* local et, petit à petit, sa famille est devenue des membres importants du club, passant leurs week-ends à aider à organiser des événements d'enduro et de motocross, où les pilotes se frayaient un chemin à travers la boue et la poussière, principalement pour le plaisir.

« Parfois, je participais à des journées sur circuit, mais je n'avais jamais assez d'argent pour courir, alors je travaillais comme commissaire de piste lors d'événements de motocross », se souvient Juliá. « Mes deux fils travaillaient avec moi comme signaleurs. »

Le rôle d'un commissaire de course est d'aider les pilotes et d'assurer leur sécurité en agitant des drapeaux de couleur pour les avertir en cas d'incident ou d'accident devant eux. C'est assez inhabituel, car la plupart des pilotes de moto abordent ce sport dans une optique opposée. Ils ne veulent pas aider les autres, ils veulent battre tout le monde. La course est égoïste, pas altruiste.

Puis, l'inévitable s'est produit ; voir d'autres personnes s'amuser autant est devenu lassant.

« Quand Marc avait quatre ans, il a dit : "Je veux une moto." », raconte Juliá. « Et notre vie a changé. C'était entièrement son enthousiasme, son idée. »

Il n'est pas étonnant que Marc se souvienne également du moment précis où sa vie a pris le chemin qu'il suit encore aujourd'hui. Quelques mois avant le Noël de 1997, il a écrit au père Noël...

« Je me souviens avoir écrit sur ma liste pour le père Noël que je voulais "une moto pour faire des bonds" », raconte-t-il en souriant.

Alors, maman et papa ont offert à leur fils aîné (Alex est né en avril 1996) une Yamaha PW50, la petite moto tout-terrain pour enfants qui a lancé des centaines de grandes carrières, dont celles des champions de MotoGP Fabio Quartararo, Casey Stoner et Nicky Hayden.

Les photos de famille prises à cette occasion montrent Marc dans le salon, assis sur la Pee Wee rose et blanche, entouré d'autres cadeaux moins excitants. Il porte un casque intégral de motocross et arbore un sourire si large qu'il semble presque déborder du casque. Au début, la PW50 était équipée de petites roues de chaque côté de la roue arrière, afin de lui permettre de rester en équilibre pendant qu'il apprenait les bases. Quinze ans plus tard, il allait utiliser ses coudes pour rester en équilibre.

Márquez a fait ses débuts en compétition lors d'une épreuve d'enduro pour enfants organisée par le *Moto Club Segre* à l'été 1998 : les yeux en alerte, son père à ses côtés, la Pee Wee encore équipée de petites roues, son pilote pouvant à peine toucher le sol avec ses bottes de motocross miniatures. Peu importe, l'étincelle était allumée et le feu allait faire rage. S'enrager, encore, encore et encore.

« Quand Marc a commencé à faire de la moto, je lui ai dit : “C'est ton jouet, amuse-toi avec.” », poursuit Juliá. « Quand je vois des parents harceler ou crier après leurs enfants sur un circuit, je leur dis : “Montez vous-même sur la moto ! Votre enfant n'y arrivera pas à cause de ce que vous lui faites subir.” Il arrive souvent que les enfants poussés à faire de la course ne veuillent plus en entendre parler à l'âge de 15 ans. »

De plus, papa n'a jamais appris à piloter à Marc, pas plus qu'à Alex.

« Je leur ai donné les conseils qu'un père donne à ses fils : se comporter comme des gens éduqués, être aimables et sympathiques, mais rien sur le circuit. La seule chose que je peux dire, c'est : "Soyez prudents. Il pourrait pleuvoir." »

Juliá et Roser ont manifestement mené leur foyer d'une main de fer. Leurs enfants ne sont peut-être pas très courtois lorsqu'ils pilotent, mais, une fois qu'ils ont retiré leur combinaison, ils sont polis, posés et sans prétention. Marc et Alex ne sont pas du genre à faire dans le bling-bling : ils portent des jeans, des sweats à capuche et des t-shirts, et n'ont ni tatouages, ni coupes de cheveux extravagantes, ni Lamborghini. Des Catalans de la vieille école.

Peu après, la PW50 fut remplacée par une moto de motocross KTM SX50 d'occasion. La PW, évidemment, a atterri dans les mains d'Alex.

À cette époque, Marc avait déjà appris à trouver son équilibre et les signes de sa future grandeur commençaient déjà à se manifester : il termina deuxième du championnat catalan junior de motocross en 2000 et remporta le titre l'année suivante. Il était sur la bonne voie.

La course moto est devenue une activité centrale pour la famille Márquez. Et pas seulement pour gagner. Lors des événements du *Moto Club Segre*, leur caravane est devenue un lieu de rencontre fréquenté par des amis et des rivaux comme Aleix et Pol Espargaró, Tito Rabat et d'autres.

« Je viens d'une région propice au motocross, tout près du circuit de Bellpuig [qui accueillait autrefois les Grands Prix d'Espagne et de Catalogne de motocross], de Rufea et d'autres circuits », explique Marc. « Il y a beaucoup de brouillard en hiver et il y a généralement plus de circuits de motocross que de circuits de course sur route. Mes parents étaient bénévoles au *Moto Club Segre* et ils aidaient à l'organisation des événements, au signalement et à l'accueil. Ma mère travaillait également dans les bars, où elle préparait des sandwichs. »

« C'était une façon de passer le week-end ensemble. Même si la course avait lieu le dimanche, nous allions à un autre événement le samedi, ou nous partions le samedi après-midi avec la vieille caravane blanche que mon père attelait à la voiture. Les petites motos y trouvaient également leur place. »

« Nous sommes allés camper et il y avait toujours beaucoup de gens qui faisaient la même chose : monter des tentes sur le circuit, manger les plats préparés par maman, dormir et parfois avoir trop chaud, parfois mourir de froid ! C'était amusant. »

« C'était comme une philosophie, ou un mode de vie. Le karting ou les courses sur route junior donnaient une impression différente. Le grand avantage du motocross, c'était qu'il suffisait d'arriver, de décharger la moto, de faire le plein, de vérifier la chaîne et c'était parti. »

« Si vous aviez un accident, vous changiez un levier parmi les quelques pièces de rechange que vous aviez emportées, et c'était bon. La course sur route est très différente sur le plan technique : lectures, réglages, pressions, pneus. C'est tellement différent. »

Finalement, la poussière et la boue ont été remplacées par un revêtement plus dur : l'asphalte. C'était une évolution naturelle, car lorsque Marc ne pilotait pas, il passait ses après-midis d'été scotché devant la télévision avec sa mère, son père et Alex, à regarder Valentino Rossi, Max Biaggi et les autres se battre pour la gloire en MotoGP, de Barcelone à Brno et de Motegi au Mugello. Il était tout à fait naturel qu'il veuille faire comme eux.

Mais il y avait un problème.

Si Juliá et Roser pouvaient tout juste se permettre d'inscrire leurs enfants à des compétitions locales d'enduro et de motocross, ils n'avaient certainement pas les moyens de les faire participer à des courses sur route.

« Les courses sur route n'ont jamais été une option, parce que c'était au-dessus de nos moyens », se souvient Juliá.

Mais quand on veut, on peut ; et dans ce cas précis, quand on a le talent, on peut. De plus, la chance était de leur côté.

Avec un timing parfait, la *Federació Catalana de Motociclisme* a créé un championnat de mini-motos à faible coût afin d'encourager les enfants à faire de la course. Sa saison inaugurale a eu lieu en 2001.

« Jusqu'à l'âge de huit ans, tout tournait autour du motocross », poursuit Marc. « Je voulais continuer à faire du motocross, mais mon père a découvert une série de courses sur route pour mini-motos monotypes et un ami lui a dit : "Inscris Marc, il est très rapide dans les virages." »

« Alors on l'a fait... et au début, je n'ai pas aimé. La moto était trop grande, j'étais trop petit, et j'avais gagné en motocross (j'étais champion de Catalogne), alors je voulais participer au championnat espagnol de motocross. Je disais : "Je n'aime pas la course sur route, je ne veux pas faire de course sur route, je veux faire du motocross !" Quoi qu'il en soit, après un an dans la série monotype, mon père a reçu une offre d'aide financière et c'était décidé. »

La série monotype était la Conti Cup, qui équipait les participants d'une mini-moto Conti et d'une tenue de course à un prix (presque) abordable. La tenue comprenait un casque arborant le logo de Chupa Chups, la marque espagnole de sucettes qui sponsorisait la série, ce qui permettait de réduire les coûts pour les participants.

Le talent de Marc pour piloter la petite Conti sur les pistes de karting, déjà en dérapant latéralement, a rapidement attiré l'attention des connaisseurs.

Les premiers à lui proposer leur aide ont été les frères Jordi et Josep Rojas, dont l'équipe Procurve avait déjà aidé de nombreux jeunes à se lancer dans ce sport, notamment Guim Roda, qui disputait à l'époque le championnat espagnol Supersport avec Procurve.

Roda est aujourd'hui surtout connu pour son travail au sein du projet officiel de Championnat du monde de Superbike de Kawasaki, qu'il a mené à huit titres de champion du monde en huit ans, six avec Jonathan Rea, un avec Tom Sykes et un avec Ana Carrasco, la première femme à remporter un championnat du monde de course sur route.

Au cours de sa carrière dans le monde de la course, Roda a travaillé avec de nombreux pilotes, mais aucun d'entre eux ne ressemble à Márquez. Et c'est pourquoi vous lisez ce livre, plutôt qu'un livre sur quelqu'un d'autre.

« Fin 2001, Jordi et Josep voulaient aider un jeune pilote », se remémore Roda. « Ils ont donc demandé conseil à la fédération catalane, qui leur a suggéré d'aller voir un jeune garçon qui pilotait à Can Padro [un petit circuit de 2 km au nord-ouest de Barcelone], car ils pensaient qu'il avait du talent et que ses parents étaient conciliants. »

« Nous avons rencontré Juliá, Roser et Marc, et ils nous ont fait bonne impression. Marc était très petit, timide et introverti, tout le contraire de ce qu'il est aujourd'hui. Nous avons décidé de former une équipe et de lui préparer une moto. »

Les mini-motos Conti étaient spécialement conçues pour les enfants, mais Márquez était si chétif qu'il était trop petit, même pour une Conti.

« La première fois que j'ai vu Marc piloter, c'était en septembre 2001 », raconte Ricard Jove, qui dirigeait des équipes avec d'autres jeunes, comme les futures stars du MotoGP Maverick Viñales et les frères Espargaró, et qui est devenu un bon ami de la famille Márquez.

« Marc était rapide, mais il avait du mal à atteindre le guidon. Et avant le départ, il pendait d'un côté de la moto [Márquez était si petit qu'il ne pouvait toucher le sol qu'avec un pied]. Nous étions fous de faire une chose pareille ! Je n'oublierai jamais cette course, car après, nous sommes allés dans un restaurant où nous avons vu les tours jumelles [le World Trade Center de New York] s'effondrer. »

La première saison complète de Márquez sur asphalte eut lieu l'année suivante. Il termina troisième au classement général du championnat Conti.

En 2003, il passa aux circuits pour adultes ; Catalunya Barcelona, Calafat et autres, dans la série Open RACC 50 cm^3. Il remporta le titre dès sa première tentative, gagnant parfois des courses avec 20 secondes d'avance.

La vitesse et le talent étaient manifestement présents, mais ce ne sont pas ces qualités qui ont vraiment impressionné Roda et les frères Rojas.

« Marc était mature, il était donc plus adulte que les enfants normaux », poursuit Roda. « Il avait un grand sens des responsabilités et prenait la course plus au sérieux que les autres enfants de son âge. Il s'efforçait constamment d'améliorer ses performances. C'était son objectif et son intention. »

Même lorsque Márquez pilotait, ce n'était pas ses talents de pilote qui impressionnaient ses mentors.

« Fondamentalement, Marc n'avait pas une implication effective envers la course, il était donc capable de piloter de manière froide, en analysant minutieusement ce qu'il fallait faire à la moto pour lui permettre d'aller plus vite. »

À cette époque, Márquez avait dix ans.

« Il avait la capacité de comprendre la vitesse en ralentissant. Plus il allait vite, plus son esprit ralentissait tout, ce qui lui permettait d'atteindre sa vitesse d'une manière différente. Alors que les autres enfants roulaient avec intensité et émotion, Marc avait une perception différente de la vitesse et de l'espace. C'était sa principale compétence. Et il était intelligent, il comprenait immédiatement ce dont vous parliez. »

Bien sûr, le gamin avait beaucoup à apprendre, y compris les bases mêmes de la vie sportive.

Il est parfois difficile de savoir si les sportifs se battent pour remporter la victoire parce qu'ils aiment gagner ou parce qu'ils craignent la défaite. Qu'est-ce qui vous motive : le désir de battre tout le monde ou la peur d'être battu ?

« La course m'amusait, c'était comme un jeu », explique Marc à propos de ses années de course pendant son enfance dans le documentaire *All In* sorti en 2023. « Mais ce qui me rendait heureux, c'était de gagner. Même à l'époque, j'étais compétitif dans tout ce que je faisais… Si je ne gagnais pas, j'étais en colère. »

Voire pire.

« Marc passait toute la journée à pleurer s'il perdait », raconte Àlvar Garriga [premier mécanicien de Marc en 125 cm^3 et aujourd'hui directeur technique de l'équipe Kawasaki en Superbike]. « C'était impossible de le consoler. Impossible. Pour Marc, finir deuxième c'était comme descendre en enfer. »

« Et le pire, c'est qu'il devait s'habituer à perdre. Je lui ai dit : "D'accord, j'accepte que pour toi, ce n'est pas un jeu, mais Marc, dans le sport, on gagne et on perd, je veux juste que tu comprennes ça." Mais il ne s'est jamais résigné à perdre. Jamais. »

Roda a réalisé que ça pourrait s'avérer problématique.

« Nous avons dû enseigner à Marc à perdre. Il était important qu'il comprenne qu'il n'est pas possible de gagner toutes les courses, que parfois d'autres pilotes peuvent être plus rapides. S'il se battait contre un autre pilote et perdait la course, ça lui provoquait du stress. Nous avons donc essayé de travailler là-dessus, de lui faire accepter qu'il ne pouvait pas toujours gagner, de l'aider à gérer cette frustration et à utiliser cette énergie négative de manière constructive pour s'améliorer pour la course suivante. »

« Nous voulions également qu'il essaie d'ignorer les opinions des autres. Tout le monde lui répétait sans cesse à quel point il était doué, rapide et sympathique. Tous ces éloges à un si jeune âge auraient pu le perturber, alors nous lui avons dit que ce que les autres disaient n'avait pas d'importance et qu'il devait toujours chercher à atteindre la perfection. »

« Nous lui avons surtout appris à analyser et à comprendre pourquoi il roulait vite et pourquoi il ne roulait pas vite, quand les temps au tour étaient bons et quand ils ne l'étaient pas. Pour ensuite utiliser toutes ces informations pour régler la moto. »

Bien que Márquez ait abandonné la compétition de motocross en 2002, Roda lui a fait découvrir un autre type de conduite tout-terrain, qui allait avoir un impact considérable sur sa carrière.

« À l'époque, je faisais du *dirt track*, alors nous lui avons construit une moto Honda 80 cm^3 pour cette discipline et nous l'avons entraîné dans ce domaine. »

Márquez avait commencé par faire de l'enduro et du motocross, il a donc rapidement pris le coup de main pour foncer dans les ovales de terre dans le sens inverse des aiguilles d'une montre, son pneu arrière soulevant des nuages de poussière et de terre.

« Son contrôle était impressionnant : quelle que soit la situation dans laquelle vous le placiez avec une moto, il était capable de tout gérer et de réussir. Il n'avait pas peur de repousser les limites, tout en ayant une bonne compréhension de la façon de contrôler la moto. Il avait la capacité de s'adapter immédiatement à la façon dont la moto réagissait et de tirer profit de n'importe quelle situation pour aller vite. »

Depuis lors, le *dirt track* est au cœur du programme d'entraînement de Marc. Chaque fois qu'il est chez lui, il fait des tours de piste sur des motos tout-terrain, renforçant sans cesse la connexion entre son poignet droit, son cerveau et son postérieur.

La piste de *dirt track* a non seulement permis à Marc de perfectionner ses compétences de pilote, mais elle l'a également aidé à acquérir un esprit combattant.

« Sur une piste en terre, on est toujours en contact avec les autres pilotes, donc c'est normal », explique Roda. « En gros, nous avons joué à ça sur les ovales, en rendant normal pour lui d'être en contact avec les autres pilotes, pour que ça paraisse amusant. »

« La course moto, ce n'est pas toujours une question de vitesse, c'est aussi une question de combat, car parfois, on n'est pas le plus rapide, alors il faut être capable de défendre sa position et trouver un moyen de gagner. C'est le meilleur pilote qui gagne, pas toujours le plus rapide. Nous lui avons expliqué ça et l'avons aidé à s'entraîner sur piste en terre, où il a développé son propre style et son ambition d'être numéro un. »

Il n'est pas surprenant qu'à cette époque, les médias espagnols s'intéressaient déjà à Marc, toujours à l'affût d'un jeune Espagnol suffisamment ambitieux et talentueux pour devenir un nouveau héros national.

Le journaliste sportif chevronné Emilio Pérez de Rozas a été l'un des premiers journalistes à rendre visite à Marc chez lui. Dix ans plus tard, de Rozas a écrit la première biographie de Marc, *Dreams Come True: My Story*.

« La première fois que je leur ai rendu visite à Cervera, Marc avait 11 ans. Sa chambre était très petite, avec des murs recouverts de posters : tout le monde… Pedrosa… mais surtout Valentino. »

« Il était très discret avec sa famille, très proche de son équipe, très conscient de lui-même et presque mécanique dans sa nature. Les personnes qui le connaissaient vraiment à cette époque disent qu'il y avait tout un groupe d'enfants, âgés de 11, 12, 13 ans, tous très rapides. La différence était que les autres ne savaient pas pourquoi ils étaient rapides, tandis que Marc savait exactement pourquoi il était rapide et ce qu'il faisait. »

Poussé par son désir de victoire et sa peur de la défaite, il a franchi une étape importante dans son ascension, passant des mini-motos aux motos. Et pas n'importe quelle moto : une Honda RS125 de Grand Prix. La RS de Marc était la version grand public de la RS125 pilotée par l'Italien Andrea Dovizioso lors du Championnat du monde 125 cm^3 de 2004, qui allait devenir dix ans plus tard l'un des plus grands rivaux de Márquez en MotoGP.

« Je me souviens de ma première fois sur une 125, à Calafat, et c'était ouah ! », raconte Marc, les yeux écarquillés. « Comme quand on fait un bond en motocross pour la première fois. »

Les motos GP 125 cm³ à deux temps n'étaient pas faciles à maîtriser, avec leur puissance difficile à gérer et leur châssis rigide et impitoyable, surtout pour un enfant de 11 ans si petit. Àlvar Garriga a donc dû fabriquer un réservoir, un guidon et des repose-pieds spéciaux pour la RS125.

« Nous avons dû raccourcir le réservoir d'essence pour qu'il puisse atteindre le guidon ; trois découpes ! », se souvient Juliá.

La situation devenait sérieuse : un gamin pilotant une moto qui dépassait les 200 km/h.

« C'est à ce moment-là que ça a cessé d'être un hobby et que ça a commencé… », explique Juliá, tout en faisant le geste espagnol pour exprimer la nervosité : des testicules repliés sous le menton. « Avec son poids plume, il allait très vite sur la RS125. Pour la famille, c'était effrayant. »

Une moto adaptée s'accompagnait d'une équipe adaptée. Roda forma une équipe de deux pilotes, Marc et Pol Espargaró, de 20 mois son aîné, pour disputer le championnat catalan 125 cm³ de 2004.

Espargaró garde un excellent souvenir de son jeune coéquipier.

« Quand Marc est arrivé, j'avais déjà plus d'expérience, alors il nous regardait, moi et les autres gars plus âgés, en se disant : "Ouah, ce sont les gars que je vois gagner à la télé !" À l'époque, c'était un Marc complètement différent. »

L'entreprise de Roda a été financée par le concessionnaire Honda Impala, basé à Barcelone, et par le RACC (le Royal Automobile Club of Catalunya, qui est en quelque sorte la version catalane de l'organisation automobile britannique RAC).

L'investissement du RACC a été rendu possible grâce à Juan Moretta, président de la Fédération espagnole de motocyclisme, qui a également aidé Jove à créer des équipes avec Viñales et d'autres pilotes. Le soutien technique a été assuré par les frères Rojas et Xavi Arenas chez Impala.

C'est à ce moment-là que Marc a commencé à utiliser le numéro 93. Il ne connaît toujours pas la véritable raison derrière ce numéro, mais il le saura lorsqu'il lira ceci !

« À l'origine, Marc portait le numéro 35, qui était mon numéro lorsque je courais », ajoute Roda. « Lorsque nous nous sommes inscrits à la série 125 Catalan, ce numéro était déjà pris, alors nous avons choisi deux numéros élevés ; 93 pour Marc et 94 pour Pol. Des numéros que personne d'autre ne voulait, afin de pouvoir commencer à organiser les motos, les couleurs, etc. Marc n'était pas très content de perdre le 35, donc je lui ai expliqué que nous avions pris le 93 parce que c'était l'année de sa naissance, et il a alors été ravi d'utiliser le 93. »

L'équipe Impala Honda a dominé le championnat ; Marc a terminé deuxième au classement général derrière son coéquipier.

Il était temps de passer à l'étape suivante. Juliá souhaitait que l'ancien champion du monde 125 cm^3 Emilio Alzamora devienne le manager et le mentor de son fils aîné.

Alzamora avait remporté le titre mondial 125 en 1999, devançant d'un seul point le jeune Italien Marco Melandri, alors en pleine ascension. Au cours de ses dix années en Grand Prix, il a couru pour plusieurs équipes, dont la première créée par l'école technique Monlau de Barcelone. Peu après avoir pris sa retraite, Alzamora a été nommé directeur général de Monlau Competition, la branche compétition de l'école.

« Emilio était un garçon très connu qui avait un grand potentiel. Le temps a prouvé que la décision de son père était la bonne », explique Roda. « Au début de l'année 2005, sa première année avec Emilio, Marc avait du mal à aller vite, alors il a demandé à Emilio de nous solliciter pour les pièces que nous avions fabriquées pour l'aider à s'adapter à la moto : un réservoir plus court, des repose-pieds spéciaux, etc. Àlvar les a offerts à Marc et Emilio. »

« Les choses changeaient pour Marc. Ça peut être difficile lorsqu'un enfant devient professionnel, mais Emilio et Juliá ont fait du bon travail en collaborant pour aider Marc à grandir, en tant que pilote et en tant que personne. »

Il était désormais évident que Márquez avait un talent immense, mais comme Roda, Alzamora était davantage impressionné par autre chose.

« Marc a un talent particulier et il est très intelligent », explique Alzamora. « À 12 ans, son esprit était déjà celui d'un jeune homme de 25 ans. On avait l'impression de parler à un adulte, pas à un enfant. Quand on trouve un jeune aussi doué que lui, il est important de lui trouver une bonne équipe, avec un bon staff technique, etc. Nous nous sommes concentrés sur de nombreux domaines afin qu'il ne se perde pas en chemin. »

Alzamora a également dû adapter sa propre mentalité pour tirer le meilleur parti de ce jeune pilote remarquable.

« Quand des gars comme moi et Carlos Checa [vainqueur d'une course MotoGP et champion du monde de Superbike en 2011] ont commencé à courir, nous avions 17 ou 18 ans, nous pilotions des motos de série et nous sommes arrivés au Championnat du monde quelques années plus tard. »

« Aujourd'hui, les choses ont beaucoup changé, et il y a donc beaucoup de facteurs à prendre en compte lorsque l'on aide un jeune pilote. Il faut penser à la famille et aider le pilote à comprendre ce qu'est la course. Mon travail ne consistait pas seulement à améliorer la technique de pilotage de Marc, mais aussi à l'aider à améliorer sa façon de travailler avec les mécaniciens et sa méthodologie générale sur la piste et dans le garage. »

« De plus, le pilote doit comprendre qu'il s'agit d'un travail. Bien sûr, il doit s'amuser sur sa moto, mais c'est son travail. Donc, lorsqu'il est sur le circuit, il doit être sur la piste, dans le garage ou dans l'espace d'accueil. Il ne peut pas partir s'amuser sur sa bécane. Il est difficile de trouver des jeunes qui comprennent ça, que lorsqu'ils arrivent sur le circuit, c'est leur travail. »

« J'ai beaucoup insisté pour que Marc continue ses études, car d'après mon expérience, les garçons qui restent à l'école sont plus faciles à encadrer. Bien sûr, c'est facile pour Marc, car c'est dans sa nature. »

« Un autre élément essentiel pour comprendre la carrière de Marc est qu'il a une famille merveilleuse et humble qui, comme lui, accepte tous les conseils. »

Sous la tutelle d'Alzamora, Márquez a remporté les titres catalans 125 en 2005 et 2006 et a fait double emploi cette deuxième année, faisant ses premières incursions dans le championnat espagnol 125 CEV *(Campeonatos de España de Velocidad).*

Ça représentait un autre grand pas en avant dans la hiérarchie, car la plupart des pilotes MotoGP de toutes nationalités accèdent au Championnat du monde via le CEV espagnol. Les courses y sont donc ultrarapides et ultra-compétitives.

Mais pourquoi l'Espagne ? Il y a tellement de raisons. Pour comprendre pourquoi Márquez et ses compatriotes sont si doués en moto, il faut remonter plusieurs décennies en arrière, jusqu'aux années 1960, car c'est une histoire mêlant politique, propagande, protectionnisme, industrie, argent des médias et climat méditerranéen doux.

Dans les années 1960, l'Espagne était encore sous la coupe du dictateur Franco. Depuis la fin de la Seconde Guerre mondiale, le pays était considéré comme un paria par le reste de l'Europe, qui avait combattu le fascisme au prix d'effroyables sacrifices, tandis que Franco était resté allègrement neutre.

L'Espagne était donc isolée, et Franco a prescrit une économie d'autosuffisance et de protectionnisme. L'industrie espagnole naissante de la moto était l'une des nombreuses industries protégées de la concurrence extérieure, notamment japonaise. Ainsi, des entreprises telles que Bultaco, Derbi, Montesa et Ossa ont pu prospérer en fabriquant des motos à deux temps à bas prix qui ont contribué à mobiliser la nation. Inévitablement, les habitants ont commencé à faire des compétitions avec ces motos dans des courses de rue organisées dans les villes et villages à travers le pays.

À la fin des années 1960, Bultaco, Derbi et Ossa construisaient des motos et formaient des pilotes suffisamment doués pour participer aux Grands Prix. Le meilleur pilote était Ángel Nieto, un petit bagarreur coriace originaire du quartier de Vallecas, un quartier pauvre de Madrid. Nieto a poursuivi son rêve d'enfance de courir en moto en déménageant à Barcelone, le centre de l'industrie. Il a fini chez Derbi, où, selon la légende, il a commencé par dormir dans l'ancien conduit à charbon de l'usine.

Les succès de Nieto étaient comme de l'or pour le régime de Franco, qui les utilisait à des fins de propagande, tout comme les nazis avaient utilisé les victoires de BMW en course automobile et les fascistes italiens les triomphes de Gilera dans les années 1930. Voici un Espagnol courageux et tenace qui s'était hissé au sommet à force de travail acharné et de volonté, envoyant ainsi un message fort au peuple.

Nieto a dominé les catégories inférieures, 50 cm^3 et 125 cm^3, pendant une quinzaine d'années, remportant 13 championnats du monde entre 1969 et 1984.

À une époque où l'Espagne occupait une place insignifiante sur la scène internationale, *« El Niño de Vallecas »* (le gamin de Vallecas) est devenu le premier héros moderne du pays, acclamé dans toute la nation.

Nieto a sans aucun doute été à l'origine de l'engouement de l'Espagne pour la course moto. Lorsqu'il a pris sa retraite, les industries espagnoles de la moto et de la course ont compris qu'elles devaient travailler ensemble pour trouver un nouvel Ángel. La RFME (Fédération royale espagnole de motocyclisme) a organisé des championnats monomarques à faible coût « afin de découvrir la prochaine génération de champions du monde », précurseurs de la série Conti.

Petit à petit, les pilotes espagnols ont remporté tous les grands championnats du monde, des 50 cm^3 et 125 cm^3 avec Nieto au titre 250 cm^3 avec Sito Pons en 1988 et 1989, pour finir par la catégorie 500 cm^3 MotoGP avec Alex Crivillé en 1999.

Le succès engendre le succès. Surtout dans ce cas précis. La première victoire de Crivillé en MotoGP en juin 1922 est survenue quelques mois seulement après qu'une société espagnole de marketing sportif a ravi les droits télévisés du championnat au magnat de la Formule 1 Bernie Ecclestone. Dorna Sports a été attirée par les courses de motos en raison de leur notoriété nationale et de leur potentiel international. La mainmise espagnole était désormais presque totale : pilotes espagnols, écuries espagnoles, sponsors espagnols et détenteur des droits espagnol.

CHAPITRE 6

« NOUS AVONS MIS QUATRE KILOS DE SABLE DANS SA COMBINAISON »

Jordi Castellà était un mécanicien de 24 ans passionné de moto, tout juste sorti de l'école technique Monlau, lorsqu'il a commencé à travailler avec Marc Márquez. Et il n'était pas du tout sûr que les choses allaient fonctionner.

« Je me souviens du jour où j'ai rencontré Marc lors de la présentation de l'équipe d'Emilio au *Monlau Competición* 125 cm^3 en novembre 2005. J'ai vu Marc et j'ai dit à Emilio : “C'est peut-être trop, il est vraiment très petit !” »

« Marc avait 12 ans, mais il était si petit et maigre : 1,29 mètre et 29 kilos ! »

« Bien sûr, tout le monde savait qu'il avait un grand talent et un grand potentiel, mais à l'époque, il n'y avait pas de catégories telles que la Moto3 ou la Moto4 junior, donc on passait directement des Conti aux motos GP 125. À cette période, les équipes apportaient des pièces du Championnat du monde 125 cm^3 au championnat espagnol : cylindres, moteurs, carburateurs, cadres et bras oscillants, donc les performances des motos étaient plus ou moins les mêmes que celles des motos GP [225 km/h]. »

« Lorsque j'ai travaillé avec Marc pour la première fois en 2006, on ne voyait pas le pilote car il était trop petit. Tout ce qu'on voyait, c'était une petite Honda et un casque rouge vif. »

Tout s'est bien passé et Castellà et Márquez ont continué à travailler ensemble pendant une grande partie des deux décennies suivantes, jusqu'à ce que Márquez quitte Honda fin 2003.

Castellà a été le premier membre du groupe qui est devenu le noyau dur de l'équipe très soudée de Márquez en Moto2 et en MotoGP. Alzamora l'a repéré à l'école technique Monlau, où il a mis en place la structure qui a permis au jeune pilote de remporter le championnat d'Espagne et de se préparer pour les Grands Prix.

Le championnat CEV était difficile, même pour un talent prometteur comme Marc. Il a donc terminé le championnat 2006 à une modeste huitième place au classement général, toujours au guidon d'une Honda RS125 de série, tandis que son ancien coéquipier du RACC, Pol Espargaró, remportait le titre au guidon d'une Derbi d'usine beaucoup plus rapide.

Derrière Espargaró se trouvaient Rabat et l'Allemand Jonas Folger. Rabat a remporté le Championnat du monde Moto2 en 2014. Folger est devenu pilote MotoGP en 2017, se battant avec Marc pour la victoire lors du Grand Prix d'Allemagne cette année-là, avant que sa carrière ne soit interrompue par la maladie.

Marc avait donc certainement de bonnes chances de remporter le titre CEV en 2007, n'est-ce pas ?

En théorie, oui. Il était déjà aussi rapide que ses principaux rivaux ; Stefan Bradl, Scott Redding, Efren Vazquez et

Takaaki Nakagami, et il disposait de meilleures motos pour 2007. Il s'agissait de 125 cm^3 aux spécifications d'usine du constructeur autrichien KTM, avec lesquelles Mika Kallio avait terminé deuxième du Championnat du monde 125 cm^3 2006, derrière Alvaro Bautista sur Aprilia.

En réalité, non. Le ratio victoires/chutes de Marc était complètement déséquilibré. Il y a eu sept courses du CEV en 2007 et il a chuté dans quatre d'entre elles. Il n'y a eu qu'un seul moment fort : sa victoire à Jerez, où il a été éclipsé sur le podium par Stefan Bradl et Pere Tutusaus, un autre Espagnol prometteur.

« À cette époque, Marc chutait deux ou trois fois par jour, que ce soit pendant les essais libres, les qualifications, le *warm-up* ou les courses », se souvient Castellà. « J'aimais ça, car c'était mon premier emploi en tant que mécanicien de course, mais avec le recul, il détruisait beaucoup sa moto ! »

Alzamora s'est mis au travail avec son protégé. Un vieil adage du monde de la course dit : « On peut apprendre à un pilote rapide à ne plus avoir d'accident, mais on ne peut pas apprendre à un pilote lent à être rapide. » En d'autres termes, la vitesse est innée, elle ne s'apprend pas.

Quoi qu'il en soit, tous les accidents n'étaient pas de la faute de Marc.

« On voyait déjà qu'il faisait des choses exceptionnelles sur sa moto et que son niveau était très élevé », explique Castellà. « Le problème, c'est qu'il était très petit, trop petit. Il avait la technique et les connaissances nécessaires pour rouler très vite, mais s'il arrivait quelque chose dans un virage, il perdait tout contrôle. Quand on est assez grand, on peut trouver une solution, mais il était vraiment très, très petit. »

Bien sûr, un poids réduit signifie que votre moto accélère plus rapidement, mais les responsables des courses ont récemment réécrit les règles afin d'égaliser les performances de tous les pilotes, en imposant un poids minimum combiné pilote/moto.

À cette époque, Márquez avait un peu grandi, mais sa KTM avait encore besoin d'un lest de 21 kilos, soit près de la moitié de son poids réel, pour atteindre le minimum combiné.

« Nous sommes allés en Autriche en camionnette pour récupérer les motos chez Harald Bartol [premier directeur technique MotoGP de KTM, lorsque la société autrichienne a fait son entrée dans les championnats du monde 125 et 250 cm^3 en 2003] », poursuit Castellà. « Lorsque Harald nous a demandé combien de kilos supplémentaires nous avions besoin sur la moto, nous lui avons répondu 21 kilos. Après ça, il n'a plus voulu nous donner les motos, affirmant qu'il était impossible d'ajouter tout ce poids en toute sécurité. »

« KTM avait quelques pièces de lestage pour ses motos de la Red Bull Rookies Cup, nous les avons donc installées et avons ajouté du plomb partout, ce qui a ajouté 17 kilos supplémentaires. La moto était donc extrêmement lourde, pesant environ 90 kilos, alors qu'une 125 devrait peser 70 kilos. Mais nous avions encore besoin de plus de poids, donc, nous avons mis quatre kilos de sable dans sa combinaison. C'était extrêmement dangereux. »

La course moto est un sport dangereux et, si vous n'êtes pas prêt à prendre des risques, voire à faire des choses stupides, vous n'irez probablement nulle part. C'est tout simplement la nature même de ce sport.

Alzamora, Bartol et KTM ne se sont pas laissés aveugler par les nombreuses chutes de Márquez, car les dénicheurs de talents ne se contentent pas d'examiner les résultats ; ils vont plus loin et analysent en détail les compétences de pilotage.

Bartol était présent depuis les années 1970, à une époque où les courses de Grand Prix étaient encore plus dangereuses et difficiles. Il était l'un des meilleurs pilotes de 125 cm^3, puis un ingénieur de renommée mondiale spécialisé dans les moteurs à deux temps. Il savait donc ce qu'il fallait surveiller, tant au niveau humain que mécanique.

En tant que responsable technique des 125 et 250 GP chez KTM, il avait déjà travaillé avec de nombreux jeunes pilotes de Grand Prix du XXIe siècle, avides de vitesse, coiffés de gel et portant des lunettes de soleil.

« Marc m'a vraiment impressionné », déclare Bartol. « Tout d'abord, il m'écoutait toujours. Et je me souviens de la première fois où nous sommes allés faire des essais. Le soir, je lui ai dit : "Nous allons dîner." Il m'a répondu : "Non, non, je dois rentrer chez moi, je dois m'entraîner, je dois améliorer mon anglais et je dois terminer mes études ; c'est mon but." »

« Je n'ai jamais eu d'autre pilote comme lui, il est tellement intelligent. Et je n'ai jamais connu personne dans le monde de la course aussi honnête que lui ; c'est pas des conneries ! C'est ce que j'aimais vraiment chez lui. J'ai vu beaucoup de jeunes pilotes qui ont commencé à gagner de l'argent, puis qui ont acheté un appartement à Monaco, de belles voitures. Je lui ai dit : "Ne fais pas ça, continue à travailler !" »

Bartol, Castellà et tous les autres savaient où Marc se dirigeait pour la suite.

« Marc se débrouillait vraiment très bien, malgré les chutes, donc tout le monde était d'accord pour dire qu'il devait participer au Championnat du monde de 2008 », poursuit Castellà.

« L'équipe officielle de KTM était complète, donc une équipe a été créée pour lui avec Repsol et son coéquipier Tito Rabat. »

« Comme la KTM 125 avait déjà été adaptée à sa taille et à son poids, je pense que la transition vers le Championnat du monde a été beaucoup plus facile que celle vers le CEV. Mais quand j'ai expliqué tout le poids dont nous avions besoin sur la moto et où le placer, le nouveau chef mécanicien de Marc, Paolo Cordioli, était complètement sous le choc ! »

Márquez continuait bien sûr à grandir, mais pas très vite. Sa KTM a démarré la saison 2008 avec 17 kilos de lest, qui ont été réduits à 15 vers la fin de la saison. Il avait 16 ans, mais semblait encore en avoir 10. Pas étonnant que Roser ait été suffisamment inquiète pour consulter des médecins.

Pendant ce temps, l'équipe a fait tout son possible pour lui faire gagner en masse musculaire, tout en perfectionnant ses compétences de pilote.

« Nous avions un programme d'entraînement », se remémore Castellà. « J'allais le chercher à l'école deux ou trois fois par semaine pour faire du motocross, du *dirt track*, du *flat track* et du supermoto. J'ai souvent dormi chez lui, car il était trop tard pour rentrer à Barcelone. L'entraînement était très intense, mais il aimait beaucoup ça, ce n'était jamais une obligation pour lui et ça ne le dérangeait pas de ne pas avoir le temps de jouer au football avec ses amis. »

« Lorsque nous nous entraînions en supermoto, les spectateurs venaient me voir et me disaient : "Ne l'arrêtez pas, laissez-le faire encore quelques tours, c'est fantastique de voir ses talents." On voyait ce petit bonhomme piloter une moto de motocross Honda CRF250 modifiée et on pouvait voir qu'il avait un style super sympa, un mélange d'agressivité et de technique.

La plupart des pilotes plus âgés et plus expérimentés ne pouvaient même pas le suivre. On sentait qu'il allait faire de grandes choses... »

La saison 2008 de MotoGP est surtout restée dans les mémoires pour le retour de Valentino Rossi. La série de cinq titres consécutifs remportés par l'Italien entre 2001 et 2005 avait été interrompue par Nicky Hayden et Casey Stoner au cours des deux années suivantes. Finalement, Yamaha a suffisamment amélioré sa M1 pour permettre à Rossi de remporter facilement le championnat de 2008, devant le pilote Ducati Stoner et Dani Pedrosa de Honda.

La grille de départ de la catégorie 125 cm^3 en 2008 était dominée par Aprilia et Derbi. Les motos Aprilia et Derbi RSA de série étaient pratiquement identiques, car les deux marques appartenaient au groupe Piaggio, et elles étaient très, très rapides.

La saison a commencé au Qatar, où le MotoGP est devenu le premier championnat du monde de sport automobile à se dérouler sous les projecteurs dans l'obscurité, le circuit de Losail étant illuminé par un système d'éclairage de 5,4 millions de watts.

Un endroit éblouissant pour débuter une carrière internationale, mais pas pour Marc. Un autre accident lors des essais préliminaires lui avait valu une fracture du bras. Alors que tout le monde s'amusait dans le désert, il était assis chez lui, à regarder la course à la télévision et à attendre que sa blessure guérisse. Ce n'était pas le début le plus prometteur.

Il a fait ses débuts en Grand Prix lors de la troisième course, le Grand Prix du Portugal à Estoril en avril, le jour où Jorge Lorenzo a remporté sa première victoire en MotoGP. Marc est passé presque inaperçu, se qualifiant en 28e position, à plus de deux secondes du *poleman* Simone Corsi, et terminant 18e, à près de 20 secondes des points.

Trois semaines plus tard, en Chine, il marquait ses premiers points : 12e dans une course sous une pluie battante sur le circuit de Formule 1 de Shanghai. Deux semaines plus tard, il chutait au Mans, faisant déjà ce qui allait le rendre célèbre : surcompenser les lacunes de sa moto pour rattraper son retard. Au Mugello, les Aprilia et les Derbi atteignaient près de 240 km/h, tandis que la KTM de Marc ne dépassait pas les 230 km/h, un handicap énorme.

Le week-end suivant celui du Mugello, il a disputé son premier Grand Prix à domicile, sur le circuit de Barcelone-Catalogne, où il a décroché son premier top 10. Mais ce n'est pas pour ça que les gens se souviennent du GP de Catalogne de 2008 de Marc.

À la veille de la course, il a demandé au journaliste Emilio Pérez de Rozas de l'aider à faire une course.

Le sponsor de Marc, Scalextric, fabricant de voitures de course miniatures, lui avait offert une réplique de la Subaru Impreza de rallye pilotée par Rossi afin qu'il la remette en mains propres au pilote.

« Marc ne savait pas comment trouver Valentino, alors il est venu me voir et m'a demandé : "Où je peux trouver Valentino ?" », se souvient Pérez de Rozas. « Je l'ai donc emmené à l'espace d'accueil Yamaha et nous avons attendu Valentino. »

« Ce n'était qu'un gamin, mais il n'était pas intimidé. Il a dit à Valentino : "Voici la voiture que je dois te donner." Et Valentino a répondu : "Ah, c'est donc toi le Marc dont on nous a tant parlé." »

« Jaime Olivares les a photographiés ensemble avec la voiture et, alors que nous étions sur le point de quitter l'espace d'accueil, Valentino a arrêté Marc et lui a dit : “Écoute, si tu as besoin de quoi que ce soit, viens me voir, car j'ai beaucoup d'influence ici.” »

Deux semaines plus tard, au Donington Park, en Grande-Bretagne, le monde entier a remarqué Márquez pour la première fois, lorsqu'il est devenu le plus jeune pilote à monter sur le podium en sept décennies de championnat du monde. Donington est un circuit étroit, où la puissance des moteurs compte peu, et les talents de Marc lui ont suffi pour terminer troisième, à cinq secondes de Scott Redding, également âgé de 15 ans, qui est devenu le plus jeune vainqueur de l'histoire. Il offrait un spectacle impressionnant sur le podium, sa tête arrivant à peu près à la hauteur des épaules de Redding.

C'était à l'époque où les jeunes de 15 ans étaient autorisés à participer aux championnats du monde. Le détenteur des droits, Dorna, avait abaissé l'âge minimum de 16 ans quelques années auparavant, mais avait récemment fait marche arrière, suite au décès de plusieurs enfants lors d'événements appelés « *Road to MotoGP* ». L'âge minimum pour les pilotes de GP est désormais fixé à 18 ans.

Donington a peut-être révélé au monde entier le talent de Marc, mais Alzamora voyait déjà beaucoup plus loin, traçant la voie vers la catégorie reine, tout en laissant Marc profiter du moment présent sans se soucier de son avenir.

« Quand j'étais gamin, je m'amusais simplement », se souvient Marc. « À 11 ou 12 ans, je me disais que j'aimerais vraiment piloter une 125, alors je voulais participer aux Grands Prix 125. Mais honnêtement, quand je suis arrivé au Championnat du monde, je ne pensais pas au MotoGP. Je voulais juste être parmi les meilleurs en 125. »

D'autres places dans le top 10 ont suivi, à Sachsenring, Misano, Indianapolis et Phillip Island, où il a écopé de sa première pénalité de la part de la direction de course. Il a été rétrogradé d'une place pour avoir poussé Corsi dans l'herbe alors qu'ils roulaient à toute vitesse vers le drapeau à damier.

C'était une décision brutale, mais elle comportait peut-être une part de vengeance.

« Quand Marc était en 125, le problème était que les autres pilotes le maltraitaient à cause de sa taille », explique Castellà. « Il ne se plaignait pas, mais il revenait au garage et disait que Corsi, Mike Di Meglio ou quelqu'un d'autre l'avait bousculé. C'étaient des adultes, beaucoup plus grands que lui, donc ils le tyrannisaient. Les gens disent qu'il est peut-être trop agressif, mais quand il était jeune, les autres pilotes l'ont beaucoup maltraité. »

Il ne fait aucun doute que Marc a appris une leçon chaque fois qu'un rival lui est rentré dedans : « D'accord, voilà ce qu'il faut faire… »

Le Grand Prix d'Australie en octobre a été sa dernière course de l'année, car lors de la course suivante à Sepang, il a fait une mauvaise chute qui a coincé sa jambe droite dans la roue arrière de sa KTM. Il est resté allongé sur la piste pendant 15 minutes pendant que les médecins attendaient l'arrivée de ses mécaniciens pour retirer la roue arrière. L'accident a endommagé le cartilage de son tibia droit, l'empêchant de participer au reste de la course malaisienne et au Grand Prix de Valence qui clôturait la saison.

Treizième au classement général et deuxième meilleur rookie de l'année, derrière Redding. Pas mal, mais ça ne laissait guère présager ce qui allait suivre.

Et 2009 n'a guère été meilleure : huitième au classement général, un podium (troisième place à Jerez) et ses premières pole positions, au Mans et à Sepang.

Encore une fois, ce n'était pas vraiment sa faute. KTM s'était retiré de la catégorie 250 cm^3 en fin 2008 et avait réduit sa présence en 125 cm^3 pour 2009, passant de sept pilotes à deux ; Marc et le rookie américain Cameron Beaubier, car la marque se préparait à la plus grande refonte jamais vue des règlements techniques du MotoGP.

Les moteurs à deux temps avaient été retirés de la catégorie reine quelques années auparavant et le même passage aux moteurs à quatre temps allait bientôt avoir lieu dans les catégories intermédiaires et juniors. Il n'y avait donc plus vraiment d'intérêt à dépenser davantage d'argent pour les moteurs à deux temps.

KTM se tournait donc vers l'avenir, développant sa première moto Moto3 et envisageant de se lancer à l'assaut du MotoGP, ce qui s'est finalement produit en 2017. Pendant ce temps, Aprilia et Derbi restaient fidèles aux moteurs à deux temps avec leurs RSA 125 et remportaient haut la main le Championnat du monde de 2009, en gagnant les 16 Grands Prix.

Les deux KTM n'avaient aucune chance. Mais il y a un intérêt à ce qu'un pilote travaille dur pour tirer le maximum d'une moto moins performante. On apprend à se battre et à exploiter chaque gramme de performance d'une machine.

Et puis, vous montez sur une moto plus rapide...

Les prières de Márquez ont été exaucées en 2010 : une Derbi RSA d'usine, dirigée par Aki Ajo, fondateur d'Ajo Motorsport, qui s'était déjà forgé une réputation de plus grand faiseur de rois du paddock. Tout était désormais différent : pole position et troisième place lors du Grand Prix du Qatar, qui ouvrait la saison, suivies d'une pole position et d'une chute à Jerez. Cette fois-ci, ce n'était clairement pas de sa faute : l'échappement de sa Derbi s'était cassé, provoquant sa chute à grande vitesse et la luxation de son épaule droite, marquant le début d'une longue histoire. Une nouvelle troisième place au Mans, puis sa première victoire en Grand Prix, le 6 juin 2010, au Mugello, où il devance Nico Terol, Espargaró et Bradley Smith de quelques mètres seulement.

« C'est au Mugello que nous avons vraiment découvert Marc pour la première fois », se souvient Espargaró. « Je me suis dit : "Mais qu'est-ce qu'il se passe avec ce type ?" C'est là que j'ai compris que j'avais affaire à quelqu'un de talentueux. »

Márquez disposait enfin d'une moto aussi rapide que les autres et il en était ravi.

« Marc m'a dit : "Avec cette moto, je peux montrer aux gens ce dont je suis capable", parce qu'avant, il n'avait pas la meilleure moto et les meilleures motos n'étaient pas entre les mains des meilleurs pilotes », explique Castellà. « Il était en colère, car il savait qu'il pouvait être meilleur que ceux qui avaient les meilleures motos. »

« Mais ne pas avoir la meilleure moto dès le début a été le meilleur cadeau pour lui, car, si vous avez la meilleure moto dès le début, vous êtes peut-être un bon pilote, mais vous ne savez pas si c'est grâce à vous ou à la moto. Pour devenir un pilote de haut niveau, vous devez souffrir un peu et essayer de trouver l'or sans la meilleure moto, car c'est la bonne façon de faire, puis, lorsque vous obtenez du bon matériel, vous faites le grand saut. »

Les premières victoires sont importantes pour toutes sortes de raisons, notamment sur le plan psychologique, car le pilote n'a plus aucun doute en lui. Il a la preuve qu'il peut gagner, ce qui facilite la victoire. C'est exactement ce qu'a fait Marc. Après sa victoire au Mugello, il est monté à plusieurs reprises sur la plus haute marche du podium à Donington, Assen, Barcelone et Sachsenring. Cinq victoires consécutives lui ont permis de prendre la tête du championnat, devant Espargaró, Terol et Smith.

Smith se préparait à des difficultés avec Márquez.

« J'ai vu Marc pour la première fois lorsqu'il participait au championnat espagnol », se souvient le Britannique, qui a remporté trois Grands Prix 125 cm^3 en 2009 et 2010. « J'avais bien sûr entendu parler de sa vitesse, alors en 2007, je l'ai observé. Je pouvais déjà voir qu'il était très rapide, mais il chutait beaucoup, donc il faisait partie de ces pilotes dont on se dit : d'accord, il est rapide, mais il chute, alors on verra bien ce qu'il se passera... »

« Avec la KTM, il n'était pas dans le radar en 2008, même s'il a décroché un podium à Donington, et il n'était toujours pas vraiment là en 2009, mais quand il est monté sur la RSA, j'ai su qu'il allait être rapide, alors je l'ai chronométré pendant les essais de pré-saison. J'ai compris qu'il allait nous causer des problèmes quand j'ai vu qu'il égalait mes temps après seulement un jour et demi sur la moto. Au moins, il a conservé cette vitesse tout au long de sa carrière et a fait passer tout le monde pour des idiots, pas seulement moi. »

Lorsque les courses ont repris après la pause estivale, il a failli tout gâcher en chutant lors des premiers essais à Brno, se luxant l'épaule gauche. Les deux épaules en l'espace de quelques semaines. Ça n'augurait rien de bon pour l'avenir, car chaque luxation endommage davantage les ligaments et les muscles qui soutiennent l'articulation, la rendant plus vulnérable à de futures luxations. Quelques années plus tard, les deux épaules ont dû être entièrement reconstruites.

Il a tout de même pris le départ à Brno, serrant les dents pour terminer neuvième.

La fois suivante, à Indianapolis, il a pris la tête, a chuté, est remonté en selle et a dépassé tout le peloton pour marquer quelques points. Ça a permis à Terol et Espargaró de se rapprocher de la tête du championnat. Plus aucune erreur n'était permise.

Marc a remporté la victoire à Misano, puis a décroché la pole position en Aragón, où il a été présenté au roi Juan Carlos sur la grille de départ. Sa première rencontre avec la royauté ne lui a pas porté chance : dès le premier virage, il a été percuté par un rival. Terol et Espargaró l'ont tous deux dépassé dans la course au championnat.

Si ses compatriotes pensaient avoir une chance de remporter le titre, Márquez les a rapidement détrompés en s'imposant quatre fois consécutives, au Japon, en Malaisie, en Australie et lors de l'avant-dernier Grand Prix du Portugal, où il a réalisé un come-back extraordinaire après un accident catastrophique.

C'était la première apparition du roi des *come-backs* en MotoGP.

La course d'Estoril a été interrompue par un drapeau rouge en raison de la pluie, et le redémarrage devait avoir lieu sur une piste en train de sécher. Marc a choisi des pneus slicks et a poussé fort pendant son tour de reconnaissance pour faire monter la température des pneus et tester leur adhérence. Mais il a poussé trop fort. Dans le dernier virage, l'avant a dérapé et il est tombé, s'agrippant désespérément à sa Derbi pour minimiser les dégâts, alors qu'ils traversaient le gravier.

Il ramassa sa machine endommagée, un commissaire lui donna un coup de pouce pour démarrer et il retourna en vitesse à son garage où ses mécaniciens travaillaient fébrilement pour réparer les dégâts dans les quelques minutes qui restaient avant la fermeture de la voie des stands avant le départ. Le Championnat du monde était en jeu.

Márquez est bien reparti, mais trop tard pour reprendre sa place en tête de la grille, et il a donc dû partir en queue de peloton. Son départ a été époustouflant, le propulsant à la cinquième place dès le premier virage, où il a courageusement dépassé plusieurs pilotes par l'extérieur.

C'est dans ces moments-là qu'un pilote doit contrôler ses émotions, car si vous paniquez, c'est fini. Marc était comme un tueur impassible, prenant le genre de risques qui allaient bientôt le rendre célèbre.

Il a rattrapé Terol et a pris la tête à un tour de l'arrivée.

Le week-end suivant, les deux Espagnols étaient les vedettes de la finale à Valence, car les championnats Moto2 et MotoGP étaient déjà décidés. Terol devait battre Márquez de manière décisive à Valence, mais il n'était pas à la hauteur. Terol a terminé troisième, une place devant Marc, qui a remporté le titre avec 14 points d'avance.

Champion du monde pour la première fois à l'âge de 17 ans et 263 jours, il est le deuxième plus jeune champion à ce jour, après Lorsi Capirossi, champion 125 cm^3 en 1990.

« La tactique de course de Márquez a démontré son calme et sa maturité, tout comme son approche générale de la tâche », a écrit Michael Scott, rédacteur en chef du Motocourse, le principal magazine annuel consacré au MotoGP. « Nous avons peut-être assisté au début de quelque chose d'énorme. »

CHAPITRE 7

« MARC, TU NE PEUX PAS AVOIR AUTANT D'ACCIDENTS ! »

Kenny Roberts, triple champion du monde de MotoGP, dit toujours : « Si ça ne te tue pas, ça te rend plus fort. »

C'est un vieil adage de course inventé pour vous rallier une fois de plus à la première ligne, peu importe que ces mots encourageants ne s'adressent qu'aux courageux.

Marc a rarement été autant mis au défi que lorsqu'il est passé en Moto2. Et pourtant, les deux années qu'il a passées dans la catégorie intermédiaire du MotoGP se sont avérées cruciales pour affiner ses compétences et aiguiser les armes qui lui ont permis de dominer la catégorie reine.

La Moto2 a été créée en 2010 pour remplacer la catégorie 250 cm^3, pilier des championnats du monde de moto de 1949 à 2009. C'est une catégorie étrange et difficile, qui a tendance à faire ou défaire les pilotes, y compris ceux qui ont conquis la catégorie junior.

Dans le passé, le chemin vers la catégorie reine suivait une logique : des motos 125 cm^3 aux 250 cm^3, puis enfin aux 500 cm^3. La refonte complète du championnat MotoGP a tout changé, ouvrant un fossé gigantesque que Marc a dû franchir, passant des petites 125 aux motos Moto2 deux fois plus grosses, des petits pneus slicks fins aux gros pneus slicks larges, et des 125 cm^3 à deux temps conçues pour la course aux 600 cm^3 à quatre temps destinées à la route. Rien n'était pareil.

En effet, la création de la Moto2 a marqué un changement fondamental dans la philosophie des courses de Grand Prix, qui fonctionnaient essentiellement selon le même principe depuis leurs débuts.

Au cours des six dernières décennies, les grands constructeurs avaient chacun mis en piste une poignée de motos très spéciales, conçues, dessinées, construites et entretenues par les ingénieurs les plus brillants, et pilotées par les pilotes les plus rapides. Le reste du peloton était composé de machines moins performantes, entretenues par des ingénieurs disposant de moins de ressources. Les pilotes de ces motos plus lentes n'avaient pratiquement aucune chance de succès, même s'ils étaient talentueux.

En d'autres termes, la technologie du Grand Prix avait toujours été élitiste, équipant les meilleurs pilotes des meilleures motos et laissant les autres remplir les grilles de départ. C'était un système à deux vitesses.

La Moto2 a changé tout ça, faisant tomber les barrières et remplaçant l'élitisme par l'égalité. Du moins en théorie. L'idée était de créer une toute nouvelle catégorie à faible coût dans laquelle tout le monde dispose essentiellement des mêmes outils pour faire le travail.

Ainsi, tous les pilotes Moto2 utilisent les mêmes pneus, les mêmes composants électroniques et les mêmes moteurs (Honda CBR600 de 2010 à 2018, Triumph 765 depuis 2019), ce qui garantit l'égalité des chances.

Seuls les châssis diffèrent d'une moto Moto2 à l'autre. Emilio Alzamora a choisi une Suter pour Marc, fabriquée par une entreprise d'ingénierie suisse fondée par l'ancien pilote de GP 250 cm^3 Eskil Suter.

Le châssis Suter avait remporté le premier championnat des constructeurs Moto2 en 2010, ses pilotes remportant quatre des 17 courses.

Certains ingénieurs et fans n'étaient pas enthousiasmés par la révolution Moto2, qui a remplacé les motos GP sans doute les plus parfaites de tous les temps ; les superbes 250 cm^3 à deux temps, par des machines hybrides équipées de moteurs conçus pour la route, et non de moteurs de course purs et durs.

Harald Bartol, le premier directeur de l'équipe Grand Prix de Marc, a résumé l'opinion générale en déclarant : « Une 250 est un cheval de course, une Moto2 est un âne. »

Âne ou pas, Marc devait faire le travail.

Son plus grand défi a été le changement de type de moteur. C'était la première fois qu'il utilisait des moteurs à quatre temps, ce qui l'a obligé à transformer sa technique de pilotage.

« On ne peut pas comparer les deux temps aux quatre temps, car ce sont deux mondes complètement différents », explique Andrea Dovizioso, l'un des plus grands rivaux de Marc en MotoGP, qui a remporté les GP 125 cm^3 et 250 cm^3 en deux temps avant de passer au MotoGP en quatre temps. « Tout change, car vous disposez d'un frein moteur, qui a un effet important, et vous avez de la puissance dès le début du tr/min.

La façon dont vous abordez tout ça, du premier freinage au milieu du virage jusqu'à la première accélération, est donc complètement différente. »

« Sur un quatre temps, vous êtes toujours connecté. Sur un deux temps, non, car il n'y a pas de frein moteur. Ainsi, lorsque vous freinez, vous êtes connecté au frein, mais pas au moteur. »

« Et en sortant des virages sur un quatre temps, vous avez à nouveau tout sous contrôle. Sur un deux temps, vous avez cette étrange courbe de couple et il est impossible de rester à la limite de cette courbe, donc pour le pilote, il est plus facile et préférable de jouer avec la moto sur un quatre temps. »

Peut-être plus facile, mais certainement étrange.

Le grand rival de Marc en 125, Pol Espargaró, est passé en même temps des 125 cm^3 à deux temps aux Moto2 à quatre temps. Tous deux ont effectué leurs premiers tours de piste sur des Moto2 lors des traditionnels essais post-GP de Valence en novembre 2010, une journée qui s'apparente davantage à une prise de contact qu'à une course à la performance.

« Le passage de la catégorie 125 à la Moto2 a été énorme », explique Espargaró, qui avait terminé troisième derrière Marc lors du championnat 125 de 2010. « Je me souviens de la première fois où j'ai enfourché une Moto2 à Valence : j'ai effectué mon premier changement de direction et j'ai continué tout droit. Je n'ai pas pris le virage ! Je me suis dit : "Ouah, cette moto ne tourne pas." »

« Les motos étaient lourdes, l'embrayage était mauvais, l'électronique du frein moteur était mauvaise, donc c'était très difficile de s'adapter. »

Au début, ça ne semblait pas déranger Márquez. Lorsque les essais de pré-saison ont débuté à Jerez en février, le champion du monde en titre de la catégorie 125 cm^3 semblait franchir le fossé avec aisance.

« Il passait beaucoup de temps à vérifier les données et à demander à Emilio les bonnes lignes et tout le reste ; “S'il te plaît, dis-moi ce que je dois savoir”, il voulait toujours apprendre », se remémore son chef d'équipe, Santi Hernández. « Ensuite, il sortait et le faisait ; plus d'essence, moins de frein moteur, peu importe ce que c'était. »

« Marc a réalisé des temps au tour exceptionnels et a déclaré : “Putain, cette moto est facile à piloter, je peux faire de très grandes choses avec elle”, ce qui nous a surpris », se souvient le mécanicien Jordi Castellà.

En réalité, Márquez ne pouvait pas plus se tromper. Il s'est qualifié deuxième pour ses débuts en Moto2 au Qatar, puis a été victime d'un *highside* qui l'a contraint à abandonner la course. Il a traversé péniblement le bac à gravier, frappant son casque de frustration.

Lors de la course suivante à Jerez, il a été percuté par un autre pilote et à Estoril, il a de nouveau chuté, emportant avec lui le Britannique Scott Redding.

« Passer de la catégorie 125 cm^3 à la Moto2 a été le plus difficile pour moi, c'est pourquoi j'ai commis davantage d'erreurs lors des premières courses », explique Marc. « Le plus difficile a été de passer d'un moteur à deux temps à un moteur à quatre temps, ce qui était extrêmement compliqué. Ensuite, il y avait le poids de la moto. Il est vrai que les motos de MotoGP sont encore plus lourdes, mais elles sont mieux équilibrées, ce qui fait que les motos de Moto2 semblent plus lourdes. »

Une telle série de mésaventures sur une nouvelle moto aurait effrayé de nombreux pilotes, aurait sapé leur confiance en eux, au point qu'il leur aurait fallu du temps pour reconstruire. Mais l'équipe de Marc n'a pas perdu espoir.

« Nous n'avions aucun doute », ajoute Castellà. « Parce que nous savions de quoi il était capable, mais cette équipe semblait faite pour lui, alors il ne pouvait pas se permettre de faire autant de chutes ! Oui, il était peut-être le meilleur pilote du championnat, mais il devait terminer les courses et marquer des points ! »

Alzamora avait constitué l'équipe Moto2 de Marc depuis le milieu de l'année 2010. Mais il y avait toujours une chance qu'il ne passe pas à l'étape suivante tout de suite, car le plan était le suivant : remporter le titre 125 cm^3, puis passer à la catégorie supérieure.

La plupart des équipes (Moto 3, Moto2 et MotoGP) alignent deux pilotes, pour des raisons évidentes : économies d'échelle, plus de chances de succès, moins de risques de blessures qui vous empêcheraient d'être présent sur la grille de départ.

Pas l'équipe CatalunyaCaixa Repsol. C'était Alzamora qui misait tout sur Marc, créant une équipe entièrement dédiée à son protégé. Un pilote, une moto, un objectif : remporter le titre Moto2 et atteindre la dernière frontière, la catégorie reine.

« Nous avons commencé en décembre 2010, avec une équipe inexistante, un entrepôt vide et aucun outil », se souvient Castellà. « Nous avons acheté un camion et une remorque. Emilio a constitué l'équipe avec des gens dont personne ne voulait : moi, Santi Hernández, Javi Ortiz, Carlos Liñán... Nous venions tous d'équipes où nous n'étions pas dans les meilleures situations, mais Emilio nous connaissait et a décidé de nous réunir. »

Cette petite bande, soutenue par la banque CatalunyaCaixa et le géant pétrolier espagnol Repsol, a formé le noyau de l'équipe qui allait mener Marc à la gloire en Moto2, puis en MotoGP. Et ils avaient vraiment une mentalité de gang, formant un mur infranchissable autour de leur pilote.

« Nous n'étions pas des mécaniciens hors pair ni une équipe exceptionnelle, mais nous avons commencé comme une famille et il y avait une très bonne entente entre nous », ajoute Castellà. « Ces deux premières années passées ensemble ont été fantastiques, les meilleures de ma vie. »

Deux semaines après la troisième chute consécutive de Marc, l'équipe s'est rendue au Mans sans avoir marqué le moindre point, tandis que Stefan Bradl menait le championnat avec 61 points. Marc s'est qualifié en sixième position, mais a été battu dès le départ, chutant à la neuvième place à la fin du premier tour.

Et puis, tout à coup, comme un Clark Kent nerveux enfilant son costume de Superman, Márquez a cessé de reculer et s'est mis à avancer rapidement. Il est remonté à la sixième place au sixième tour et s'est hissé dans le trio de tête peu après la mi-course. Il a pris la tête à cinq tours de l'arrivée, creusant facilement un écart de deux secondes.

Hernández, qui a guidé Márquez vers sept de ses huit titres mondiaux, considère toujours Le Mans 2011 comme son plus grand exploit, car il était sorti d'un trou profond et sombre comme s'il n'avait jamais existé. Une fois de plus, c'est cette absence de peur et cette force mentale qui ont fait la différence.

« Marc a accompli beaucoup de choses incroyables au cours de sa carrière, mais pour moi, Le Mans 2011 reste le meilleur moment », déclare Hernández. « Il a démarré la saison avec trois accidents, ce qui a amené beaucoup de gens à douter de lui. Devait-il faire partie de cette équipe ? Était-il vraiment aussi bon que ça ? Il y avait un gros point d'interrogation. Oui, il est rapide, mais il a tout le temps des accidents. Ce qui est important, c'est la force mentale dont il a fait preuve après ces accidents. »

« À partir du Mans, il a gagné, gagné, gagné et encore gagné ! », sourit Castellà.

Il a rapidement enchaîné avec trois victoires consécutives ; Assen, Mugello et Sachsenring, mais même alors, il comptait encore 47 points de retard sur Bradl.

« Lors des premières courses de l'année, je ne réfléchissais pas », explique Marc. « J'étais rapide, mais je ne maîtrisais pas ma moto. Depuis, mon état d'esprit a beaucoup changé : aujourd'hui, je peux jouer avec ma moto. »

Un autre triplé ; Indianapolis, Misano et Aragón, lui a permis de se rapprocher à six points de l'Allemand.

Pas étonnant que les initiés du paddock aient commencé à le surnommer le prochain Valentino Rossi, car ils voyaient déjà qu'il avait tout ce qu'il fallait pour aller jusqu'au bout : un génie stratégique, un courage à couper le souffle, l'instinct meurtrier d'un tueur à gages. Et quand il ne massacrait pas ses rivaux, il arborait un large sourire, débordant de la joie juvénile de vivre son rêve, tout comme Rossi l'avait fait.

À Motegi, il a pris la tête du championnat, avec un point d'avance sur Bradl, qui savait qu'il était battu.

« Je veux oublier le titre, c'est fini », a déclaré l'Allemand, fils d'Helmut Bradl, vainqueur du GP 250 cm^3 dans les années 1990.

Mais tout peut arriver en compétition motocycliste, et c'est souvent le cas.

Direction Phillip Island où Marc a chuté lors de la première session d'essais. Les réparations ont pris un certain temps, il n'est donc revenu en piste que dans les dernières minutes de la session. Il venait d'ailleurs tout juste de terminer son tour de sortie lorsque le drapeau à damier a été agité.

Trois virages plus loin, le désastre était inévitable.

« Marc veut toujours retrouver ses sensations après une chute », explique Hernández. « Bon, je ne suis pas d'accord avec ce qu'il a fait cette fois-ci, mais il voulait tout comprendre, alors il a continué à pousser, parce qu'il voulait essayer un autre tour. Tous les autres pilotes roulaient lentement, ce qui est normal puisqu'ils avaient passé le drapeau à damier. Au troisième virage, Marc a rattrapé [Ratthapark] Wilairot. Ce fut un gros accident et une grave erreur de la part de Marc. »

« C'était l'accident le plus dangereux et le plus stupide que j'ai eu », admet Marc. « Je me souviens avoir chuté lors du premier ou deuxième tour de la FP1. Mon équipe a réparé la moto et m'a dit : "Vérifie que la moto est en bon état pour la FP2." Mais j'ai également profité du tour suivant (ralenti) pour comprendre le circuit, car je me battais pour le Championnat du monde. C'était une erreur. »

De nombreux pilotes de Grand Prix ont perdu la vie dans des accidents liés à une différence de vitesse : un pilote qui roule à pleine vitesse entre en collision avec un autre qui roule à vitesse réduite. Ça se produit souvent parce que le pilote lent est masqué par les autres pilotes sur la piste.

C'est exactement ce qu'il s'est passé cette fois-ci. Márquez fonçait dans le virage à gauche à grande vitesse de Stoner lorsqu'il a dû ralentir pour éviter Valentine Debise, qui revenait vers la voie des stands. En contournant le Français, il a trouvé Wilairot. Marc roulait à environ 160 km/h, Wilairot peut-être à 80 km/h.

L'impact a été comparable à celui d'un crash d'avion. Les deux motos ont explosé en mille morceaux et beaucoup de ceux qui regardaient les écrans de télévision dans la voie des stands ont craint le pire.

Étonnamment, aucun des deux n'a été gravement blessé. Incroyablement, aucun des deux n'a subi la moindre fracture. Wilairot, très amoché, a été transporté par hélicoptère à l'hôpital pour y subir des examens, avant de reprendre la compétition quelques semaines plus tard. Marc s'en est sorti avec des blessures au visage.

Aucun doute, cette aventure reste son plus grand péché.

Cependant, pas le temps de culpabiliser. Il avait encore un championnat à remporter. Et depuis la dernière ligne de la grille de départ à Phillip Island, sa punition à respecter pour l'incident.

Une fois de plus, le titre mondial était en jeu, et une fois de plus, Marc a accompli un miracle. Dès le premier tour, il est passé de la 38e à la 16e place, avant de terminer troisième. Bradl a terminé quelques secondes devant lui, en deuxième position, permettant ainsi à l'Allemand de reprendre la tête du championnat, avec trois points d'avance. Il ne restait plus que deux courses…

La moto, c'est toujours un peu risqué. Marc l'a bien compris lors de sa sortie suivante à Sepang.

S'il a eu de la chance que sa carrière ne se termine pas à Phillip Island, il a aussi eu de la chance qu'elle ne se termine pas le vendredi suivant lors des premiers essais en Malaisie. Pendant son tour de sortie, il a roulé sur une plaque d'humidité non signalée et a fait un vol plané. L'énorme *highside* lui a valu une commotion cérébrale et, plus inquiétant encore, une vision double.

Le lendemain, il s'est courageusement (ou imprudemment ?) présenté aux qualifications, mais n'a réussi à boucler que trois tours avant de regagner les stands en se plaignant de violents vertiges.

En réalité, c'était bien pire que ça. Les minuscules muscles oculaires essentiels qui permettent le miracle de la vue avaient été endommagés lors de la chute, altérant sa vision et multipliant tout par deux. Il souffrait de diplopie (terme médical désignant la vision double), il lui était donc impossible de courir.

Dimanche, il était assis avec son équipe dans leur garage, l'œil droit entièrement bandé, et a regardé Bradl terminer deuxième derrière le Suisse Tom Lüthi, ce qui a permis à l'Allemand de porter son avance au classement à 23 points. Marc devait donc remporter la finale à Valence pour avoir une chance de décrocher le titre.

Si sa vision revenait…

Malheureusement, les problèmes de Marc ont été éclipsés par ce qu'il s'est passé peu après la course Moto2 à Sepang. Marco Simoncelli a chuté lors de la course MotoGP et a été percuté à grande vitesse par Rossi et Colin Edwards. Il est mort sur le coup. Simoncelli était le 87ᵉ pilote de moto solo à perdre la vie depuis la création des championnats du monde de moto en 1949. Il était également le deuxième pilote à mourir en un peu plus d'un an, après l'accident mortel de Shoya Tomizawa à Misano en 2010, faisant de ces 13 mois les pires que le GP ait connus en deux décennies.

Comment un jeune de 18 ans peut-il gérer tout ça : la pression liée à la quête d'un titre mondial, le stress de ne pas savoir s'il pourra piloter à nouveau et le rappel que le pire peut lui arriver ?

Marc prend une profonde inspiration… « À cet âge-là, ça ne m'a pas beaucoup affecté. Bien sûr, ce jour-là, oui, mais pas dans ma façon de piloter, car après tout, c'est mon métier. À cet âge-là, on n'est pas encore vraiment conscient de ce qu'est la vie. »

D'un autre côté, tous les pilotes savent que le pire peut arriver. C'est ce qu'a déclaré Casey Stoner lorsque Tomizawa a perdu la vie.

« La course moto n'est pas un sport totalement sûr, c'est donc quelque chose avec lequel nous devons composer. C'est moche de le dire, mais ça fait partie de ce qui vous donne cette montée d'adrénaline. C'est en partie pour ça que nous aimons ce sport, parce qu'il fait battre votre cœur à toute vitesse, il fait bouillir votre sang. C'est cette petite pointe de peur qui vous garde en haleine. »

« Je pense que c'est ce qui nous retient tous ici, pour être honnête. Je pense que, si vous partez [mourez] en faisant quelque chose que vous aimez, ce dont vous avez rêvé toute votre vie, ça peut, d'une certaine manière, être une belle façon de partir ; en faisant quelque chose que vous aimez plutôt que quelque chose que vous n'aimez pas. »

Dans tous les cas, *show must go on*…

Lorsque l'équipe de Bradl est arrivée à Valence, elle a appris que Márquez souffrait toujours d'une vision double et qu'il était donc peu probable qu'il puisse participer à la course. Mais elle n'a pas commencé à célébrer sa victoire au championnat, car elle soupçonnait une manœuvre déloyale : elle pensait que l'équipe de Marc essayait de déstabiliser Bradl.

Márquez n'a pas piloté vendredi et le lendemain matin, Alzamora a annoncé qu'il ne participerait pas à la course. Bradl a été sacré champion, Marc deuxième et, bien sûr, rookie de l'année.

La perte du titre a simplifié la vie de beaucoup de gens, en particulier chez HRC.

« Avant l'accident de Sepang, Emilio faisait pression pour que Marc passe en MotoGP en 2012 », explique Livio Suppo, directeur de l'écurie d'usine Honda soutenue par Repsol à l'époque. « C'était très difficile pour nous, car nous avions déjà signé des contrats pour 2012 avec Casey [Stoner, champion MotoGP 2007 avec Ducati, qui est passé chez Honda en 2011 et a remporté un nouveau titre] et Dani [Pedrosa]. »

« Notre seule possibilité était de l'intégrer dans l'une de nos équipes indépendantes, mais Emilio ne voulait pas. Puis, il s'est passé ce qu'il s'est passé à Sepang, et cette histoire s'est terminée. Mais en théorie, sans cet accident, nous aurions pu voir Marc en MotoGP en 2012. »

CHAPITRE 8

« LA VIE DE MARC S'ÉTAIT COMPLÈTEMENT ARRÊTÉE »

L'hiver 2011/2012 a été le plus sombre de la vie de Marc. Jour après jour, semaine après semaine, il espérait que la diplopie disparaisse. Mais ça n'a pas été le cas. Et si cette affection s'avérait permanente, ce serait la fin : il ne serait plus qu'un ancien pilote de moto et vainqueur d'un seul championnat du monde.

Il restait un autre espoir : la chirurgie. Mais là encore, ce n'était pas une solution miracle.

« J'ai passé cinq très longs mois avec cette blessure et nous avons consulté six ou sept médecins différents pour comprendre le problème », se souvient-il. « Certains disaient que tout irait bien, d'autres que ce n'était pas sûr. Ils ne pouvaient pas garantir que je pourrais remonter en selle. Un jour, j'ai essayé de faire du motocross avec une vision double, mais c'était impossible… »

« En décembre, Emilio nous a dit qu'il ne savait pas ce qu'il allait se passer avec l'équipe », explique son mécanicien Jordi Castellà. « Car si Marc subissait l'opération et ne retrouvait pas une vision normale, le problème allait peut-être s'avérer définitif, et nous aurions été obligés de dissoudre l'équipe, car celle-ci avait été créée uniquement pour Marc. »

« Emilio a organisé une réunion avec nous tous. Il a dit que Marc pourrait se faire opérer fin janvier ou début février, et qu'il ne saurait qu'après ça si l'équipe continuerait ou non, et que nous risquions donc de tous perdre notre emploi. Nous avons tous décidé d'attendre Marc. Quand je suis rentré chez moi, ma petite amie de l'époque m'a dit : "Tu es fou, dans trois mois, tu n'auras peut-être plus de travail !" Mais je croyais que tout irait bien. »

Tout au long des mois de décembre et janvier, Castellà, Hernández et le reste de la bande ont fait chaque semaine le trajet en voiture entre Barcelone et Cervera pour passer du temps avec Marc et lui remonter un peu le moral.

« C'est notre ami et sa vie s'était complètement arrêtée », ajoute Castellà.

Márquez est passé sur le billard mi-janvier. Le célèbre ophtalmologue Bernardo Sánchez Dalmau avait pour mission de réparer le muscle oculaire paralysé lorsque Marc avait percuté la route la tête la première à Sepang.

Marc décrit l'opération en termes simples, comme le réglage d'un rétroviseur électrique d'une voiture. Sánchez a prévenu Marc qu'il ne retrouverait peut-être pas complètement sa vision vers le haut et vers le bas, et lui a demandé s'il préférait voir vers le haut ou vers le bas. Les pilotes de moto passent la majeure partie de leur carrière à regarder vers le haut, accroupis sur leur moto, regardant à travers le haut de leur visière, comme quelqu'un qui marche dans la rue en admirant les imposants bâtiments qui l'entourent. C'est donc ce que Marc a choisi.

Il s'ensuivit plusieurs semaines de convalescence et d'épuisants exercices oculaires (au cours desquelles sa vue ne s'améliora pas, mais s'aggrava), avant que Sánchez ne soit prêt à annoncer que l'opération avait été un succès. Marc était toujours pilote de moto.

Son retour à la compétition lors du Grand Prix du Qatar, qui ouvrait la saison, fut spectaculaire : il n'avait pratiquement pas roulé à moto depuis quatre mois et demi, et pourtant il remporta la course, après une bataille acharnée avec Tom Lüthi et le surdoué italien Andrea Iannon.

Il a fait son coup gagnant au début du dernier tour, côte à côte avec Lüthi, forçant le pilote suisse à monter sur le vibreur alors qu'ils approchaient du premier virage à environ 280 km/h. Pas très élégant. Pendant le tour de décélération, Lüthi, furieux, a rattrapé Márquez et lui a donné un coup.

« J'étais vraiment en colère, ce qu'il avait fait était trop grave », se remémore Lüthi. « Après la course, Marc est venu s'excuser. Alzamora l'a poussé à le faire, sous l'œil des caméras. Quand j'ai vu ça, je me suis enfui, c'en était trop pour le spectacle. »

Marc a été convoqué par la direction de course et a reçu un avertissement. Il a fallu un peu plus de temps à Lüthi pour régler cette affaire avec son ennemi juré.

« Nous avons passé un bon moment dans un petit bar de l'aéroport de Tokyo en 2018, après qu'il a remporté le championnat à Motegi », se souvient Lüthi, qui avait remporté le Championnat du monde 125 cm^3 cinq ans auparavant… « Scott Redding était également présent. Marc a offert les bières et tout s'est bien passé. »

« J'ai dû beaucoup apprendre en Moto2, car il fallait parfois rouler les coudes sortis. Ce n'était pas dans ma nature, alors j'ai commencé à faire du kick-boxing pour acquérir cet état d'esprit. »

« Je dois dire que j'ai énormément de respect pour Marc, car il est très rapide et parce que ce qu'il a accompli en MotoGP depuis son retour est très impressionnant. En tant que pilote, il y a tellement de facteurs à contrôler, en particulier les personnes qui vous entourent. C'est quelque chose de crucial et il les gère très bien. Il est très intelligent et il a su à un moment donné comprendre où il pouvait mettre à profit son intelligence. »

Il n'est pas surprenant que le paddock MotoGP ait donné un nouveau surnom à sa nouvelle star : Marc l'Impitoyable. Car cette année-là, il s'est vraiment distingué comme un pilote prêt à tout pour gagner. Et cette réputation n'a fait que croître au fil de la saison, au cours de laquelle il a remporté neuf victoires à coups de bousculades et de passages en force.

Pourquoi tous ces accrochages et ces frottements ? Parce que les réglementations de performance imposées par la Moto2 rendent les dépassements si difficiles qu'il faut parfois forcer la situation. Et finalement, Marc était assez grand pour se battre : il n'était plus le petit garçon que les grands intimidaient.

« Quand Marc était en 125, il n'était pas assez costaud pour se battre avec les autres pilotes, corps à corps », explique Pol Espargaró, le principal rival de Marc en 2012. « Quand il est passé en Moto2, il a commencé à sentir qu'avec ces grosses motos lourdes, il était capable de se battre. Il s'est dit : “Bon, j'ai été un gamin pendant de nombreuses années avec un petit gabarit, mais maintenant, je me sens comme les autres, alors c'est parti !” »

« Je me bats toujours ! », déclare Márquez. « Mais quand j'étais enfant, je perdais la plupart de mes combats, car j'étais le plus petit à l'école, le plus petit en course et, quand je suis arrivé au Championnat du monde, j'étais toujours le plus petit. C'est très tard que j'ai développé mon physique, mes muscles (j'avais 18 ans), et que j'ai réalisé que j'étais capable d'attaquer. Parfois trop, ce qui m'a valu des pénalités, que j'ai acceptées. »

Contrairement à Lüthi, Espargaró était plus qu'heureux de lui rendre la pareille. Lors de la deuxième course à Jerez, il a poussé Marc hors de la piste et a remporté leur duel. Ils ont repris le combat le dimanche suivant à Estoril.

« Ouah, on s'est donné tellement de coups de pied pendant cette course ! », sourit Espargaró. « On s'est battus comme des fous et on s'est vraiment bien amusés. J'ai failli chuter dans le dernier tour : je l'ai dépassé trop vite et je suis sorti large. Il m'a donc battu à ce moment-là, mais à la fin de la course, j'étais super content, car ma première année en Moto2 avait été très difficile, mais en 2012, j'ai eu la chance de me battre avec Marc à plusieurs reprises. »

Lors de la course suivante au Mans, Marc a chuté sous la pluie, permettant à Espargaró de prendre la tête du championnat. Plus important encore, à la veille de la course française, le champion MotoGP en titre et pilote Repsol Honda Casey Stoner a surpris tout le paddock en annonçant sa retraite. L'Australien de 26 ans pilotait en Europe depuis plus de dix ans et souhaitait rentrer chez lui.

Alors, le chemin vers l'équipe de rêve de Marc s'est ouvert, aussi simplement que ça.

Deux semaines plus tard, à Barcelone, Marc et Espargaró se sont retrouvés face à face. Et cette fois-ci, les choses ont mal tourné.

Ils ont participé à une bagarre à quatre en tête, avec Lüthi et Iannone. Dans les derniers tours, Marc a réalisé l'un de ses premiers miracles en sauvant son avant, ce qui l'a envoyé en largeur. Espargaró a tenté de profiter de l'espace et les deux pilotes sont entrés en collision lorsque Marc est revenu sur sa trajectoire habituelle. Espargaró est tombé, Márquez est resté en selle. Mais de justesse.

Le nouveau directeur de course du MotoGP, Mike Webb, a infligé à Marc une pénalité de 60 secondes, le rétrogradant de la troisième à la 23e place, et surtout à la quatrième place dans la course au titre.

« Avec n'importe quel autre pilote, ça n'aurait été qu'un avertissement », a déclaré Webb.

En d'autres termes, les responsables du MotoGP surveillaient Marc et observaient chacun de ses mouvements.

Mais l'affaire ne s'est pas arrêtée là. Alzamora a contesté la pénalité infligée à Webb et, fait très inhabituel, les commissaires de la FIM ont donné suite à son appel, et Marc a donc été réintégré. (La FIM est la Fédération Internationale de Motocyclisme, l'instance dirigeante du sport motocycliste.)

Ensuite, le propriétaire de l'équipe d'Espargaró, Sito Pons, lui aussi ancien champion du monde, a fait appel de la décision des commissaires. Il a fallu quatre semaines avant que la FIM ne décide que Marc pouvait conserver ses points obtenus à Barcelone.

Le tumulte à Barcelone a fait les gros titres, mais ce n'était rien comparé à ce qu'il s'est passé à huis clos dans un camion de Honda Racing Corporation dans le paddock du circuit.

Un soir, Márquez et Alzamora se sont assis avec le vice-président de HRC, Shuhei Nakamoto, et le directeur de l'équipe Honda, Livio Suppo, pour signer un protocole d'accord. Un protocole d'accord est un accord formel, mais non juridique qui témoigne de la volonté de conclure un contrat officiel. Ce contrat était le premier accord HRC conclu par Marc, pour les années 2013 et 2014.

Le sommet de la montagne était enfin visible.

« Nous avions beaucoup d'espoir en Marc. Il ne fallait pas être un génie pour comprendre dès le départ qu'il avait quelque chose de spécial », se souvient Suppo. « Dès le début de sa carrière, il a déjà montré quelque chose d'incroyable. »

« À cette époque, l'équipe Repsol Honda était comme la Mecque pour les pilotes espagnols, il n'a donc pas été difficile de le convaincre de rejoindre Honda. »

« Lorsque nous avons commencé à travailler ensemble, j'ai tout de suite su que Marc était vraiment unique. C'était plus facile qu'avec Casey, car, pour Marc, les relations publiques et ces choses étaient tout à fait normales, et il avait un caractère plus facile que Casey. »

« Je me souviens que, lorsque nous l'avons engagé, je lui ai dit : "Tu es jeune et gentil aujourd'hui, mais dans quelques années, tu seras super génial et super célèbre, entouré de filles, et tu deviendras probablement un connard." »

« Quand j'ai quitté Honda fin 2017, je suis allé dans sa caravane pour lui dire au revoir et je lui ai dit : "Tu te souviens de ce que j'ai dit en 2012 ?" Il m'a répondu : "Oui, je m'en souviens." Et j'ai dit : "Eh bien, tu sais quoi ? Tu n'as pas changé du tout." »

Suppo avait déjà déployé des talents politiques considérables pour s'assurer que Marc soit en mesure de signer ce protocole d'accord à Barcelone.

Deux ans plus tôt, Dorna, détenteur des droits MotoGP, avait introduit une règle interdisant aux débutants de courir pour les écuries d'usine. L'idée était d'aider les écuries indépendantes en difficulté qui, selon la théorie, seraient en mesure d'attirer davantage de sponsors si elles comptaient de jeunes stars dans leurs rangs.

« C'était une règle stupide », ajoute Suppo. « Si vous ne pouvez pas faire entrer un rookie dans une écurie d'usine, vous le placez dans une écurie satellite avec une moto d'usine pour contourner la règle, comme nous l'avons fait avec Marco Simoncelli [en 2010], ce qui engendre des coûts énormes. J'en ai parlé avec Carmelo [Ezpeleta, PDG de Dorna] et il a finalement compris que c'était une règle stupide. »

Et pourquoi Ezpeleta voudrait-il freiner l'entrée de Márquez en MotoGP ? Le championnat venait de perdre Stoner et Valentino Rossi (qui vivait une période difficile chez Ducati) allait sûrement suivre le même chemin. Le MotoGP avait désespérément besoin d'un nouveau héros.

D'autres victoires ont suivi à Assen et au Sachsenring, le circuit MotoGP le plus anti-sens des aiguilles d'une montre, où personne n'a pu le rattraper dans les virages à gauche. Dans les dernières étapes de la course allemande, il roulait une demi-seconde plus vite par tour que ses poursuivants, démontrant sa maîtrise des pneus usés et glissants, qui allait devenir la marque de fabrique de sa carrière dans la catégorie reine.

« Dans certaines courses, vous avez un bon rythme et vous essayez d'économiser vos pneus, donc pendant la course, vous jouez, tout simplement », a-t-il déclaré. « Dans d'autres courses, vous êtes à la limite tout au long du parcours, alors vous essayez simplement de faire de votre mieux dans le dernier tour. Quand c'est possible, je préfère économiser mes pneus, rester avec le groupe, puis attaquer à la fin, car pousser à la limite en 25 tours est assez dangereux. »

Le contrat de Marc avec HRC a été annoncé six semaines après la signature du protocole d'accord, à la veille du Grand Prix d'Italie, où il a terminé sa première course de l'année hors du podium. Il avait tout donné pour remporter la victoire jusqu'à ce qu'il manque de chuter et (surprise, surprise) décide de lever le pied.

Son seul triplé de l'année a suivi à Indianapolis, Brno et Misano, ce qui lui a permis de prendre une bonne avance sur Espargaró dans la lutte pour le titre.

Plus d'une décennie plus tard, Espargaró révèle que ce n'est pas seulement le talent de pilote de Marc qui a fait la différence dans leur duel pour le titre.

« Quand on était gamins, il était très difficile de rester mature et constructif pendant notre lutte pour le titre », dit-il. « Tout ça était trop destructeur pour moi ; je ne savais pas gérer les médias et tout le reste. J'avais l'impression que Marc était super protégé par son entourage, ce qui l'aidait beaucoup, car il était capable de contrôler tout ça. À l'époque, je trouvais qu'il était beaucoup plus mature que moi. »

« La rivalité entre nous était très forte. Les médias espagnols ont amplifié cette rivalité, rendant toute communication entre nous impossible. Je me rends compte aujourd'hui que c'était une situation ridicule, mais ça faisait vendre beaucoup de journaux ! »

« À l'époque, nous avions l'impression que Marc était le gentil, le beau garçon, en quelque sorte protégé par Repsol et d'autres entreprises espagnoles, alors je me battais contre celui qui était censé gagner. J'avais l'impression de ne pas avoir le soutien de mon peuple. Je me disais : "Hé, je suis espagnol et catalan, je me bats aussi pour le titre et je me bats aussi contre des Britanniques et des Italiens, tout comme Marc." »

« Avec le recul, j'ai tellement apprécié cette expérience ; c'était l'amour et la haine de la course moto, j'adorerais recommencer ! »

En d'autres termes, Márquez avait tout pour lui à cette époque : son talent, sa maturité, son équipe, ses sponsors riches et les médias espagnols, qui ont également rallié les fans espagnols à sa cause. Tout ça est très bien, mais les médias et les fans sont une arme à double tranchant. Trois ans plus tard, Marc allait découvrir ce que c'était que d'affronter un rival soutenu par les médias et les fans…

Marc n'a pas remporté la course Moto2 suivante en Aragón, mais il a réussi ce qui est sans doute son plus beau sauvetage de l'année, magnifiquement filmé par les caméras de Dorna.

Dans les derniers instants des qualifications, il est sorti du dernier virage à plein régime et en pleine inclinaison, son pneu arrière dérapant latéralement alors qu'il se précipitait pour sortir rapidement. Lorsque le pneu a grimpé sur le vibreur, il a continué de glisser et lorsque la moto est tombée à l'extérieur du vibreur, les deux roues ont quitté le sol, la moto entière se balançant de gauche à droite dans un violent mouvement de tête. Pendant un instant, sa Suter a semblé se diriger vers les barrières, mais en un clin d'œil, il l'a ramenée sur le bitume et a baissé la tête pour terminer le tour le plus rapidement possible.

Marc était tellement hors de contrôle à ce moment-là qu'il était tentant de supposer qu'il n'avait survécu que grâce à la chance, et non grâce à son propre système d'équilibre interne. Mais la merveille des images au ralenti a prouvé le contraire. Lorsque la moto a dérapé sur le vibreur, il était déjà en train de soulever son poids de la selle et de transférer sa charge sur les repose-pieds, se préparant à l'inévitable effet de fouet. Ce n'était pas seulement de la chance, c'était du jugement et bien plus encore.

Tout au long des années 2011 et 2012, la moto Suter de Marc n'a jamais été la plus facile à piloter. Un super-héros pouvait la maîtriser, mais personne d'autre, du moins pas de manière constante. C'était un signe avant-coureur de ce qui allait se passer en MotoGP.

« Márquez pilotait une moto avec une précision extraordinaire, la faisant dominer facilement ses adversaires », déclare Alex Baumgartel, directeur technique chez Kalex, principal rival de Suter et détenteur de 25 titres pilotes et constructeurs en Moto2, de 2013 à 2025.

Même en 2012, il ne faisait guère de doute que la Kalex était meilleure (quatre des six premiers pilotes du classement final de 2012 utilisaient le châssis de fabrication allemande), non pas tant parce qu'elle était plus rapide, mais parce qu'elle était plus facile à piloter. Le problème de la Suter était qu'elle était trop rigide, ce qui la rendait difficile à piloter et provoquait des vibrations.

Le broutage est un cauchemar pour les motards et les ingénieurs. Il est causé par des résonances harmoniques et des fréquences qui traversent la moto, provoquant des vibrations à haute fréquence qui font rebondir les pneus sur la route, avec des conséquences potentiellement désastreuses.

« Nous avions beaucoup de vibrations en Moto2 », se souvient Marc. « C'est pourquoi j'ai commencé à jouer avec mes coudes, pour éviter les chutes. »

C'est tout l'art et la science des véritables grands noms de la course moto. Les pilotes ne sont pas des ingénieurs, mais les plus grands d'entre eux ont l'intelligence nécessaire pour comprendre les problèmes auxquels ils sont confrontés, même lorsqu'ils roulent au bord du précipice, puis transmettent ces informations à leurs ingénieurs comme s'il s'agissait d'un téléchargement de données.

Hernández se souvient très bien que Márquez a développé une technique révolutionnaire consistant à utiliser ses coudes comme stabilisateurs.

« Les pilotes donnent toujours le maximum parce qu'ils veulent repousser leurs limites », explique Hernández. « Puis, ils rencontrent parfois un problème, perdent l'avant et chutent. Un pilote normal se dit : “J'ai dépassé la limite et je ne veux pas la dépasser à nouveau.” Marc se dit : “D'accord, j'ai dépassé la limite, mais pourquoi ne pas essayer une fois de plus pour voir si je peux la contrôler ?”

« Il sait ce qu'il s'est passé, mais comme c'était la première fois, il ne savait pas quoi faire. Puis, il commence à comprendre ce qu'il s'est passé, alors il se dit : “Pourquoi ne pas essayer quelque chose de différent la prochaine fois ?” Et il chute à nouveau. Il essaie alors autre chose. Cette fois-ci, il revient au box et nous dit qu'il a réussi un sauvetage ! Puis, il réussit un autre sauvetage, ouah ! Et encore un autre, ouah ! Et encore un autre, ouah ! »

« Il acquiert ainsi de l'expérience sur ce qu'il faut faire : il cherche toujours à repousser les limites, afin de trouver un moyen de les contrôler. Quand il a commencé à utiliser son coude, personne d'autre ne le faisait. Aujourd'hui, tout le monde le fait. »

Personne n'a étudié les données relatives aux sauvetages frontaux de Marc autant que Hernández.

« Vous voyez toutes les lignes [sur l'écran de l'ordinateur] devenir un peu folles : la direction se bloque complètement, la vitesse de la roue avant diminue parce que le pneu dérape, puis se rétablit très rapidement lorsqu'il rattrape le dérapage.

Ensuite, vous le voyez accélérer pour soulager le pneu avant et mettre du poids sur l'arrière, afin de pouvoir relever la moto. »

La voie des stands était bouche bée devant la nouvelle prouesse de Marc. Désormais, il était Marc le Magnifique, en plus d'être Marc l'Impitoyable. Ce qu'il faisait ; perdre l'avant, puis le rattraper grâce à son intelligence, son corps et, surtout, ses coudes, semblait relever de la magie. Ou peut-être de la sorcellerie.

Les ingénieurs Honda l'observaient de plus près que les autres, car il allait bientôt rejoindre leur écurie.

« Lorsque Marc était en Moto2, j'étais l'ingénieur de Dani chez Repsol Honda », explique Takeo Yokoyama, qui a travaillé avec Pedrosa pendant plusieurs années avant que HRC ne le nomme au poste de directeur technique en 2013. « En observant Marc, je constatais qu'il dominait sa moto dans de nombreuses situations. »

« Il était vraiment exceptionnel. Je voyais clairement que son style de conduite était axé sur le freinage, ce qui, selon moi, était le meilleur style pour la moto MotoGP de Honda à l'époque. Il sollicitait énormément son pneu avant et gagnait beaucoup dans les virages où il fallait freiner fort. »

La voie des stands n'était pas seulement impressionnée par les talents de Márquez, elle était également impressionnée par son équipe, qui semblait travailler de manière mystérieuse. Que faisaient Hernández, Castellà, Ortiz, Liñán et l'ingénieur de données Gerold Buchner à la Suter pour rendre leur pilote si rapide ? Il ne pouvait quand même pas être aussi bon ? Peut-être trichaient-ils ? Inévitablement, des rumeurs ont commencé à circuler.

En réalité, le groupe bluffait.

« Nous étions connus dans le paddock pour être très proches », explique Castellà. « Aucun d'entre nous ne parlait à quelqu'un en dehors de l'équipe, donc il n'y avait pas de fuites d'informations, comme c'est le cas dans la plupart des équipes. »

« Certains individus ne nous appréciaient pas beaucoup parce que nous ne parlions à personne. Ils pensaient que nous étions arrogants, mais ce n'était pas le cas. Nous ne voulions simplement pas dire aux gens ce que nous faisions, car ce que nous avions mis en place au sein de l'équipe était trop beau. »

« Nous avons décidé que la seule façon de battre les autres était de leur faire croire que nous étions meilleurs qu'ils ne l'étaient réellement, ou que nous travaillions plus dur qu'eux. Nous avons fait beaucoup de choses que personne d'autre ne faisait, comme fermer la porte du garage chaque fois que Marc venait dans le box et toujours utiliser des écrans pour cacher la moto. Tout le monde se demandait : "Mais qu'est-ce qu'ils font ?" Nous ne faisions rien ! C'était un jeu psychologique. »

En d'autres termes, les pilotes ne sont pas les seuls à jouer à des jeux psychologiques dans le paddock. Tout le monde s'y met. Les mécaniciens, les directeurs d'écurie et les managers personnels des pilotes : tous essaient de se jouer des tours et d'éviter de se faire piéger.

L'ambiance de bande au sein de l'équipe s'est poursuivie après que la Suter a été rangée à l'arrière du camion le dimanche après-midi. En fait, elle s'est poursuivie longtemps après ça, tout au long de leurs années passées ensemble chez Repsol Honda.

« Dès le début avec cette écurie, Marc a dit à Emilio qu'il ne voulait pas rentrer chez lui le dimanche soir, car il voulait rester avec l'équipe », se remémore Hernández. « Il nous a même aidés à ranger le box, à tout démonter. Il a besoin d'être entouré, il veut que ce soit une famille. Il ne voulait pas manger seul. Il demandait toujours quand nous aurions fini de travailler sur la moto et il attendait toujours pour manger avec nous. Au déjeuner et au dîner, nous ne parlions jamais de la moto ; ce genre de moments de convivialité était très important pour lui. »

Castellà se souvient des grandes soirées du dimanche soir.

« Le dimanche soir, nous regardions toujours la course », dit-il. « Nous prenions un ordinateur portable, le branchions à une télévision, emportions quelques bières dans l'une de nos chambres d'hôtel et profitions de la course. Marc était généralement le protagoniste des courses, il y avait donc beaucoup de choses à discuter… Nous regardions quelques tours, rembobinions, revoyions un virage particulier ou un dépassement, tout le monde criait. Marc était très jeune, une bière lui suffisait. C'étaient nos meilleures fêtes, en Moto2 et au début en MotoGP. »

« Nous avons tous très bien sympathisé dès le début. Nous avons demandé à rentrer chez nous le plus tard possible le lendemain de la course, afin de pouvoir profiter de bons dîners, de belles fêtes, de la nuit ou peut-être faire quelque chose ensemble le lundi matin, pour se sentir davantage comme une famille. »

« Lorsque les pilotes se retrouvent sur la grille de départ, ils peuvent se sentir extrêmement seuls. Et s'ils ne sont pas sûrs d'avoir le soutien des personnes qui les entourent, je pense qu'ils se sentent encore plus seuls. »

Márquez a remporté le titre en terminant troisième lors de l'avant-dernière course à Phillip Island. La Suter qu'il pilotait ce jour-là se trouve désormais chez Hernández, à Barcelone, un cadeau de mariage offert par Marc.

Mais le suspense n'était pas encore terminé. Quand il a éliminé Corsi lors des essais pour la finale à Valence, certains ont pensé que c'était un crime de trop. Plusieurs pilotes MotoGP, sans doute conscients que Marc allait bientôt devenir leur problème, se sont joints à la protestation.

Le pilote Tech 3 Yamaha Andrea Dovizioso a comparé Marc au regretté Simoncelli, récemment décédé.

« Si vous êtes trop dangereux, vous devez changer », a déclaré l'Italien.

« J'aime beaucoup Marc », a ajouté Rossi. « J'aime son talent, son style et son agressivité, mais il prend trop de risques. »

Seul Cal Crutchlow, coéquipier de Dovizioso, a pris la défense du nouveau champion Moto2.

« Les gens en ont après lui parce qu'il est le meilleur », a déclaré le Britannique. « Il a remporté le titre et, qu'il soit agressif ou non, c'est comme ça. »

Les facéties de Marc n'ont pas seulement transformé la technique de pilotage en 2012, elles ont également poussé la direction de course à réécrire le règlement sportif du MotoGP. Un nouveau système de pénalités a été introduit en 2013 afin de sanctionner les récidivistes par des interdictions de course.

« Nous travaillons sur un système qui transfère les pénalités d'une épreuve à l'autre, afin qu'un pilote impliqué dans plusieurs incidents puisse se voir infliger une pénalité plus importante », a déclaré Xavier Alonso, directeur de course.

Une fois de plus, la direction de course a relégué Marc en fond de grille. Et une fois de plus, ça n'a fait aucune différence.

Au premier tour, il est passé de la 33e à la 11e place. À mi-course, il était cinquième, mais loin derrière les leaders, Julian Simon et Nico Terol.

« Quand j'ai vu Julian et Nico si loin devant, je ne pensais pas pouvoir les battre », a-t-il déclaré. « Mais j'ai roulé à la limite dans chaque virage ; okay, si je chute, je chute… »

Aucune peur.

Il a pris la tête au 25ᵉ tour sur 27, pour remporter la victoire avec plus d'une seconde d'avance.

CHAPITRE 9

« MARC EST SEMBLABLE À UNE BOMBE QUI EST ARRIVÉE EN MOTOGP ET QUI A EXPLOSÉ »

Et enfin, rendez-vous sur le champ de bataille au sommet de la montagne, où les cavaliers s'affrontent pour devenir le roi des rois, le seigneur des seigneurs.

Le MotoGP a toujours été le summum du motocyclisme : l'endroit où de nombreux pilotes qui ont conquis des sommets moins élevés doivent finalement admettre leur défaite, car c'est le championnat le plus rapide et le plus difficile de tous.

Le MotoGP est à la fois un ballet sur un champ de bataille et la branche divertissante de la physique. C'est là que l'art et la science de la course moto atteignent leur expression ultime, là où les muscles fusionnent avec le métal à près de 370 km/h.

Les motos MotoGP sont des engins redoutables. Elles accélèrent plus vite que les voitures de Formule 1 et produisent un couple tellement puissant qu'elles peuvent faire patiner leurs pneus arrière à vitesse maximale. Au Mugello, en Italie, des ingénieurs ont enregistré des motos MotoGP faisant patiner leurs roues en sixième vitesse à une vitesse équivalente à 400 km/h.

Tous les pilotes de moto et les motards savent où ça se passe. Plus gros. Plus fort. Mieux.

Personne n'explique mieux cette vérité que l'auteur américain Hunter S. Thompson, armé d'un pistolet et sniffant de la cocaïne, qui a écrit avec brio sur les folies commises à moto.

« Les petites motos peuvent être amusantes, mais les Volkswagen le sont aussi, tout comme les fusils à plombs », écrivait Thompson dans son classique des années 1960, *Hell's Angels*. « Les grosses motos, les Ferrari et les revolvers Magnum .44 sont bien plus qu'un simple divertissement ; ce sont des machines créées par l'homme, si puissantes et efficaces dans leur domaine qu'elles mettent à l'épreuve la capacité d'un homme à les contrôler, à les pousser jusqu'aux limites de leur conception et de leurs possibilités. C'est l'un des piliers de la mystique des grosses motos qui occupe une place si importante dans la vie de chaque *Hell's Angel* (Ange de la mort). Ou, comme ils disent : "C'est là que ça se passe, mec. C'est là que ça vit". »

Marc a finalement découvert où « cela vivait » deux jours après sa dernière course Moto2 à Valence, lors des traditionnels essais de fin de saison. Dans des conditions météorologiques tout aussi traditionnelles : froid, grisaille et humidité, exactement ce qu'on ne souhaite pas pour découvrir où tout ça vit.

Le nouveau directeur de l'équipe de Marc était Livio Suppo, qui avait orchestré le transfert de Casey Stoner de Ducati à Honda en 2011. Il avait désormais remplacé un talent unique par un autre.

« Il avait plu pendant la nuit et la piste a mis beaucoup de temps à sécher », se souvient Suppo. « Quand ils sont sortis pour la première fois, la piste était encore difficile, donc c'était compliqué pour tous les pilotes, surtout pour un débutant en MotoGP. »

« Soudain, dans l'un des secteurs, un casque rouge est apparu à côté du nom de Marc ! [Indiquant le meilleur temps dans ce secteur.] L'écart avec le pilote suivant était de 0,046 seconde, alors, en plaisantant, j'ai dit au père de Marc : "C'est un signe du destin !" C'était vraiment impressionnant, car il est rare de voir un débutant obtenir un casque rouge dans une situation aussi difficile ! »

L'un des vingt-quatre pilotes qui roulaient aux côtés de Márquez était Cal Crutchlow, qui venait de terminer sa deuxième saison en MotoGP avec Tech 3 Yamaha.

« Je ne l'oublierai jamais », dit-il. « Nous avions tous passé un week-end complet sur le circuit, nous étions donc à la hauteur. Au bout d'un moment, j'ai regardé les écrans dans notre garage et Marc était déjà l'un des plus rapides dans le premier secteur. Nous nous sommes donc dit : "Bon sang, ce type n'a jamais piloté de MotoGP auparavant et il est déjà au niveau de Dani [Pedrosa, le nouveau coéquipier de Marc] dans l'un des secteurs." Il est simplement monté sur la Honda et s'est montré naturellement rapide. On voyait tout de suite, à sa façon de piloter, qu'il allait être compétitif. »

En course, il y a toujours des doutes. Ce n'est pas parce que vous avez réussi en 125 cm^3 que vous réussirez en Moto2. Ce n'est pas parce que vous avez réussi en Moto2 que vous réussirez en MotoGP. Mais après ces deux premiers jours, il n'y avait plus aucun doute.

Márquez, au guidon d'une RC213V aux couleurs HRC, a terminé les essais à 1,1 seconde du meilleur temps de Pedrosa et septième au classement général, derrière Pedrosa (qui venait de terminer sa huitième saison en MotoGP), Crutchlow, Stefan Bradl, Nicky Hayden, Alvaro Bautista et Andrea Dovizioso.

Il n'est donc pas étonnant que Shuhei Nakamoto, vice-président de HRC, prédisait déjà une place dans le top 3 pour les débuts de Marc en MotoGP, cinq mois plus tard.

Quelques semaines après Valence, Marc a fait l'objet d'un documentaire de 45 minutes diffusé sur la télévision catalane, célébrant son titre Moto2. Le présentateur Albert Om lui a rendu visite chez lui pour son émission *El Confidat*, dans laquelle il tente d'apprendre à connaître des célébrités et des sportifs.

Om traverse les rues de Cervera, où les maisons, les magasins et les bars sont décorés d'objets à l'effigie de Márquez, tout comme à Tavullia, en Italie, ville natale de Valentino Rossi, le célèbre numéro 46 du MotoGP.

La maison familiale est une modeste maison mitoyenne : petit garage au rez-de-chaussée, salon, cuisine et salle à manger à l'étage, chambres au deuxième étage.

La chambre de Marc est petite, bien rangée et peinte en vert vif, avec son motif de fourmis sur un mur. Une étagère expose quelques-uns de ses objets préférés : des souvenirs de football, une photo de Marc sur sa PW50, quatre répliques de Rossi (Honda NSR500 et RC211V, Gauloises et Fiat Yamaha YZR-M1) et une casquette de baseball VR46 jaune.

Om interroge Marc sur son passage en MotoGP.

« Je vais piloter contre Rossi. Je collectionne ses motos de course ! Et contre Pedrosa. J'avais des posters de ces deux gars dans ma chambre. »

« Tu vas dire à Rossi que tu collectionnes ses motos ? », demande Om.

« Non, non, non ! Je le connais déjà. Il est sympa... Quand j'avais 15 ans et que j'ai participé aux Championnats du monde, il était l'un des seuls à me dire ; "Ciao, Marc !" et je me disais "Ouah ! Il connaît mon prénom." »

Om passe la nuit dans le lit superposé de Marc et comprend rapidement son sujet.

« Ce matin, Marc m'a dit qu'il se sentait encore comme un enfant, mais après ce que j'ai vu aujourd'hui, je vais me coucher avec une autre idée en tête. Marc Márquez peut bien dire qu'il est innocent, mais il est malin... »

Ses nouveaux rivaux ont pu constater à quel point il était affûté lors de la première semaine de février 2013, lorsque le paddock MotoGP s'est envolé pour Sepang, en Malaisie, pour les premiers essais de pré-saison. Marc a terminé quatrième au classement général des trois jours, à une demi-seconde de Pedrosa, deux dixièmes derrière le champion du monde en titre Jorge Lorenzo (Yamaha) et un dixième derrière Rossi, de retour chez Yamaha après deux années difficiles chez Ducati.

Ils savaient tous qu'il venait pour eux. Que la musique du film *Les Dents de la mer* retentisse...

Márquez était déjà très rapide sur une moto MotoGP et avait déjà beaucoup d'accidents.

« Je me souviens très bien de ces premiers essais à Sepang », raconte Takeo Yokoyama, qui venait d'être promu directeur technique chez HRC. « Marc était le rookie et, de l'autre côté du garage, nous avions Dani. Bien sûr, nous pensions que Dani allait remporter le titre en 2013 et que Marc allait passer une année d'apprentissage. »

« Nous savions tous que Dani savait piloter, qu'il savait tirer le maximum de performances de la Honda. Il connaissait si bien le MotoGP et la moto que j'ai souvent dit à Marc : "Tu peux apprendre tellement de choses de Dani, alors essayons d'apprendre." »

« J'ai essayé d'instaurer une bonne relation entre nos pilotes, en guidant Marc pour qu'il suive la voie tracée par Dani. Dès le début, il a compris le concept et a suivi mes conseils. »

Jusqu'à leur arrivée à Sepang.

Personne n'a jamais fabriqué de pneu avant aussi performant que Bridgestone, la société japonaise qui est devenue le premier fournisseur de pneus spécifications MotoGP en 2009. Et personne ne sait vraiment comment Bridgestone y parvient, même si ça a quelque chose à voir avec la conception des polymères, l'essence même du mélange des composés de pneus.Ce pneu a été le premier pneu avant qui a permis à Marc de piloter comme il le souhaitait : freiner tardivement, puis prendre les virages plus rapidement que quiconque, ce qui (comme Yokoyama le savait déjà) exploitait au mieux les points forts de la RC213V.

« La Honda est plus performante au freinage », a déclaré Marc. « Il faut freiner tard, s'arrêter et repartir. Mais dans les virages plus longs, la Yamaha a un avantage. »

Très vite, il a tiré davantage parti des pneus avant Bridgestone que les pilotes qui les utilisaient depuis des années. Il a également suivi sa propre voie en matière de composés, toujours à la recherche de meilleures performances.

« Marc est anticonformiste », déclare Alberto Puig.

« Je me souviens que, lors des essais à Sepang, Marc avait déjà émis des doutes quant au composé du pneu avant », ajoute Yokoyama. « Dani a toujours utilisé le composé Bridgestone le plus dur à l'avant à Sepang, alors j'ai dit à Marc : "Si tu veux être un vrai pilote de MotoGP, tu dois être capable d'utiliser ce composé dur, ce qui n'est pas si facile car il est très dur." Je lui ai dit : "Pour utiliser ce pneu, tu dois attaquer. Tu dois forcer le pneu pour qu'il fonctionne." »

« Au début, il m'a répondu : "D'accord, je vais essayer, je vais essayer." Je lui ai dit : "Je ne te demande pas de causer un accident, mais garde à l'esprit que tu dois utiliser ce pneu 'pierre', car c'est le seul moyen de tirer le maximum de performances de la Honda." »

« Puis, il est venu me voir et m'a dit : "Mais Takeo, tu es sûr que c'est le composé avant que je dois utiliser ?" Je lui ai répondu : "Oui, bien sûr. C'est le pneu gagnant." Car même Dani, avec sa petite taille et son poids léger, utilisait le composé dur. [Pedrosa avait utilisé ce pneu pour remporter le Grand Prix de Malaisie en 2012.] »

« Finalement, Marc est passé aux pneus plus tendres et a failli remporter la victoire à Sepang plus tard dans l'année ! »

Malgré sa technique d'entrée en virage très agressive, Marc a pu utiliser les pneus plus tendres, qui offraient une meilleure adhérence et un meilleur retour d'information, ce qui lui a permis de prendre les virages plus rapidement, avec une meilleure capacité à anticiper et à contrôler les dérapages.

Márquez a chuté pas moins de quatre fois lors de ce premier test à Sepang, en essayant de faire fonctionner la roue avant dure. Ça lui a rappelé son douloureux baptême en Moto2 en 2011. Pas étonnant que Yokoyama lui ait dit de se calmer un peu.

Mais, malgré les chutes, il impressionnait déjà sa petite armée d'ingénieurs HRC.

« Marc était vraiment très doué pour nous donner de bons retours d'expérience, grâce à sa façon de piloter », poursuit Yokoyama. « Au début de l'année 2013, j'étais plus orienté vers les retours de Dani, car il pilotait la Honda depuis de nombreuses années et parce que nous avions déjà travaillé ensemble, donc je comprenais ce qu'il disait. »

« Peut-être que fin 2013, nous avons commencé à suivre la voie tracée par Marc lorsqu'il a dit quelque chose de différent de Dani. »

Au fil de l'année 2013, Márquez n'a jamais laissé Yokoyama oublier la leçon qu'il avait donnée au jeune pilote lors des essais. « Salut Takeo, tu te souviens de moi ? », raillait-il le Japonais après chaque pole position et chaque podium. « Je suis le même gars qu'à Sepang ! »

Honda s'est ensuite rendu à Austin, aux États-Unis, pour des essais privés afin de préparer la première épreuve du MotoGP sur le Circuit des Amériques.

« [Shuhei] Nakamoto [vice-président de HRC] voulait organiser des essais privés là-bas », se souvient Suppo. « Nous avons essuyé beaucoup de critiques de la part de Ducati et Yamaha, qui ne voulaient pas y aller parce que ça coûtait trop cher. Nakamoto était une machine de guerre ! Finalement, nous y sommes allés et seule Yamaha nous a accompagnés. »

C'était la première fois que Marc s'essayait sérieusement à un circuit antihoraire à bord d'une moto MotoGP. De plus, aucun de ses rivaux ne connaissait le circuit. Lors de ses premiers tours, il était près de deux secondes plus rapide que les autres pilotes présents : Pedrosa, Lorenzo, Rossi et Bradl. Ce qui a incité Yokoyama à discuter avec Pedrosa.

« Marc était déjà beaucoup plus rapide que tout le monde », explique Yokoyama. « J'ai donc dit à Dani : "Tu dois te donner un peu plus à fond, car c'est ridicule de voir un pilote débutant plus rapide que toi." Bien sûr, il n'y avait pas de temps de référence, alors je me suis dit que Dani était peut-être en train de tester quelque chose ou d'évaluer les réglages, et qu'il ne cherchait pas à faire le meilleur temps. En fait, Dani était très rapide [il a terminé deuxième de la course du COTA le mois suivant], ce qui prouvait que Marc était déjà super rapide. »

Les essais sont une chose, la course en est une autre. Au fil des ans, le MotoGP a connu de nombreux « Champions du monde d'hiver » ; des pilotes qui se sont illustrés lors des essais de présaison, puis qui ont disparu lorsque la véritable compétition a commencé.

Márquez pouvait-il être aussi impressionnant lorsque la saison allait commencer ?

Oui. En 2013, il a réalisé la plus incroyable ascension jamais vue dans l'histoire du MotoGP, pulvérisant tous les records : plus jeune poleman de la catégorie reine, plus jeune vainqueur, plus jeune détenteur du record du tour, plus jeune leader du championnat, premier rookie à décrocher quatre podiums consécutifs, premier rookie à remporter quatre courses consécutives. Et enfin, plus jeune champion du monde MotoGP.

« Marc est semblable à une bombe qui est arrivée en MotoGP et qui a explosé », a déclaré Bradl, son coéquipier chez Honda, qui disputait sa deuxième saison en MotoGP.

Bradl avait raison. Au cours des saisons précédentes, les courses de MotoGP s'étaient pour la plupart transformées en processions ennuyeuses où les pilotes se contentaient de suivre le leader. La dynamique des motos MotoGP 800 cm^3 (utilisées de 2007 à 2011) avait largement contribué à rendre les courses moins divertissantes, tout comme les stratégies de certains de ses protagonistes ; Lorenzo, Stoner et Pedrosa, qui préféraient piloter seuls plutôt que de se battre entre eux.

Tout a changé avec l'arrivée de Márquez. Il y avait un nouveau venu en ville et si vous vouliez le battre, vous deviez vous battre contre lui pour y parvenir.

« J'aime les courses maintenant, alors qu'avant je ne les aimais pas », a déclaré Aleix Espargaró, qui est passé en MotoGP peu avant Marc. « Ce n'est pas très gentil de dire que les pilotes dormaient, mais souvent, deux rivaux jouaient beaucoup sur la stratégie. Aujourd'hui, il y a des combats dans plus de courses. C'est ce que les gens veulent et j'aime beaucoup ça. J'ai livré des batailles fantastiques cette année et c'est pour ça que nous sommes ici ; c'est ça la course. »

« Le MotoGP avait besoin d'un peu de piment et Marc s'en est chargé », a déclaré Jack Miller, pilote Moto3.

« Maintenant, c'est comme un match de boxe : c'est des va-et-vient avec les autres pilotes », a déclaré Rossi dans un sourire, mimant des coups de poing.

Márquez n'était pas seulement rapide et combatif, il était également d'une régularité dévastatrice pour un rookie : sept victoires, six deuxièmes places, trois troisièmes places, un abandon à la suite d'une chute et une disqualification (qui n'était pas de sa faute).

Et pourtant, les controverses n'ont pas manqué tout au long de la saison.

Quand il ne faisait pas la une des journaux sur le podium, il faisait quand même les gros titres : il a percuté Lorenzo à Jerez, a eu un accident à 340 km/h au Mugello, a failli renverser plusieurs commissaires à Silverstone, a éliminé Pedrosa en Aragón et a été disqualifié à Phillip Island.

Marc n'était pas tout à fait le pilote qui a connu le plus d'accidents en MotoGP en 2013 ; cet honneur revient au pilote indépendant Ducati Yonny Hernández, mais il a chuté 15 fois en 17 week-ends, démontrant ainsi la méthodologie qu'il allait utiliser pour le reste de sa carrière.

Son mode opératoire était exactement celui qu'il avait décrit à Yokoyama : pendant les essais, on trouve ses limites en les dépassant largement, puis on les réduit légèrement pour la course. C'est une excellente façon d'aborder la course, à condition de ne pas craindre de vivre dans la douleur. C'est pourquoi personne d'autre n'a adopté la méthode de Marc.

Márquez a eu de la chance avec les blessures. Il a souvent été malmené en 2013, mais il n'est apparu que trois fois dans le registre des blessures de la Clinica Mobile : une fracture de l'humérus droit au Mugello, une fracture du doigt et de l'orteil à Assen et une luxation de l'épaule à Silverstone. Aucune de ces blessures ne l'a empêché de piloter. La douleur ne semblait pas le déranger.

« Lorsque Marc est arrivé en MotoGP, ça ressemblait un peu à l'époque des 500 cm³ à deux temps, où nous voyions arriver de nouveaux pilotes qui roulaient très vite », se remémore Mats Larsson, ingénieur en suspension chez Öhlins. « Nous nous disions tous : “Oh, il ne va pas tenir très longtemps, il va avoir un grave accident et il lui faudra du temps pour s'en remettre.” Mais pas avec Marc. Il tombe, il y a un gros nuage de poussière, puis il se relève comme une poupée en caoutchouc et sprinte vers sa moto. »

Márquez s'est révélé au monde entier (pour ceux qui ne s'intéressaient pas à la Moto2 et à la 125 cm³), lorsqu'il a fait ses débuts en MotoGP le 7 avril 2013, sous les projecteurs de Losail, au Qatar.

Si sa sixième place sur la grille de départ était presque décevante (après avoir fait preuve d'une grande vitesse lors des essais de pré-saison), la course elle-même n'avait rien de décevant.

Lorenzo était au sommet de son art. Il a disparu en tête, laissant Márquez et Rossi se disputer la deuxième place. Leurs derniers tours ont été épiques, Marc pilotant sa RC213V dans les virages comme s'il s'agissait d'une Moto2, mais Rossi a pris le dessus. Pedrosa a terminé trois secondes derrière.

Ensuite, il y a eu le COTA, où Marc a ridiculisé tous ses aînés.

Pendant les essais et les qualifications, il a été tout simplement magnifique : dansant sur le fil, roue avant bloquée, coudes frottant la route, arrière du siège qui décollait de temps à autre. Il n'a commis qu'une seule erreur : une sortie de piste dans un virage lors de la session glaciale du samedi matin.

Cette chute lui a valu « quelques douleurs au dos », mais tout le monde savait que ce sont ses rivaux qui souffraient vraiment.

Samedi, Marc est devenu le plus jeune pilote de MotoGP à décrocher une pole position, battant le record vieux de 31 ans détenu par Freddie Spencer. Le lendemain, il a battu le record du plus jeune vainqueur détenu par Spencer.

Peut-être que tout était trop facile ? Pas vraiment.

« J'ai failli chuter plusieurs fois, c'était un peu effrayant », a-t-il déclaré après la course.

Que pouvaient faire les autres pilotes face à ce jeune homme à peine sorti de l'adolescence ? Surtout Pedrosa ; les coéquipiers partagent le même équipement et n'ont donc nulle part où se cacher.

« Dani devait l'accepter », explique Yokoyama. « Je continuais à consacrer plus d'efforts à Dani qu'à notre pilote débutant, et Dani en était conscient. Il n'avait donc aucune excuse, il ne pouvait pas blâmer HRC. »

« Dani a très bien accepté le fait que Marc soit arrivé en tant que rookie et ait été immédiatement très rapide, mais ça n'a certainement pas été facile pour lui », ajoute Suppo.

Márquez est arrivé comme un cadeau du ciel pour HRC : ils avaient perdu le génie de Stoner et ont immédiatement trouvé quelqu'un d'encore plus fort. Sans Marc, les titres MotoGP 2013 et 2014 auraient été remportés par Yamaha.

Honda connaissait des difficultés depuis un certain temps. La formidable RC211V à cinq cylindres de la société avait largement dominé l'ère des 990 cm^3 en MotoGP, de 2002 à 2006. Mais tout ce qu'ils avaient réussi avec la 211, ils l'avaient raté avec leur RC212V à quatre cylindres, construite pour l'ère des 800 cm^3 en MotoGP.

La RC212V était difficile à piloter, menaçant sans cesse de blesser quiconque avait le courage de monter à bord.

« Même le début de l'année 2010 a été un cauchemar : la moto ne roulait même pas droit sur les lignes droites », se souvient Pedrosa avec un frisson.

C'est pourquoi, pour la première fois dans l'histoire de Honda en compétition, la société n'a pas remporté le championnat des constructeurs quatre années consécutives.

C'est Nakamoto qui a redressé HRC. Ce patron japonais charismatique a été recruté après avoir travaillé sur le projet de Formule 1 de Honda, abandonné à la suite de la crise financière mondiale de 2008. Il a apporté plusieurs technologies issues de la F1, notamment une boîte de vitesses à changement de vitesse sans à-coups, qui a amélioré les performances en ligne droite et a rendu la moto plus souple et donc plus rapide.

Nakamoto et Suppo ont complété le retour de Honda en recrutant Stoner, qui venait de Ducati. L'Australien a remporté le dernier titre 800 cm^3 en 2011 et aurait pu remporter le championnat 1 000 cm^3 l'année suivante au guidon de la nouvelle RC213V, si Bridgestone n'avait pas modifié les spécifications de ses pneus en cours de saison.

Marc avait donc rejoint une moto déjà gagnante, mais la RC213V n'a pas toujours été la meilleure moto de la grille.

Pendant une grande partie de l'histoire du MotoGP, du début des années 1980 jusqu'à la récente domination de Ducati, les protagonistes du championnat étaient Honda et Yamaha. En effet, entre 1983 et 2019, un seul titre constructeurs a échappé aux deux constructeurs japonais.

« 2013 a été une année contrastée », se souvient Marc. « Sur certaines pistes, notamment celles où il fallait rouler à vive allure, la Yamaha était très performante. Mais sur les circuits où il fallait freiner et accélérer, ils ne pouvaient rien faire contre la Honda. »

Si le Qatar avait révélé au monde entier le talent de Marc, la troisième course à Jerez a démontré sa volonté de gagner à tout prix.

Pedrosa s'est échappé en tête pour battre son coéquipier pour la première fois, laissant le rookie poursuivre Lorenzo comme un chien après un os.

Une fois de plus, c'était effrayant.

À plusieurs reprises, il a failli percuter la Yamaha dans l'épingle du virage six. Bien sûr, ça ne l'a pas empêché de tenter une attaque dans le dernier tour au même endroit, mais il a raté son coup. À sept virages de l'arrivée, sa Honda tremblait et vacillait alors qu'il réduisait à nouveau l'écart...

Lorenzo a pris une belle trajectoire fluide dans le dernier virage en épingle, baptisé en son honneur la veille. Márquez a vu sa chance, s'est rapproché et a failli être stoppé avant de propulser le champion du monde en titre dans le bac à gravier. Nom d'un chien, une imitation de Valentino Rossi !

Lorsque les pilotes du podium se sont rassemblés dans le parc fermé, l'auteur de l'accident a tenté de s'excuser auprès de la victime, mais Lorenzo ne voulait rien entendre. Il a pointé du doigt le jeune rookie, tel un parent en colère qui réprimande un enfant turbulent.

Mais aucun remords. « Le dernier tour, le dernier virage... si je vois un espace, je tenterai ma chance », a déclaré Marc. « C'est la course, et au bout du compte, les fans apprécient davantage. »

Le lendemain, une belle coïncidence s'est produite. Márquez et Lorenzo prenaient le même vol pour retourner à Barcelone. Mieux encore, ils se sont retrouvés assis l'un à côté de l'autre. Personne ne sait s'il s'agissait d'une pure coïncidence ou d'un membre du personnel de la compagnie aérienne doté d'un sens de l'humour malicieux.

« Ouf, ce vol a été vraiment tendu », se souvient Lorenzo. « Après cette course en particulier, nous étions devenus de grands ennemis. Et par hasard, nous étions assis l'un à côté de l'autre. Marc était avec son assistant, j'étais seul. »

« Vous pouvez imaginer à quel point l'atmosphère était tendue. J'étais très sûr de moi, très arrogant, et je voulais lui montrer que j'étais fort. Alors, quand l'avion est arrivé à Barcelone, je lui ai dit de faire attention la prochaine fois. [Lorenzo rit en se souvenant de cette anecdote.] J'avais 27 ans, lui était un gamin de 20 ans, alors je voulais lui montrer qui était le plus fort. »

La véritable importance de la manœuvre de dernière minute de Marc à Jerez n'a été révélée que six mois plus tard...

« N'oubliez pas que, sans les quatre points qu'il a obtenus grâce à ce dépassement, il n'aurait pas remporté le titre », explique Suppo.

L'incident de Jerez était encore un sujet brûlant lorsque le paddock est arrivé au Mans.

« J'ai parlé à Marc pour lui faire part de nos préoccupations », a déclaré Mike Webb, directeur de course. « Je lui ai dit que nous considérions ça comme un incident de course, mais que nous ne considérions pas ça comme une course ordinaire. »

Cette réprimande a-t-elle eu un effet ?

« Aucun effet », a répondu Márquez, arborant son plus beau sourire d'écolier. « Comme vous pouvez le constater, je suis toujours le même sur la moto. »

Le Grand Prix de France était sa première course MotoGP sous la pluie. Comme d'habitude, il n'a pas mis longtemps à adapter son pilotage à cette nouvelle situation. Après le départ, il a rétrogradé de quelques places le temps de trouver ses repères, puis il s'est montré plus rapide que tous ses adversaires, remontant tout le peloton pour terminer troisième et poursuivre ainsi son incroyable série de podiums.

Deux semaines plus tard, au Mugello, l'histoire s'est répétée. Mais pas dans le bon sens.

Le Mugello est l'un des circuits les plus magnifiques du MotoGP et comprend le virage le plus rapide du championnat. Vers la fin de la ligne droite de départ/arrivée du circuit, où la vitesse atteint 340 km/h, il y a un virage en épingle où les pilotes virent à gauche à près de la vitesse maximale. La combinaison d'une vitesse fulgurante, d'un léger angle d'inclinaison et d'un petit saut en fait sans doute le plus grand frisson pour les accros à l'adrénaline du MotoGP.

« Les cinq premiers tours du vendredi, quand on arrive au bout de la ligne droite, c'est à couper le souffle », a déclaré Marc.

Cet après-midi-là, le virage lui a presque coupé le souffle pendant plus de quelques secondes. Son enregistreur de données Alpinestars a enregistré une vitesse d'accident de 337,8 km/h avec un impact de 25 *g*. Personne n'avait jamais eu d'accident à une telle vitesse auparavant, ni depuis, alors comment se fait-il qu'il ne soit pas mort ?

Parce qu'il est tombé à droite de sa moto, qui a ensuite glissé le long du mur bordant la voie sur plusieurs centaines de mètres. Dieu seul sait ce qu'il se serait passé s'il était tombé à gauche, entre la moto et le mur.

C'était son deuxième accident sur trois pendant les essais. Et une fois de plus, les dieux de la course ont veillé sur lui. Bien qu'il ait été meurtri et couvert d'ecchymoses, il s'en est sorti avec un bras fracturé et des écorchures au visage, causées par des graviers qui s'étaient introduits dans son casque.

Peut-être allait-il prendre du recul et se calmer pour le reste du week-end ? Certainement pas.

Lors des qualifications, il a talonné Rossi pour se glisser en deuxième ligne, reléguant le héros local en troisième ligne. C'était peut-être la première fois que Rossi ne trouvait pas la vitesse de Marc amusante. « Certains pilotes étaient plus malins que moi », a-t-il déclaré.

Lorsque les feux se sont éteints dimanche, il a établi un nouveau record du tour dès le deuxième tour, puis s'est lancé à la poursuite de Pedrosa tandis que Lorenzo disparaissait à l'horizon. À cinq tours de l'arrivée, il a dépassé son coéquipier… avant de déraper à grande vitesse. Après ça, il a titubé dans le bac à gravier, les bras levés vers le ciel, comme pour dire ; « Pourquoi moi ? ».

Marc, tu sais pourquoi.

C'était son premier abandon en MotoGP, la première fois qu'il ne montait pas sur le podium et la première fois qu'il perdait la tête du championnat, au profit de Pedrosa.

Pour aggraver encore les choses, Pedrosa a accusé le nouveau venu d'avoir copié ses réglages. Marc a nié cette accusation, expliquant que ses réglages électroniques étaient basés sur les préférences de Stoner. Après tout, tous deux avaient été formés sur *dirt track*.

La RC213V était la première moto qu'il pilotait, équipée de systèmes de contrôle électronique très sophistiqués (contrôle de traction, contrôle du frein moteur, contrôle de lancement et anti-wheelie). Il était donc encore en train d'apprendre à les utiliser à son avantage et à les adapter à sa technique de pilotage.

« Pour moi, utiliser les systèmes électroniques n'est pas le moyen d'aller plus vite », a-t-il déclaré. « Bien sûr, ils contribuent à la sécurité, mais je ne les utilise pas pour aller plus vite. On sait qu'ils sont là, mais quand on a un pneu arrière neuf, il est difficile d'atteindre le contrôle de traction [car les pneus neufs ne perdent pas leur adhérence aussi facilement]. »

« On sent bien que le contrôle de traction intervient lorsque les pneus sont usés, vers la fin des courses, ou sur piste mouillée, quand on ressent beaucoup de coupures moteur. On le sent aussi dans les longs virages, comme à Montmelo [Catalogne], mais ces coupures peuvent perturber toute la moto, il vaut donc mieux gérer la situation avec l'accélérateur, afin de ne pas atteindre le contrôle de traction. »

En Catalogne, Marc a terminé troisième derrière Lorenzo et Pedrosa, vainqueur de la course, après avoir impressionné Crutchlow.

« J'ai suivi Marc et je me suis dit : "Ce type ne va pas terminer cette course" », a déclaré Crutchlow. « Son épaule était sur les vibreurs, pas son coude ni son bras ; toute son épaule près de son casque était sur les vibreurs ! Je me suis dit qu'il n'avait aucune chance de terminer. »

« Il est comme un chat qui retombe toujours sur ses pattes. Il bloque l'arrière dans chaque virage presque à pleine inclinaison et on se demande comment il peut s'en sortir comme ça. Et il le fait à chaque virage ! »

Márquez a terminé cette course en troisième position, derrière Lorenzo et Pedrosa. Crutchlow a chuté.

Le courageux Britannique était passé dans la catégorie reine deux ans avant Marc, après avoir remporté plusieurs courses du Championnat du monde de Superbike en 2010. Quelle était donc la différence entre les superbikes et les motos de MotoGP ?

« Les motos MotoGP sont des bêtes sauvages », a-t-il déclaré. « Si vous dérapez sur une superbike, elle vacille un peu puis se stabilise. Les motos MotoGP sont vicieuses : si vous dérapez et qu'elle commence vraiment à pomper, vous êtes dans de beaux draps. Vous allez vous faire mal. »

Tout ça ne semblait pas déranger Márquez. Il semblait toujours au bord du désastre, peignant l'asphalte avec le caoutchouc de ses deux pneus, réécrivant apparemment les lois de la physique.

« Je me sens très bien sur la moto et j'apprécie les grands dérapages », a-t-il déclaré lors des essais à Silverstone.

Voici ce qu'a déclaré Pedrosa après la même session : « J'ai fait beaucoup de dérapages arrière, ce n'était pas parfait. »

Pour être honnête envers Pedrosa, il n'a jamais eu la vie facile en MotoGP, car il est petit : 160 cm et 51 kilos ; la taille d'un adolescent de 14 ans.

« J'ai essayé de comprendre ce que je pouvais apprendre de Marc, mais son style de conduite est extrêmement physique, et il faut être en très bonne condition pour le supporter », a-t-il déclaré. « Je suis en bonne forme physique, mais je suis beaucoup plus petit. Marc pilote comme s'il avait un guidon de motocross, pas comme un pilote de course sur route. »

Márquez a une bonne taille pour un pilote de MotoGP (environ 170 cm et 65 kilos) et il travaille dur pour renforcer le haut de son corps afin d'avoir la puissance nécessaire pour piloter comme il le fait.

« L'un des points forts de Marc est qu'il est très agressif à l'entrée des virages et qu'il parvient à contrôler la moto et à éviter les chutes », a ajouté Pedrosa.

Son génie avec le pneu avant a laissé la plupart de ses rivaux sous le choc, car il jouait avec quelque chose qu'ils n'avaient même pas osé approcher. Márquez innovait à nouveau, alors tous les autres ont dû essayer de l'imiter.

« Quand Marc est arrivé en MotoGP, il a ouvert un nouveau champ des possibles pour tout le monde, car personne ne bloquait ou ne perdait l'avant, personne », se souvient Dovizioso, qui était en MotoGP depuis 2008. « Chaque fois que vous bloquiez ou perdiez l'avant, c'était vraiment mauvais, mais Marc jouait avec ça. »

« Ça a ouvert l'esprit des autres pilotes, car nous voulions tous nous améliorer. J'ai immédiatement compris que je devais changer d'approche lorsque j'ai perdu l'avant. Il ne s'agissait pas de dire ; "J'ai perdu l'avant, nous devons changer les réglages", mais plutôt de rester calme et d'essayer de mieux sentir l'avant. Ce n'était pas facile, mais nous avons réussi à nous améliorer et à jouer avec cette limite. Mais pas tout à fait comme lui. »

Márquez n'impressionnait pas seulement les gens lorsqu'il pilotait, il impressionnait également les personnes dans la voie des stands. C'était la première année qu'il travaillait en étroite collaboration avec Öhlins, le fabricant suédois de suspensions qui domine le MotoGP depuis des décennies.

Larsson a mis un certain temps à connaître son nouveau pilote.

« Marc était réservé, difficile à approcher », se remémore Larsson. « Mais une fois qu'on apprenait à le connaître, c'était un mec sympa et drôle. »

« Nous essayons toujours d'améliorer les choses, alors parfois nous donnons de nouvelles pièces à nos pilotes. La plupart du temps, les autres disent : “Non, c'est pareil, ça ne change rien.” Puis, nous donnons cette même pièce à Marc et il dit : “Mmm, ce n'est pas grand-chose, mais quand j'atteins la limite, c'est pire ou c'est mieux, donc je peux faire ceci ou cela.” »

« Il est capable de ressentir les choses lorsqu'il se trouve à la limite, et ses réactions sont exceptionnelles. Il peut tester des éléments tels que la rigidité de la fourche. C'est le seul pilote de haut niveau capable de détecter les nuances. Il peut également percevoir la différence entre le mouvement des pneus et celui de la suspension. Le calibre de Marc en tant que pilote ne se rencontre qu'une fois tous les 30 ans. »

Imaginez ça : la capacité de sentir la différence entre la suspension avant qui se comprime de quelques millimètres et le pneu avant qui s'écrase de quelques millimètres.

« Marc peut encore gagner même lorsque la configuration de la moto n'est pas parfaite ou lorsqu'il n'a pas les bons pneus », poursuit Larsson. « C'est particulièrement vrai à la fin d'une course, lorsque tout devient glissant et que la moto dérape.

C'est là qu'il sait le mieux équilibrer sa moto. Et c'est là qu'il en veut le plus. »

Après la Catalogne, le championnat de 2013 a été bouleversé.

Lorenzo s'est cassé la clavicule lors des essais du Grand Prix des Pays-Bas, laissant la tête du championnat à Pedrosa, qui s'est cassé la clavicule lors des essais du Grand Prix d'Allemagne, laissant la tête à Márquez, qui a remporté les quatre courses suivantes : Sachsenring, Laguna Seca, Indianapolis et Brno.

Quelques jours avant le Grand Prix des États-Unis à Laguna, on a demandé à Rossi comment Márquez allait s'en sortir lors de sa première visite sur le circuit californien, réputé pour être particulièrement difficile.

« Laguna est un circuit très, très difficile, c'est quelque chose de très particulier, mais quoi qu'il en soit, je m'attends à ce que ce salaud soit plus rapide que moi ! », a-t-il déclaré en riant.

Tout le monde se souvient de Laguna 2013, car c'est là que Marc a dévoilé son imitation de Rossi, cette fois-ci sur l'homme lui-même.

Rossi savait que ça allait arriver.

« Je me souviens être allé à Laguna et avoir entendu Valentino dire : “Je sais que Marc va me faire ça”, car c'était devenu une manœuvre emblématique », raconte Alex Briggs, mécanicien de longue date de Rossi.

Laguna est surtout connue pour sa chicane Corkscrew, un virage serré à gauche/droite avec une colline au milieu, qui a été le théâtre du dépassement sans doute le plus célèbre de l'histoire du MotoGP.

Lors de la course de Laguna en 2008, Rossi a réalisé son incroyable manœuvre du « tire-bouchon » sur Stoner, qui a contribué à changer le cours du championnat cette année-là.

Il a effectué un dépassement extraordinaire dans le virage gauche/droite, puis est sorti de la piste, projetant de la terre au-delà du vibreur.

Márquez avait regardé cette course depuis chez lui, tout comme il avait regardé le dernier virage de Jerez en 2005, gardant toujours les détails en mémoire.

Le 21 juillet 2013, il a réitéré la manœuvre du tire-bouchon sur Rossi, le dépassant dans le virage à gauche, puis sortant largement de la piste.

Rossi a fait semblant d'étrangler Marc dans le parc fermé et en a ri lors de la conférence de presse d'après-course.

« Je vous avais dit la semaine dernière que c'était un salaud ; il est encore pire que je ne le pensais », a-t-il déclaré en souriant.

Mais ça a dû faire mal. La manœuvre du tire-bouchon en 2008 a été le dépassement le plus emblématique de la carrière de Rossi, et voilà qu'un gamin, à peine sorti de l'adolescence, copiait-collait le travail du maître (même si Marc a effectué son dépassement par *l'extérieur*) et riait tout le long du chemin qui l'a mené au sommet du podium. Aïe.

Laguna et Indianapolis ont permis à Kenny Roberts, légende américaine du MotoGP, d'observer de près Márquez sur une moto MotoGP pour la première fois. Roberts a été l'un des premiers propriétaires d'écurie, après avoir raccroché sa combinaison dans les années 1980, à analyser en profondeur les pilotes depuis le bord de la piste. Sa capacité à examiner les moindres détails de la technique de pilotage et à communiquer ses connaissances a aidé son pilote Wayne Rainey à égaler son propre exploit en remportant trois titres MotoGP consécutifs.

« Je regardais le long virage à gauche en deuxième vitesse [à Indy] qui mène au virage à droite/gauche qui débouche sur la ligne droite », explique l'Américain. « Si vous aviez une vitesse trop élevée dans ce long virage à gauche, vous ne pouviez pas tourner la moto assez rapidement pour vous placer au bon endroit pour le virage à droite. »

« Ainsi, au lieu d'essayer de forcer la moto à tourner ou à se pencher davantage, Márquez la plaçait sur le côté, ce qui le plaçait sur le côté gauche de la piste, à l'endroit idéal pour prendre le virage à droite. Il laissait des traces de pneus noires de 20 mètres de long, laissant le pneu arrière faire tourner la moto, et il le faisait à chaque tour, pas seulement de temps en temps. »

« C'est la bonne façon de faire, à mon avis. Si vous pouvez laisser la moto déraper, tourner et aller de côté, puis la diriger où vous voulez, c'est beaucoup plus facile que d'essayer de le faire en utilisant l'angle d'inclinaison et en dépendant du pneu avant. »

Bien sûr, Marc avait acquis cette compétence sur les *dirts tracks*, qui lui avaient également appris à rechercher l'adhérence dans les dernières phases des courses.

« Il faut glisser dans certains virages pour garder sa trajectoire », a-t-il déclaré. « Oui, si vous glissez, vous abîmez davantage le pneu arrière, mais si vous arrivez à gérer ça à la fin des courses, vous pouvez mieux contrôler la moto. Et dans un endroit comme le treizième virage à Valence [le long virage à gauche avant le dernier virage serré à gauche], vous devez glisser pour garder la moto sur la trajectoire intérieure afin d'empêcher les autres pilotes de vous attaquer. »

Marc avait un palmarès particulièrement impressionnant sur les circuits antihoraires (encore une fois sur *dirt track*), il adorait donc piloter aux États-Unis, où la plupart des circuits tournent vers la gauche.

« Mon virage préféré est le cinquième virage d'Indianapolis », ajoute-t-il. « C'est un virage rapide et bosselé à gauche. Je préfère les virages à gauche, car j'ai beaucoup roulé en *dirt track*. J'essaie de relever un peu la moto, car si on l'incline trop, elle commence à bouger de manière plus agressive. C'est difficile, car il faut laisser la moto bouger librement, la lâcher un peu, car si on est trop rigide, elle réagit moins bien. Il faut trouver un compromis. Ce qui m'aide, c'est toutes ces années passées sur des motos, qui m'ont permis d'acquérir le bon feeling. »

« En MotoGP, il faut beaucoup bouger sur la moto, surtout en accélération pour gérer le wheelie, car ça permet de limiter l'intervention du système anti-wheelie, qui réduit la puissance. Au milieu du virage, ça dépend du réglage, parfois on appuie davantage sur le pneu avant, parfois davantage sur le pneu arrière. Si vous n'êtes pas concentré à 100 % sur le déplacement de votre poids, vous perdez beaucoup de temps. »

Quelques semaines plus tard, à Silverstone, Marc a commis ce qui est peut-être le deuxième pire péché de sa carrière. Lors du *warm-up* matinal, il a fait une violente chute à l'endroit même où Crutchlow était tombé quelques instants plus tôt. Les commissaires étaient encore en train de s'occuper de Crutchlow et de sa moto dans le bac à gravier et ont dû courir pour échapper à la RC213V de Marc, qui fonçait sur eux comme une bombe rebondissante.

La direction de course a attribué ses premiers points au jeune pilote grâce au nouveau système de pénalités de MotoGP, introduit à la suite des frasques de Marc en Moto2. Deux autres et il aurait dû prendre le départ de la course suivante en fond de grille.

La chute lors du *warm-up* lui a également valu une luxation de l'épaule gauche. Moins de quatre heures plus tard, bourré de comprimés et d'injections antidouleur, l'épaule solidement bandée, Márquez s'est lancé dans une course au coude à coude avec Lorenzo. Il a laissé le champion en titre faire le gros du travail, réservant ses attaques pour les derniers tours, alors que son épaule faiblissait. Il a pris la tête à trois tours de l'arrivée, mais Lorenzo l'a rapidement repris. Était-ce vraiment fini ?

Pas tout à fait. Marc a attaqué à trois virages de l'arrivée, sa RC213V dérapant latéralement alors qu'il volait la trajectoire de Lorenzo. Mais il n'avait pas la force nécessaire pour faire passer la moto de la gauche à la droite dans l'avant-dernier virage. Il a dévié de quelques centimètres et Lorenzo en a profité pour le dépasser et remporter la victoire avec huit centièmes de seconde d'avance.

Après coup, Marc s'est assuré que Lorenzo sache qu'il souffrait. Des jeux psychologiques, comme toujours.

« À la fin, c'était difficile parce que mon épaule n'était pas assez solide. »

Néanmoins, cette bataille reste l'un des meilleurs souvenirs de Lorenzo de leurs années passées ensemble.

« C'était une belle bataille », déclare Lorenzo. « Nous étions tous les deux très forts, à un niveau semblable, mais nous étions en quelque sorte opposés. Par exemple, surtout au début, Marc réalisait tous ses temps au tour au même endroit, en freinant extrêmement tard et en entrant dans le virage à très grande vitesse. Mais ensuite, il s'arrêtait complètement, sans vitesse dans les virages. Puis, il reprenait la moto et repartait. Je faisais plus ou moins le contraire. Je freinais assez tôt, puis je relâchais le frein et ouvrais les gaz très rapidement pour prendre de la vitesse dans le virage. Donc, dans la première partie du virage, nous étions complètement opposés. »

« Cette fois-ci, il a légèrement ouvert sa trajectoire et je me suis engouffré à l'intérieur. »

Les deux pilotes ont réitéré ce résultat à Misano, puis l'ont inversé en Aragón, où Marc a provoqué l'un des accidents les plus étranges de l'histoire du MotoGP.

Il luttait pour la victoire avec Lorenzo et Pedrosa lorsqu'il s'est trop rapproché de Pedrosa, la roue avant de sa RC213V effleurant le bras oscillant de la RC213V de son coéquipier. Une manœuvre effrayante mais sans conséquence, jusqu'à ce que Pedrosa accélère… Le contact avait endommagé un capteur de vitesse de roue, désactivant le système de contrôle de traction de la moto. Lorsque Pedrosa a accéléré, il a obtenu plus de couple que prévu, ce qui a fait déraper le pneu arrière et l'a éjecté de sa moto, mettant fin à ses espoirs de remporter le championnat.

Pas étonnant que l'ambiance après la course dans le garage Repsol Honda ait été explosive.

« Nous n'avons jamais eu de problèmes avec Marc et Dani, sauf en Aragón en 2013, où ça ne concernait pas seulement les pilotes, mais aussi les familles et tout le reste », se souvient le patron de l'équipe, Suppo. « J'ai parlé avec Dani et aussi avec Marc. Je lui ai dit : "Essaie d'être gentil avec Dani, je sais que tu ne l'as pas fait délibérément, mais bon…" »

« Il n'était qu'un enfant, et je m'en souviens comme si c'était hier : il m'a regardé et m'a dit : "Tu te rends compte que, si tu veux remporter le titre, tu dois compter sur moi ?" »

Suppo rit longuement et profondément. « C'est le requin qui parle. Tu sais, "D'accord, c'était une erreur, mais si tu veux remporter le titre, c'est moi qu'il te faut." »

La direction de course a sanctionné Márquez d'un autre point de pénalité (un de plus et il aurait été en difficulté) et a pénalisé Honda pour l'absence de mode de sécurité TC sur la RC213V.

« Je dois être prudent, car j'ai déjà commis beaucoup d'erreurs », a admis Marc.

Lorenzo a considéré cette sanction comme une mauvaise blague.

« De cette façon, les pilotes Moto2 et Moto3 pourront s'inspirer de son style de conduite et faire de même, ce qui nous permettra d'avoir un meilleur show, car la sécurité des pilotes n'aura plus autant d'importance », a-t-il déclaré à la veille de la prochaine course en Malaisie. « L'important, ce sont les spectateurs et leur plaisir à assister au spectacle. La manœuvre de Marc à Jerez était un spectacle formidable, voir les commissaires courir comme des poulets à Silverstone était un spectacle formidable, et quand il a dépassé Valentino à l'extérieur de la piste à Laguna, c'était un spectacle formidable. »

Dès lors, Lorenzo riposta par la même arme. Lors de la course de Sepang, il heurta Márquez à plusieurs reprises, mais le rookie finit par remporter leur duel pour la deuxième place derrière Pedrosa.

Márquez ne s'est pas plaint. « J'ai senti un léger contact, mais ce n'est pas grave, c'est la course. »

Il restait trois courses à disputer ; Phillip Island, Motegi, Valence, et Marc comptait 43 points d'avance sur Lorenzo au classement général. Le titre était à portée de main.

Ensuite, nouvelle controverse. Et cette fois-ci, ce n'était pas de sa faute. La nouvelle surface ultra-adhérente de Phillip Island a déchiré les pneus Bridgestone, obligeant la direction de course à prendre des mesures d'urgence. La course a été raccourcie, avec un changement obligatoire des pneus arrière, qui devait être effectué au cours des neuvième ou dixième tours sur les 19 prévus.

Incroyablement, l'équipe de Marc a raté ses signaux d'arrêt au stand, ce qui lui a fait manquer sa fenêtre d'arrêt et l'a disqualifié. Lorenzo était soudainement de retour dans la course.

Márquez semblait serein à ce sujet, selon Hervé Poncharal, propriétaire de l'équipe Tech 3, l'une des plus expérimentées du MotoGP.

« Je me souviens avoir vu Marc assis sur une caisse de fret, pendant que tout le monde rangeait, en train de manger des chips et de rire avec son équipe », raconte Poncharal. « Si Lorenzo, Pedrosa ou Rossi avaient été disqualifiés, ils auraient quitté la piste et auraient fait la gueule. »

L'avant-dernière course à Motegi a également été victime des circonstances. Le typhon Francisco a annulé la plupart des essais, si bien que Marc était encore en train de se familiariser avec le circuit lors du *warm-up* matinal lorsqu'il a fait une mauvaise chute à grande vitesse. Cette chute lui a fait mal, il a donc joué la carte de la sécurité pendant la course et a suivi Lorenzo jusqu'à l'arrivée. Il a tout de même pu faire la fête, car son frère Alex a remporté son premier Grand Prix, battant ses rivaux de Moto3 Miller, Brad Binder, Enea Bastianini, Álex Rins et Pecco Bagnaia.

Si Lorenzo remportait la dernière course à Valence, Marc allait devoir terminer au moins quatrième pour remporter le championnat.

La foule était au complet : les fans qui n'avaient pas acheté leurs billets à l'avance ont été refoulés aux portes.

Lorenzo savait qu'il pouvait remporter la course, mais il savait aussi que la victoire ne suffirait peut-être pas. Il a donc essayé de ralentir le rythme pour permettre à Rossi et aux autres de revenir dans la course, dans l'espoir de faire reculer Marc à la cinquième place, voire plus bas.

Une fois de plus, Lorenzo était en mode accrochages et bousculades, percutant Pedrosa à plusieurs reprises. Finalement, sa stratégie n'a pas fonctionné. Il a remporté la course, mais Marc a terminé troisième.

Márquez avait atteint le sommet de la moto, plus tôt que quiconque dans l'histoire.

Les médias voulaient tout savoir à ce sujet. Comment Marc avait-il réussi à garder les pieds sur terre ?

« J'ai tous mes proches à mes côtés : ma famille, mon équipe », a-t-il répondu. « Je leur ai déjà dit : « Si je commence à changer un peu, vous pouvez me dire : "Hé, Marc, tu n'es pas sur la bonne voie." À la maison, je dois encore faire mon lit et ranger ma chambre. Et je mets la table pour le dîner, tandis qu'Alex débarrasse la table. »

Le chef d'équipe Santi Hernández continue de penser que la saison 2013 est la plus réussie pour son pilote en MotoGP.

« Le meilleur moment a été de remporter le titre dès la première année, car ça a été très difficile. Mais il y a eu tellement d'autres moments formidables : remporter dix courses d'affilée en 2014, éviter toutes ces chutes, sa pole position à Brno en 2019, utiliser des pneus slicks alors qu'il pleuvait… Nous pourrions en parler jusqu'à demain. »

CHAPITRE 10

« TU DOIS PROFITER DE LEURS FAIBLESSES ; C'EST COMME ÇA QUE ÇA FONCTIONNE »

Les athlètes qui réussissent disent toujours la même chose : il est plus difficile de rester roi du château que de devenir roi du château.

C'était donc la mission de Marc pour 2014 : repousser tous les envahisseurs. Et c'est exactement ce qu'il a fait, sans faire de quartier, car il ne connaît pas d'autre façon de procéder.

Au cours de sa deuxième année dans la catégorie reine, il était plus fort et continuait à progresser, tant sur le plan technique que tactique. Et il a battu d'autres records. Il est devenu le premier pilote de l'histoire à prendre le départ de 13 courses en pole position au cours d'une même saison et le premier à remporter 13 victoires. Une performance extraordinaire.

Il a commencé par remporter les dix premières courses, laissant ses rivaux sonnés, comme des boxeurs battus titubant contre les cordes, clignant des yeux ensanglantés, se demandant ce qui leur arrivait. Comment un jeune de 22 ans pouvait-il faire ça à des poids lourds comme Valentino Rossi et Jorge Lorenzo ? Ça n'avait tout simplement aucun sens.

Même pour Marc, qui considère encore 2013 et 2014 comme ses années les plus spéciales en MotoGP.

« Quand on reçoit quelque chose d'inattendu, les souvenirs sont meilleurs », dit-il. « Ces deux premières années en MotoGP ont été super sympas, surtout parce qu'on discutait dans le garage, par exemple, mes gars me demandaient : "Quels pneus on choisit ?" Et je leur répondais : "Mettez ceux que vous voulez, je m'en occuperai." J'avais ce petit plus et c'était super sympa. »

Et tout ça malgré une fracture en spirale du tibia droit subie lors d'une course de *dirt track* quelques semaines avant l'ouverture du championnat au Qatar.

Concernant cet accident, il a rejeté les critiques. « Certains disent que je suis stupide de faire du *dirt track* pour m'entraîner, mais si vous voulez vous améliorer et être plus rapide, vous devez vous entraîner et prendre des risques. »

Les dix premiers week-ends de Grand Prix ont été fascinants : pole position et victoire à Losail, où il boitait encore, pole position et victoire au COTA, pole position et victoire sur le nouveau circuit argentin de Termas de Río Hondo, pole position et victoire à Jerez, pole position et victoire au Mans, où il a signé un nouveau contrat HRC pour 2015 et 2016, pole position et victoire au Mugello, première ligne et victoire en Catalogne, première ligne et victoire à Assen, pole position et victoire au Sachsenring et pole position et victoire à Indianapolis.

Au Mugello, il a livré l'un de ses duels les plus acharnés avec Lorenzo, leurs motos étant parfaitement équilibrées : la Honda avait un léger avantage en vitesse de pointe, tandis que la Yamaha était légèrement plus rapide dans les virages.

Les deux pilotes ont échangé leurs positions, se sont percutés et bousculés, ont rebondi sur les vibreurs et ont failli sortir de la piste. Leur refus total d'envisager ne serait-ce que de brandir le drapeau blanc a rappelé aux spectateurs plus âgés Wayne Rainey et Kevin Schwantz, au sommet de leur rivalité en MotoGP, 25 ans plus tôt.

Au cours du dernier tiers de la course, ils n'ont jamais été séparés de plus d'un dixième. Márquez a pris la tête pour la dernière fois au début du dernier tour, levant la roue avant dans le virage à 338 km/h où il avait chuté 12 mois plus tôt. Il a remporté la victoire de quelques mètres seulement, provoquant l'explosion de joie de son équipe sur le muret des stands.

Les fêtes organisées dans l'espace d'accueil de Repsol Honda semblaient ne jamais prendre fin, chacune se fondant dans la suivante.

« C'est triste que je ne me souvienne pas de certaines fêtes ; elles se mélangent toutes dans ma tête », confie le mécanicien Jordi Castellà. « Il y a eu beaucoup, beaucoup de grandes courses cette année-là. Comme à Austin, en Aragón et en Argentine, où il a totalement dominé la piste, roulant 1,5 ou 2 secondes plus vite que les autres. Ou encore au Sachsenring, où il réalisait des temps au tour incroyables et où personne ne comprenait comment il faisait pour rouler ainsi. »

La mannequin tchèque Markéta Rosická, sa grid girl officielle tout au long de l'année 2014, l'accompagnait.

Rosická n'était pas la seule mannequin avec laquelle Marc passait du temps. Sa renommée et son physique de leader de boys band lui permettaient de courir une semaine, puis de défiler la semaine suivante. La course automobile et la mode sont peut-être deux mondes opposés (l'un traite de faits, l'autre de fantasme), mais ça ne signifie pas que les faits et le fantasme ne peuvent pas s'amuser ensemble.

Il a pu jouer le rôle du petit ami de la mannequin Stella Maxwell lors d'un shooting pour Gas Jeans. Il a pu interpréter un scénario mettant en scène un jeune homme et une servante lors d'un shooting pour Pull&Bear. Et, bien sûr, il a posé pour Red Bull, avec Jaime Martinez, responsable du marketing motorsports de la marque de boissons, en arrière-plan. Martinez deviendra plus tard le manager de Marc, remplaçant Emilio Alzamora.

Et il avait réuni toute l'ancienne équipe dans son garage. Lorsque Marc a signé son premier contrat avec Honda en 2012, HRC ne lui a pas permis d'emmener toute son équipe Moto2, et certains d'entre eux ont donc dû trouver un emploi ailleurs. Castellà, par exemple, a passé l'année 2013 à travailler avec Alex en Moto3. Marc regrettait l'ambiance familiale dont il avait bénéficié en 2011 et 2012, il a donc fait part à Honda de son souhait de la retrouver. Et quand on remporte le titre MotoGP dès sa première tentative, on gagne beaucoup de choses, notamment du pouvoir et de l'influence, si bien que Castellà, Javi Ortiz et Gerold Buchner ont pu revenir à ses côtés.

Dix victoires consécutives, face aux pilotes les plus rapides du monde sur des motos MotoGP. Comment cela a-t-il été possible ?

« Marc est le seul à tirer 100 % du potentiel de sa moto », a expliqué Rossi.

Lorsqu'un pilote est à ce point plus rapide que tous les autres, il est également susceptible d'être très à l'aise pour piloter sa moto à la limite, ce qui explique pourquoi Márquez n'a pas connu un seul accident lors des six premiers Grands Prix.

Bien sûr, d'autres facteurs ont également joué. Il n'a jamais cessé d'apprendre pendant sa première saison, et Honda a amélioré la RC213V pour 2014, offrant à Marc et à son coéquipier Dani Pedrosa un peu plus de vitesse dans les virages et une meilleure stabilité au freinage.

Il ne faisait désormais plus aucun doute que la RC213V était une meilleure moto que la YZR-M1 de Yamaha, à condition de savoir la piloter comme il se doit : prendre le taureau par les cornes, accélérer à fond, freiner à fond, se pencher à fond et s'accrocher de toutes ses forces.

« La Honda est un peu spéciale, je pense que tout le monde le sait », a déclaré Marc. « C'est une moto qu'il faut pousser à fond pour être rapide. Si vous roulez de manière "confortable", vous ne pouvez pas réaliser de bons temps au tour. C'est une moto compliquée. Mais une fois que vous savez jusqu'où vous pouvez la pousser, vous pouvez en tirer le maximum. »

Ce qui était remarquable pour des millions de spectateurs, c'était sa capacité à remporter autant de courses de cette manière, toujours au bord du désastre, tirant le guidon à gauche et à droite, semblant se moquer des lois de la physique.

« J'utilise beaucoup le guidon dans les virages », explique-t-il. « J'aborde le virage, je tourne légèrement le guidon dans le sens opposé et je glisse un peu. Ça me vient naturellement, car j'ai beaucoup pratiqué le *dirt track.* »

Les rivaux de Marc observaient chacun de ses mouvements, essayant de déconstruire et de comprendre sa technique. Ils le faisaient lorsqu'ils roulaient (les rares occasions où ils pouvaient passer plus de quelques secondes avec lui) et en regardant des vidéos au ralenti, comme un public essayant de comprendre comment un magicien réalise son plus grand tour.

Cependant, déchiffrer cette magie n'était pas facile. Et même s'ils parvenaient à comprendre ce qu'il faisait, essayer d'imiter sa technique était tout autre chose, car ils patinaient déjà sur le bord de leurs pneus, essayant de ne pas finir à l'hôpital.

« C'est comme si Marc pilotait avec un guidon de motocross, et non comme un pilote de course sur route », a déclaré Pedrosa. « Son entrée en virage vient de la Moto2 : il incline la moto dans les virages. »

Tous les pilotes savent que le contre-braquage est la meilleure façon de prendre un virage à moto : il suffit de pousser légèrement le guidon vers la gauche pour tourner à gauche, et vice versa. Mais ce que faisait Marc allait bien au-delà. C'est ce qu'il faisait pendant ce processus, à savoir déraper et faire glisser le pneu avant, qui a vraiment époustouflé ses rivaux.

« Ce que j'aimerais vraiment savoir, c'est comment il arrive à freiner aussi fort tout en gardant le contrôle de sa moto », a déclaré Rossi à Assen. « L'année dernière, il était plus agressif, plus brutal au freinage, mais cette année, il est plus raffiné : il freine plus fort, mais met moins sa moto en difficulté. Il a beaucoup travaillé là-dessus : il a vraiment changé son style de freinage. »

« L'année dernière, il était difficile de comprendre les limites du pneu avant Bridgestone », a expliqué Márquez. « Mais cette saison, grâce au nouveau châssis et à notre nouvelle configuration, nous pouvons freiner plus tard et maintenir la pression sur le pneu dans la dernière partie du freinage, lorsque vous commencez à vous incliner dans le virage. Je suis donc plus fluide au freinage, ce qui facilite les choses. Le pneu avant bouge tout le temps, mais j'aime ça, car ce mouvement m'aide à sentir ses limites. »

« De plus, cette année, je suis plus fort physiquement, donc je suis mieux assis sur la moto, qui est plus stable sur les bosses, ce qui me donne plus de confiance. »

Marc trouvait étrange que son héros d'enfance essaie d'apprendre de lui.

« Parfois, Valentino me dit : "J'essaie de copier ton style de conduite." C'est étrange, car quand j'étais enfant, c'était mon héros. Je n'aurais jamais pensé pouvoir un jour l'affronter. »

Inévitablement, sa série de victoires a pris fin. Quatre mois après le Qatar, il a été battu à Brno, terminant quatrième, son premier résultat hors podium en plus d'un an, depuis Mugello 2013. Une autre statistique exceptionnelle. Le reste de l'année a été un peu plus chaotique : trois victoires et quatre chutes lors des huit dernières courses, sa concentration ayant peut-être diminué en raison de son énorme avance au classement.

À Misano, il s'est qualifié en première ligne pour la première fois en 2014 (en fait, pour la première fois depuis Barcelone l'année précédente, soit une série de 24 premières lignes consécutives), puis s'est battu pour la victoire avec le héros local Rossi. Lorsque Marc a dérapé, les spectateurs locaux ont explosé de joie. Un signe avant-coureur de ce qui allait suivre.

Deux jours plus tard, un événement s'est produit qui (selon Márquez) a marqué le début de leur aventure sur cette voie.

Rossi venait de construire son VR46 Motor Ranch, inspiré du ranch californien de Kenny Roberts, où tant de pilotes de MotoGP avaient appris à rouler en dérapage et à sentir l'adhérence sur de la terre meuble.

Le ranch du huit fois champion du monde est un complexe luxueux construit autour d'une ferme restaurée sur une colline à l'extérieur de sa ville natale de Tavullia, à 20 minutes en voiture de Misano. L'idée était de rester en forme en s'entraînant avec les pilotes de sa VR46 Riders Academy, qu'il avait créée pour aider à développer les talents italiens après la mort de Marco Simoncelli.

Après le week-end à Misano, Rossi a invité quelques pilotes à passer une journée à faire du motocross. Juste pour le plaisir. Oui, c'est ça, aucun pilote ne roule jamais juste pour le plaisir.

Ça a toujours été comme ça au ranch.

« Les batailles sont très, très acharnées ici, plus intenses qu'en MotoGP, car il n'y a pas de direction de course », a déclaré Franky Morbidelli, premier pilote de l'académie VR46.

Ces batailles étaient parfois si intenses qu'elles se poursuivaient dans les vestiaires.

« Parfois, c'est difficile après une course, difficile de gérer les relations entre les pilotes », a déclaré Rossi. « L'un dit à l'autre : "Ne refais plus ça... Je t'aurai la prochaine fois, putain." Des choses comme ça. Mais nous essayons toujours d'y aller *piano, piano* [doucement, doucement]. Ce n'est pas facile de trouver le bon équilibre, mais cette agressivité est aussi bonne pour l'entraînement et l'amélioration. »

Parmi le groupe figuraient Morbidelli et ses collègues pilotes VR46 Pecco Bagnaia, Nico Bulega, Luca Marini (demi-frère de Rossi), Andrea Migno et Mattia Pasini, ainsi que Leon Camier, Chaz Davies, Miguel Oliveira, Tito Rabat, Bradley Smith et la légende australienne du motocross et du supercross Chad Reed.

Au cours de la journée, Marc a battu à plusieurs reprises le record du tour du circuit du ranch.

« Quand nous sommes arrivés au ranch, Marc a poussé jusqu'à battre le record », se souvient Castellà. « Je crois qu'il a battu le record quatre fois de suite, jusqu'à gagner deux secondes. »

« À l'époque, Marc ne voulait pas seulement gagner, il voulait dominer totalement ; sur la piste, à l'entraînement, lors des essais. Il voulait toujours être le premier, le meilleur. Alors, ce jour-là, il a continué, toujours plus vite, toujours plus vite. Je pense que ça a posé quelques problèmes. »

Chad Reed était un bon ami des deux pilotes, il a donc remarqué que leur relation avait changé après cette journée, mais ça ne l'a pas surpris.

« Je pense que ça devait arriver tôt ou tard », explique Reed. « Et je comprends les raisons de ce changement, des deux côtés. »

« Avant ça, j'avais vu Marc assis en face de Valentino, le regardant avec des yeux de chien battu. Ce jour-là, j'ai vu un enfant se présenter et passer du temps avec son héros. »

« Le fait est que vous avez deux tueurs nés, qui fonctionnent de la même manière, donc ça devait forcément se terminer ainsi. »

« Mais je ne pense sincèrement pas que tout ça était dû à Marc et Valentino. Je pense que ce sont toujours les équipes environnantes, le cercle d'amis. Ces cercles sont conçus pour maintenir le train sur les rails et, à ce stade de la carrière de Valentino, les choses ralentissaient, donc je pense que le cercle de Valentino considérait qu'il abandonnait trop. »

Reed a été un coureur professionnel de haut niveau pendant de nombreuses années, il sait donc comment fonctionnent les pros.

« Que ce soit Valentino, que j'ai côtoyé, Marc, Michael Schumacher (sept fois champion de Formule 1) ou Mick Doohan, ils sont tous restés des enfants dans l'âme. Ils adorent la compétition, c'est tout. »

« Mes deux plus grands concurrents étaient James Stewart et Ricky Carmichael, et nous avons tous fait tout ce que nous pouvions les uns contre les autres. Chaque fois qu'ils laissaient apparaître leurs faiblesses, j'en profitais ; c'est comme ça que ça fonctionne. Il faut tuer quand on en a l'occasion. »

Et pourtant, Reed pense qu'un mythe s'est développé autour de cette journée.

« Marc est arrivé avec une camionnette, une moto et son équipe, vêtu de la combinaison en cuir qu'il avait portée ce dimanche-là, tout éraflée. Il a battu le record. Mais d'après ce que j'ai vu, je ne me souviens d'aucune dispute, à part les blagues habituelles. »

« Nous avons tous ri en voyant Marc arriver avec ses techniciens. Je me souviens qu'ils avaient sorti leur ordinateur et qu'ils tripotaient l'ECU, ce genre de choses, mais je respecte ça et j'aime aussi cet aspect-là. »

« Soyons honnêtes, aucun des circuits de *dirt track* en Espagne n'est comme celui de Valentino, donc je pense que Marc profitait du fait de rouler dans un endroit unique et cool, avec la meilleure moto possible. »

« Valentino avait une Yamaha, une KTM et une autre moto, toutes parfaitement réglées. Il passait de l'une à l'autre pour améliorer son temps au tour, car la Yamaha avait certains atouts et la KTM en avait d'autres. »

« Et quand on regardait toutes les pièces des motos de Valentino, comparées à celles des autres motos, on comprenait très vite à quel point Valentino était sérieux. J'avais une piste de karting dans mon jardin aux États-Unis. Mon kart était équipé d'un ECU, d'un pot d'échappement et de tout le matériel dernier cri, alors que tous les autres avaient des karts de série. Je comprends ! »

« Ils ont tous les deux battu le record du tour. En général, au ranch, ils préparent la piste pour garder les éléments meubles en surface, afin de la ralentir, mais, ce jour-là, elle était aussi lisse qu'une piste de MotoGP. Elle était devenue très dure, avec une rainure bleue tout autour. Quand la rainure bleue apparaît, c'est là que les pilotes de MotoGP se sentent vivants, c'est là qu'ils sont le plus à l'aise, alors que cette adhérence était un peu inhabituelle pour moi. »

« Valentino a été le premier à battre le record du tour, puis Marc. Ils ont fait un contre-la-montre, comme la super pole en Championnat du monde de Superbike. C'était un événement important, un pilote à la fois, nous tous qui regardions, applaudissions et riions. C'était un environnement très convivial, donc, quelle que soit l'histoire, elle a pris une autre dimension. »

« Je pense que Marc était le plus rapide lors des qualifications. Il était peut-être plus d'une demi-seconde plus rapide que les autres. »

Selon la version officielle, Márquez s'est présenté avec la Honda CRF450R dirt tracker ultra-performante, optimisée par HRC, qu'il utilisait lorsqu'il s'entraînait chez lui. Castellà réfute cette version des faits.

« La moto n'appartenait même pas à Marc », dit-il. « Avant de nous rendre à Misano, nous avions demandé à Honda une moto à utiliser au ranch, alors Honda Italie a demandé à Red Moto [le plus grand concessionnaire Honda tout-terrain d'Italie] de nous en prêter une. »

« Un de leurs employés a apporté la moto à Tavullia. On lui avait demandé de la surveiller, alors il est resté à côté toute la fin de semaine. Je pense que les gens pensaient qu'il était une sorte d'agent de sécurité, et donc que la moto avait quelque chose de spécial. Ce n'était pas le cas. C'était une moto de motocross CRF450R standard. Nous avions apporté toutes les pièces en plastique [pièces en plastique boulonnées, y compris le garde-boue, les panneaux latéraux, etc., aux couleurs de Marc] d'Espagne dans un sac Alpinestars et nous les avons installées sur la moto Red Moto à notre arrivée. »

« Nous avions également apporté notre propre suspension [spécifique aux *dirt tracks*] et nous avions des jantes spéciales pour les pneus de *flat track*, que Valentino avait offertes à Marc. Nous avions branché l'ordinateur, car il permettait de régler l'avance/le retard à l'allumage de la CRF, alors nous l'avons branché et réglé au maximum. »

Márquez est convaincu que c'est là que sa relation avec Rossi a commencé à se détériorer. Si tel est le cas, Rossi a peut-être pensé qu'un invité qui lui volait la vedette, c'était comme quelqu'un qui acceptait une invitation à une fête et volait la petite amie de l'hôte.

Quoi qu'il en soit, sa détermination à être numéro un ce jour-là n'a fait qu'ajouter à la tension entre les deux hommes, provoquée par Laguna 2013 et d'autres incidents mineurs.

« À partir de ce jour-là, je pense que quelque chose a changé, les choses se sont calmées », explique Marc dans le documentaire *All In*. « Peut-être était-il contrarié que j'aie battu son record sur circuit. »

Une tempête dans un verre d'eau, mais c'est comme ça que tourne le monde.

Après sa chute à Misano, Márquez a connu un nouvel accident en Aragón, où une tempête s'est abattue sur le circuit et où, pour une fois, il a pris le mauvais pari en optant pour des pneus slicks alors que la piste était détrempée.

« J'ai tout misé sur le rouge, mais c'est le noir qui est sorti. »

Pas de souci, deux semaines plus tard, il était sacré champion du Japon, avec trois courses d'avance. Honda l'adorait pour avoir remporté le titre à Motegi (ce qu'il a répété en 2016 et 2018), car ça donnait à la direction l'occasion de se réjouir de cette gloire par ricochet.

Marc n'avait encore que 21 ans, il n'avait remporté que deux titres MotoGP sur les six qu'il allait décrocher avec Honda, mais son audace et sa créativité étaient déjà très particulières, rappelant peut-être les grands artistes d'autres domaines, comme Jimi Hendrix jouant de la Fender Stratocaster avec ses dents, ou Mohamed Ali flottant comme un papillon et piquant comme une abeille.

La fois suivante, à Phillip Island, il avait quatre secondes d'avance sur le peloton et continuait à pousser à fond lorsqu'il a bloqué l'avant dans l'épingle du quatrième virage et est tombé à nouveau.

Pourquoi ? Pourquoi ne pas simplement se calmer et rouler tranquillement jusqu'au drapeau ?

« Parce que, lorsque vous avez déjà remporté le titre, c'est le moment d'essayer de nouvelles choses », a-t-il expliqué le dimanche suivant à Sepang après avoir remporté un autre beau duel avec Rossi. « Je voulais vraiment pousser à fond pour voir si je pouvais creuser un écart important. »

« On peut se permettre ce genre de choses quand on n'a pas de pression au niveau des points, mais j'ai appris que cette tactique ne fonctionnait pas, donc je ne la réutiliserai plus. C'est pourquoi, lors de cette course, je suis revenu à ma tactique habituelle : attendre les sept derniers tours, puis pousser à 100 %. »

Rossi, qui avait hérité de la victoire en Australie, a souri et déclaré : « J'ai nettement préféré la stratégie de Marc à Phillip Island. »

Le week-end de clôture de la saison à Valence n'aurait pas pu être plus différent de celui de l'année précédente.

Cette fois-ci, Márquez et Rossi ont repris là où ils s'étaient arrêtés à Sepang. Tous deux ont été spectaculaires : Rossi faisant jaillir des étincelles de ses sliders, Márquez effectuant de magnifiques dérapages. Jusqu'à ce qu'une averse vienne éteindre le feu de leur bataille. Le champion du monde a franchi le drapeau à damier en premier, avec trois secondes d'avance.

Rossi était désormais de retour à son meilleur niveau et attendait avec impatience 2015, sa 20e saison de Grand Prix.

« Tout a changé depuis dix ans », a-t-il déclaré aux médias à Valence. « La façon de piloter la moto est complètement différente et mes rivaux sont beaucoup plus forts que par le passé. Je suis également plus âgé, mais je me sens toujours à 100 % de mes capacités. »

« J'ai beaucoup travaillé sur tous les détails, en changeant ma façon de piloter la moto et ma façon de travailler dans le garage ; maintenant, je passe beaucoup de temps sur l'ordinateur. La saison prochaine, nous voulons nous battre pour le championnat. Nous sommes beaucoup plus proches de Honda qu'auparavant, nous devons donc continuer à travailler. Nous devons franchir une nouvelle étape, mais je vais certainement essayer. »

Les journalistes ont demandé au vétéran rusé s'il pourrait utiliser des jeux psychologiques dans sa quête d'un nouveau titre, comme il l'avait fait avec Max Biaggi, Sete Gibernau et d'autres.

« Tout dépend de vos performances sur la piste », a-t-il répondu. « Si vous pouvez mettre la pression sur l'autre pilote, vous pouvez peut-être faire quelque chose comme ça. Mais si vous n'avez pas les résultats, ça ne sert à rien. Marc a remporté 13 courses cette saison et j'en ai remporté deux. C'est une grande différence. »

La soirée du dimanche à Valence a été mémorable pour la famille Márquez : deux heures avant la course MotoGP, Alex a remporté le Championnat du monde Moto3. La finale a été palpitante, Alex terminant troisième, juste derrière le vainqueur Jack Miller, et remportant le titre avec deux points d'avance sur l'Australien.

Les frères étaient et sont toujours incroyablement proches. Ils ont vécu ensemble la majeure partie de leur vie, ils jouent ensemble, s'entraînent ensemble, partent en vacances ensemble et courent ensemble.

« Depuis notre enfance, nous avons toujours été ensemble : sur les circuits tout le week-end, chaque week-end, à faire du motocross, du *dirt track*, du *pocket bike* », explique Alex. « Marc est mon frère et mon meilleur ami. Nous avons plus ou moins les mêmes loisirs, il sait beaucoup de choses et m'a énormément aidé. »

« Nous ne sommes pas vraiment similaires. Je suis un peu plus calme, tandis que Marc déborde d'énergie. Il est toujours prêt à tout : "Allez, on y va, on fait ça !" C'est une bonne chose que nous ayons des caractères différents, c'est pourquoi nous avons une bonne relation. »

Alex est le yin du yang de Marc.

Après Valence, Marc avait encore une épreuve à disputer, le *Superprestigio*, une compétition de *dirt track* à Barcelone. À l'origine, les *Superprestigios* étaient des courses sur route organisées par le magazine espagnol Solo Moto à la fin de chaque saison de Grand Prix. Aujourd'hui, cette compétition a été relancée pour le *dirt track*, en grande partie grâce aux succès de Marc en MotoGP et à son enthousiasme pour cette discipline.

Le *Superprestigio* nouvelle formule s'est déroulé dans la salle omnisports Palau Sant Jordi, construite pour les Jeux olympiques de Barcelone en 1992. L'ovale était très court, seulement 200 mètres. Comme des ours qui se battent dans un placard à balais.

L'année précédente, Marc avait été battu par Brad « The Bullet » Baker, la sensation américaine du *dirt track*. Cette course était donc une revanche.

Les conférences de presse d'avant-course ne révèlent généralement pas grand-chose, mais le *Superprestigio* de 2014 a fait exception.

Dans les jours qui ont précédé l'événement, les médias espagnols ont largement relayé l'information selon laquelle Marc déménageait en Andorre afin de payer moins d'impôts sur ses revenus. Il ne serait pas le premier à le faire. La principauté enclavée est le Monaco du MotoGP, avec un nombre important de pilotes y résidant, car les taux d'imposition en Andorre sont bien inférieurs à ceux de la plupart des pays européens.

À cette époque, l'économie espagnole était en mauvaise posture, encore sous le choc de la crise financière mondiale de 2008, avec un taux de chômage élevé et des millions de personnes ayant du mal à joindre les deux bouts. Les informations concernant les transactions financières de Marc ont donc suscité un tollé.

Márquez n'avait jamais été confronté à une telle situation auparavant et, pour la première fois, le monde a pu entrevoir une faille dans son armure.

Lorsqu'un journaliste local a profité de la conférence de presse pour poser une question à Marc au sujet d'Andorre, celui-ci s'est effondré. Il a commencé à répondre, puis a baissé la tête et s'est mis à sangloter. La salle est restée silencieuse jusqu'à ce qu'il recommence à parler.

Le journaliste Matthew Miles, qui travaillait pour le magazine américain *Cycle World*, était dans le public.

« Marc parlait en espagnol, donc je ne comprenais pas ce qu'il disait, mais l'émotion était palpable et tout le monde était tellement silencieux qu'on aurait pu entendre une mouche voler », se souvient Miles. « Quand on y pense, il venait de terminer ses deux premières saisons en MotoGP, alors on peut imaginer la pression qu'il subissait, et il n'avait que 22 ans. Et puis il y a eu l'affaire d'Andorre, qui a été la goutte d'eau qui a fait déborder le vase. »

Plus tôt cette année-là, Miles avait fait la connaissance de Márquez lors du week-end MotoGP d'Indianapolis. La ville abrite l'un des plus grands ovales de *dirt track* au monde, l'Indy Mile, où Kenny Roberts, Wayne Rainey et d'autres jeunes américains avaient fait la course avant de traverser l'Atlantique pour battre l'Europe à plate couture.

Les organisateurs de l'Indy Mile avaient nommé Marc Grand Marshal pour l'événement du samedi soir. Miles était chargé de le conduire au site et de le ramener.

« J'ai découvert une facette de Marc que je ne connaissais pas », raconte Miles. « Les gens le voient comme une sorte de machine de course, mais sur le chemin du retour, il était penché à la fenêtre de la voiture, il riait, saluait les gens et leur criait bonjour. Loin de la pression de la piste, c'était un homme différent. »

Márquez soutient que les médias ont totalement mal interprété l'affaire d'Andorre.

« Il est difficile pour un jeune de 21 ou 22 ans d'absorber toute cette pression, car on est encore adolescent, en réalité », explique-t-il. « Ce que les gens ne savaient pas, c'est que depuis que j'avais obtenu mon permis de conduire, je passais une partie de l'hiver en Andorre, dans un appartement d'un petit hôtel. L'Andorre n'est qu'à une heure de Cervera, donc j'y passais quelques jours, puis je rentrais chez moi, puis je retournais en Andorre. »

« J'ai ensuite acheté une maison en Andorre, comme résidence secondaire. Je me suis dit : "Bon, je vais acheter une maison et passer plus de temps là-bas pour voir comment ça se passe, puis je déciderai peut-être [d'y vivre] à l'avenir." J'y suis resté plus longtemps et j'ai vu que ça changeait trop mon mode de vie et mon mode d'entraînement, alors j'ai décidé de rester à Cervera. Mais quand j'ai acheté la maison, les gens ont déjà commencé à dire que j'y vivais. »

Le plateau du *Superprestigio* de 2014 était impressionnant : Marc, les professionnels américains du *dirt track* Baker et Jared Mees, Alex Márquez, Tito Rabat, Julian Simon, le champion Moto2 de 2010 Toni Elias, le triple champion du monde de Superbike Troy Bayliss, la star du TT de l'île de Man et de la télévision Guy Martin, ainsi que de nombreuses autres stars du *dirt track*.

Baker a été éliminé après avoir chuté lors des qualifications, laissant place à un duel entre Marc et Mees lors de la finale. Marc l'a emporté d'un cheveu, au guidon de sa CRF450R.

« Je savais que Marc allait être coriace », a déclaré Mees, champion américain du Grand National en 2012, 2014 et 2015. « Ce gars sait piloter une moto. Actuellement, c'est le meilleur au monde. »

Un beau compliment de la part d'un professionnel du *dirt track* à plein temps.

La semaine suivante, Marc a ouvert sa propre boutique, son musée, son fan-club et son siège social à Cervera, tout en lançant son slogan ; « I AM 93 ».

Peut-être que tout ça devenait un peu trop ?

« Je ne sors pas beaucoup », a-t-il déclaré lorsque les journalistes l'ont interrogé sur la pression liée à la célébrité. « Si je sors, j'essaie de le faire avec quelques amis et de rester au milieu. Je suis assez petit, donc c'est mieux si je suis entouré de personnes plus grandes que moi. »

CHAPITRE 11

« CE SONT TOUS DEUX DES CANNIBALES »

De nombreux fans de MotoGP pensent qu'il n'y a jamais eu de rivalité comparable à celle qui a opposé Marc Márquez et Valentino Rossi pendant et après la saison 2015. Ils ont tort.

À la fin des années 1960, Yamaha a engagé deux des pilotes les plus rapides au monde afin de remporter les championnats du monde intermédiaires et juniors (pour les motos 250 cm^3 et 125 cm^3), qui avaient à l'époque beaucoup plus d'importance pour les fans et l'industrie qu'aujourd'hui.

À l'aube de la saison 1968, Yamaha savait qu'elle remporterait facilement les deux championnats, car ses seuls véritables rivaux, Honda et Suzuki, s'étaient retirés des Grands Prix fin 1967. Les consignes d'écurie avaient donc été données avant le début de la saison. Même si c'était strictement contraire aux règles.

Voici ce qui avait été convenu : Ivy remporterait le titre 250, Read le titre 125. Les deux pilotes ont joué le jeu, jusqu'à ce que Read remporte le titre 125 lors de la sixième course sur neuf. Il a alors trahi son coéquipier.

« Alors que nous nous alignions pour la course 250, j'ai dit à Bill : "Bon, si tu penses pouvoir me battre quand on roule selon les règles, eh bien, tu vas devoir me battre" », se souvient Read. Bill a répondu : « Putain, Phil. » Nous avons donc couru, j'ai gagné et il a terminé deuxième. »

La querelle a tourné à la farce lors de la finale à Monza, où Read a remporté la course et décroché le titre. Ivy a déposé une réclamation, affirmant que les plaques d'immatriculation de Read n'étaient pas conformes au règlement. Si l'appel d'Ivy avait abouti, Read avait l'intention de protester en affirmant qu'Ivy était en dessous du poids minimum de 60 kg imposé par la FIM pour les pilotes.

Ivy était tellement bouleversé qu'il a abandonné la moto pour se lancer dans la course automobile, où il a immédiatement fait forte impression.

« Bill avait plus de talent naturel que tous ceux que j'ai vus arriver dans le monde de la course automobile », a déclaré Jackie Stewart, triple champion de Formule 1.

Cependant, Ivy avait besoin d'argent pour financer sa carrière dans le sport automobile, il a donc signé avec la marque de motos tchèque Jawa pour piloter sa 350 cm^3 à deux temps, rapide mais fragile, alternant sa saison entre les voitures et les motos.

Lors des essais du Grand Prix d'Allemagne de l'Est de 1969 au Sachsenring, la Jawa a calé, projetant Ivy au sol et le tuant sur le coup.

Des décennies plus tard, Read a demandé à son ancien mécanicien Ferry Brouwer de le conduire à l'endroit exact où Ivy avait perdu la vie, près de l'actuel circuit MotoGP du Sachsenring.

« Quand nous sommes arrivés là-bas, Phil a pleuré à chaudes larmes », se souvient Brouwer.

Il existe des similitudes et des différences entre Read/Ivy et Márquez/Rossi. Les Britanniques étaient coéquipiers, contrairement à l'Espagnol et à l'Italien. Read et Ivy avaient des personnalités très différentes : Read était un loup solitaire au caractère bien trempé, tandis qu'Ivy était un rockeur décontracté et bon vivant. Márquez et Rossi avaient quant à eux des personnalités très similaires : tous deux étaient des assassins, souriant devant les caméras tout en complotant la destruction de leurs ennemis.

Il est intéressant de noter que Read, Márquez et Rossi ont autre chose en commun. Ils sont les seuls membres du club le plus exclusif de la course moto, les seuls pilotes à avoir remporté les trois plus grands championnats du monde de ce sport : 125 cm^3/Moto3, 250 cm^3/Moto2 et 500 cm^3/MotoGP. Une coïncidence ? Peut-être, mais pour gravir cette montagne particulière, il faut être un pilote très spécial.

Les rivalités acharnées ont toujours fait partie intégrante des courses de motos. Ce sport est extrêmement dangereux, ce qui fait monter les émotions et gonfler les egos.

Il y a bien sûr eu d'autres grandes rivalités. Une inimitié féroce a opposé Read et Giacomo Agostini lorsqu'ils étaient coéquipiers chez MV Agusta dans les années 1970, à tel point qu'Ago a quitté MV pour Yamaha. Eddie Lawson, quadruple champion du monde de MotoGP dans les années 1980, s'est brouillé avec Wayne Gardner, Kevin Schwantz et Wayne Rainey, car c'est ainsi que certains pilotes fonctionnent. La colère est une source d'énergie.

Schwantz était également en guerre contre son compatriote américain John Kocinski. Il était tellement déterminé à déstabiliser ce rival particulier qu'il offrait 10 000 dollars à quiconque coucherait avec la petite amie de Kocinski.

Max Biaggi, quadruple champion du monde en 250 cm^3, avait le don de se faire détester par ses rivaux. Il y eut d'abord Mick Doohan, quintuple champion du monde de MotoGP dans les années 1990, puis Rossi.

La longue querelle entre Rossi et Biaggi a fait les gros titres pendant des années et a atteint son paroxysme lors du Grand Prix de Catalogne en 2001, où les deux pilotes en vinrent aux mains dans l'antichambre du podium.

Ensuite, Rossi s'est brouillé avec Casey Stoner, double champion du monde de MotoGP, et les deux hommes ont échangé des insultes dans les médias. Très vite, Rossi s'est retrouvé à lutter sur deux fronts, contre Stoner et Jorge Lorenzo.

Enfin, il y a eu Rossi contre Márquez.

La légende du supercross Chad Reed n'est pas le seul pilote professionnel à penser que ce choc des titans (ce choc des egos) était inévitable.

« Je pense que Valentino est l'un des meilleurs pilotes de tous les temps, voire le meilleur », déclare l'ancienne star du MotoGP, Cal Crutchlow. « Et je pense que Marc est l'un des meilleurs, voire le meilleur de tous les temps. Le problème venait du choc de personnalités, tant sur la piste qu'en dehors, car ils sont tous les deux identiques. C'est tout ce qu'il y a à dire. »

Lorsque la saison 2015 de MotoGP a démarré au Qatar, rien ne laissait présager la tempête qui allait éclater. Rossi était alors en pleine renaissance, fort de ses saisons 2013/2014, et remportait la première course de la saison, où il partageait le podium avec les pilotes Ducati Andrea Dovizioso et Andrea Iannone, premier signe tangible de la renaissance de la marque de Bologne.

Yamaha avait apporté diverses améliorations subtiles à sa YZR-M1 pour 2015, notamment une boîte de vitesses à changement de vitesse totalement fluide, cinq ans seulement après que Honda a équipé la RC213V de cette technologie. Auparavant, les pilotes Yamaha ne disposaient que d'un changement de vitesse fluide, ce qui rendait la moto plus stable en sortie de virage, mais ils manquaient de stabilité au freinage, domaine dans lequel Honda dominait.

La nouvelle boîte de vitesses a tout changé : Rossi a pu rivaliser avec Márquez au freinage pour la première fois depuis des années.

Il ne fait aucun doute qu'il était assez rapide pour remporter le titre, pour la première fois depuis 2009.

Márquez était introuvable dans la nuit désertique : cinquième au drapeau à damier, à sept secondes du vainqueur. Il avait passé toute la course à se battre pour remonter après un premier virage désastreux.

« Je suis sorti large sur la partie sale de la piste et j'ai un peu perdu l'avant », a-t-il déclaré. « Quand je suis revenu, j'étais en dernière position. »

Puis le COTA, où il a réalisé sans doute le meilleur tour de sa vie ; Márquez à son apogée.

Dans les dernières minutes des qualifications, alors qu'il s'apprêtait à entamer l'un de ses derniers tours, le tableau de bord de sa RC213V lui a signalé un problème moteur. Il a freiné brusquement et arrêté la moto au bout du muret des stands.

À ce stade, beaucoup de pilotes auraient abandonné. Il ne restait que trois minutes de qualifications, il était à 100 mètres de son stand et il devait se dépêcher de monter sur sa deuxième moto et terminer son tour de sortie s'il voulait faire un autre tour rapide.

Márquez n'a pas hésité un seul instant. Il a sauté par-dessus le muret des stands et a sprinté vers son garage. Sa deuxième moto n'était pas prête et avait besoin d'un pneu avant différent. Lorsqu'il est sorti de la voie des stands, il avait à peine le temps de terminer son tour de sortie avant le drapeau à damier.

À ce stade, n'importe quel pilote normal aurait été plongé dans un état de panique totale : cœur battant à tout rompre, tête prise de panique. L'état de grâce nécessaire pour prendre calmement d'énormes risques et s'en sortir aurait disparu. Márquez, cependant, a un cœur, une âme et des nerfs différents de ceux des autres.

Il a terminé son tour de sortie avec quelques secondes d'avance, et c'est là que les choses sont devenues intéressantes.

Dans la section en zigzag du COTA, entre les virages deux et neuf, sa RCV semblait particulièrement rageuse, le régime moteur montant et descendant alors qu'il passait d'un bord à l'autre des pneus.

Il a pris le neuvième virage à une telle vitesse qu'il a failli avoir un accident, mais il s'en est sorti. Cependant, il avait pris tellement de vitesse dans le virage qu'il est sorti large et est monté sur le vibreur extérieur dans le virage le plus effrayant et le plus excitant du COTA, le dixième virage, à passer en quatrième vitesse. Toujours sur le vibreur et appuyant trop fort sur l'accélérateur, son pneu arrière a commencé à rebondir et l'a presque éjecté de son siège. Aucune inquiétude, il était complètement concentré, il a donc rattrapé le dérapage avant même qu'il ne se produise.

En descendant la colline vers l'épingle du onzième virage, l'arrière a violemment bondi vers la droite. Márquez a posé son pied gauche, sa botte effleurant la route comme un motocycliste, l'arrière tremblant dans tous les sens tandis que la moto pivotait autour de sa tête de fourche.

Ça ne l'a pas découragé un seul instant, et il a tiré le guidon vers la droite pour lancer sa RC213V dans l'épingle à gauche. La moto était encore tellement instable qu'il allait sûrement sortir large et perdre tout le tour, mais il a réussi à prendre le virage et s'est élancé sur la longue ligne droite arrière du COTA.

Ces deux frayeurs aux dixième et onzième virages auraient dû avoir un impact sur son temps au tour. Mais non, à la fin du deuxième secteur, ce tour était déjà un dixième plus rapide que tous les autres.

À 340 km/h, il a freiné pour prendre le douzième virage, en épingle à cheveux. Une fois de plus, le pneu arrière flottait dans les airs, essayant de dépasser l'avant, tandis qu'il glissait son pied gauche sur l'asphalte, la moto refusant à nouveau de se stabiliser. L'arrière était toujours en l'air et il n'avait pas le temps d'attendre qu'il se stabilise, alors il a simplement continué et s'est engouffré dans le virage en épingle à cheveux à gauche. Une fois de plus, ce qui allait se passer ensuite semblait évident : il allait déraper d'un mètre et gâcher tout son tour.

Mais il a encore une fois réussi à prendre le virage à la perfection. Dans le triple virage à droite des seizième, dix-septième et dix-huitième virages, il a utilisé des angles d'inclinaison qui auraient laissé les professeurs de physique perplexes. Son quatrième et dernier secteur était presque deux dixièmes plus rapide que celui de Dovizioso, et son tour complet plus de trois dixièmes plus rapide.

Dovizioso était juste derrière, observant avec admiration. « J'ai essayé de le suivre pour apprendre la trajectoire, voir les détails et découvrir quelques secrets, mais il a commis tellement d'erreurs... et il a quand même réussi son temps au tour ! »

C'était un autre de ses *come-backs* impossibles, comme à Estoril en 2010 et à Motegi en 2012, mais il y avait une différence. Il avait tout risqué dans ces courses pour remporter 25 points. Au COTA, il ne luttait que pour une place sur la grille de départ.

« Oui, j'étais déjà là [avec une position suffisante sur la grille] », dit-il en souriant. « Pourquoi ai-je tenté ça ? Parce qu'à cette époque, j'essayais de mener chaque session et de gagner chaque course. J'avais 22 ans, donc je prenais des risques. Je prenais des risques et je me donnais à 100 % ».

Doohan avait fait de même, faisant tout ce qui était en son pouvoir pour mener chaque session et remporter chaque course, afin que ses rivaux se réveillent le dimanche matin déjà vaincus. L'Australien utilisait sa vitesse comme une arme psychologique dévastatrice.

Marc affirme qu'à l'époque, ce n'était pas son approche.

« Je ne pensais pas à attaquer les autres dans leur esprit. C'était juste mon instinct. Comme quand j'étais enfant, que je jouais à un jeu de société stupide avec mon grand-père et que si je ne gagnais pas, je pleurais. C'est donc instinctif. »

Márquez insiste sur le fait qu'il est différent aujourd'hui.

« Maintenant, je n'ai plus besoin de gagner chaque session, je ne suis plus comme avant, j'ai changé », dit-il. « Comme à Assen [en 2025, où il a fait deux grosses chutes le vendredi], je ne me sentais pas bien le samedi, donc je ne voulais pas me battre pour la pole position. »

Le jour de la course au COTA, il était déchaîné, comme toujours, remportant facilement la victoire devant Dovizioso et Rossi, qui menaient le championnat. Puis, direction l'Argentine. C'était la deuxième visite du paddock à Termas de Río Hondo, dans l'extrême nord du pays, à 1 100 km de la capitale Buenos Aires. Le circuit au bord du lac, magnifiquement aménagé, est si isolé qu'il est rarement utilisé, ce qui rend sa surface difficile à appréhender.

Marc et Rossi ont opté pour des stratégies de pneus différentes. Marc a choisi un pneu arrière plus tendre, tandis que Rossi a préféré un pneu arrière plus dur. Marc savait donc qu'il devait prendre un avantage décisif dès le début de la course, puis gérer son pneu arrière à mesure que le caoutchouc plus tendre se dégradait.

Rossi a joué la carte de la patience, sachant qu'il serait plus rapide à la fin.

Márquez s'est échappé à toute vitesse. À mi-parcours, il n'était plus qu'un point à l'horizon, avec 4,5 secondes d'avance sur le peloton, mené par Rossi, qui était remonté depuis la huitième place.

Márquez ne pouvait sûrement pas perdre un tel avantage ? Même Rossi le pensait. « Mais je devais essayer », a-t-il déclaré plus tard. « Je me suis concentré uniquement sur ma vitesse. Je devais le rattraper ou lui faire peur. »

Petit à petit, Marc s'est imposé dans le viseur de Rossi. Dans le deuxième virage de l'avant-dernier tour, le vétéran a bondi, mais, comme toujours, Márquez a immédiatement contre-attaqué. Trois virages plus tard, Rossi était de nouveau en tête, freinant dans l'épingle à cheveux à la fin de la ligne droite principale. Une fois de plus, Márquez a contre-attaqué, désespéré de conserver sa victoire. Il s'est glissé à l'intérieur du virage à droite, les motos se touchant.

« Je me suis dit : "Putain, t'es agressif !" », a déclaré Rossi. « Puis, j'ai accéléré, et sincèrement, je ne sais pas ce qu'il s'est passé ensuite. »

L'épingle à droite est suivie d'un long virage à gauche, où les pilotes roulent souvent en dérapage, torturant leurs pneus arrière jusqu'à ce que le caoutchouc fume et brûle. Il était important d'avoir la ligne la plus rapide dans ce virage.

Rossi a mieux négocié la sortie de l'épingle, il a donc pris la tête dans le virage à gauche, se déplaçant vers la droite pour trouver la meilleure trajectoire. Márquez était juste derrière, visant également l'intérieur, très proche comme toujours, ne laissant jamais un pouce de terrain. En fait, il était trop proche. Sa roue avant a heurté l'arrière de Rossi et il est tombé.

« Pour moi, Marc a commis une erreur, car c'est un pilote qui mise toujours tout ou rien. Quand je l'ai dépassé la première fois, il m'a touché, puis une autre fois lors de l'accélération. C'est dommage. »

Comme d'habitude, Márquez ne s'est pas plaint, du moins pas en public. « Je savais que j'avais un tour et demi pour défendre ma position », a-t-il déclaré. « C'est le genre de choses qui arrive pendant les courses. »

« Pour Marc, la course, c'est la course : il faut juste défendre sa position jusqu'à la fin », explique son ancien mécanicien Jordi Castellà. « Pour lui, les contacts sont normaux et font partie du jeu. Marc me dit toujours : "Pour moi, ce n'est pas un problème : un pilote peut me heurter, car il est difficile de gérer ces freins et ces motos lourdes. Nous ne sommes pas des machines, nous pouvons faire des erreurs." »

Alors que Marc retournait au garage Repsol Honda à Termas, Rossi exultait après sa deuxième victoire de l'année et son avance croissante au championnat. Sur le podium, il portait un maillot de football argentin numéro 10, comme celui porté par la légende locale Diego Maradona.

Rossi ne cherchait pas seulement à séduire le public. Lui et Maradona s'admiraient mutuellement, le footballeur ayant rendu visite au pilote de moto lors du Grand Prix de Misano en 2008, où il avait embrassé la main de Rossi sur la grille de départ. Deux des plus grandes icônes de l'histoire du sport.

Lorenzo pense que Rossi a commis une erreur après la course de Termas.

« À partir de ce moment-là, leur relation a changé, car Marc pensait que Valentino l'avait fait chuter », explique Lorenzo. « Valentino n'est pas allé voir Marc pour lui demander comment il allait après sa chute, ou pour s'excuser, ou pour quoi que ce soit d'autre. Il a presque fait le contraire, avec son t-shirt Maradona et en affichant très clairement sa joie, ce qui n'était pas agréable à voir pour Marc. »

La première collision entre Márquez et Rossi en 2015 a été jugée comme un incident de course normal (deux pilotes se disputant la même portion de piste), mais, inévitablement, chacun estimait avoir raison et que l'autre avait tort.

« À mon avis, Valentino et Marc étaient… Je ne sais pas s'ils étaient réellement amis, mais l'image qu'ils donnaient aux gens était qu'ils s'entendaient bien, qu'ils riaient ensemble, etc. », se souvient Lorenzo. « C'était comme si Valentino avait accepté que Marc soit son successeur. Il avait déjà 36 ans et Marc en avait 22, et tôt ou tard, la retraite arriverait. De plus, Marc l'appréciait. »

« Lorsque Valentino est revenu chez Yamaha en 2013, il a eu du mal à être compétitif, puis en 2014, il s'est un peu amélioré, puis est arrivée l'année 2015. Marc a connu des difficultés avec la Honda 2015 et a chuté à plusieurs reprises, il a donc terminé troisième du championnat et Valentino était en tête. »

« Je pense qu'à ce moment-là, Valentino a ouvert les yeux et a vu la possibilité de remporter à nouveau le championnat, alors il est redevenu un tueur, le tueur qui dormait depuis trois ou quatre ans. »

« Au début de la saison, tout semblait normal », ajoute Castellà. « Puis, en Argentine, Valentino était devant Marc, mais il a levé sa moto plus tôt que d'habitude et a touché Marc. C'est là que tout a commencé. Marc est revenu au garage et a dit : "Il m'a fait chuter." » Rossi a mené le championnat en Europe pour la première fois depuis 2010, devant Dovizioso et Iannone, puis Lorenzo et Márquez.

Bien sûr, lorsque le paddock est arrivé à Jerez, les médias ont voulu raviver la rivalité entre Marc et Rossi, mais les deux pilotes ont refusé de jouer le jeu, Márquez restant fidèle à son attitude habituelle.

« Ces batailles dans les derniers tours sont peut-être ce qu'il y a de plus beau dans le motocyclisme », a-t-il déclaré.

Rossi a ajouté : « Je vais faire moins de bisous à Marc à partir de maintenant. »

Lorenzo avait connu un début de saison cauchemardesque, sans aucun podium lors des trois premières courses. Il était métamorphosé à Jerez, où il a ressorti son vieux tour de passe-passe pour battre Marc de plus de cinq secondes. L'ancien roi du MotoGP a réitéré cette performance au Mans, au Mugello et en Catalogne, se replaçant ainsi dans la course au titre, à seulement un point derrière Rossi.

En effet, chacune des sept victoires de Lorenzo en 2015 a été totalement dominante : il a mené les 178 tours de ces courses et n'a jamais été dépassé. Une fois en tête, personne ne pouvait le dépasser, car il avait perfectionné la combinaison de la

Paraissant petit par rapport à la Honda RS125, équipée d'un réservoir de carburant raccourci, d'un guidon et de repose-pieds spéciaux, Marc, âgé de 12 ans, est en passe de remporter le titre catalan 125 cm³ de 2005. À cette époque, il faisait la taille d'un enfant de neuf ans. (Josep Loaso/HRC)

Marc et ses coéquipiers de l'écurie RACC Impala 2005, Pol Espargaró et Tete Martinez, regardent une course dans le garage de l'écurie. Marc et Pol se sont affrontés en 125, Moto2 et MotoGP. « Avec le recul, j'ai vraiment apprécié cette expérience », déclare Pol. (Josep Loaso/HRC)

« Bon sang, ils vont se planter ! » Laguna Seca, juillet 2013. Marc reproduit la manœuvre emblématique que Rossi avait exécutée sur Stoner cinq ans plus tôt. « Il est encore plus salaud que je ne le pensais », a déclaré Rossi en riant. Ça a dû faire mal. (Getty Images via AFP)

Valence, novembre 2014. « Lorsque l'on reçoit une chose à laquelle on ne s'attendait pas, les souvenirs sont encore meilleurs. Ces deux premières années en MotoGP étaient géniales, j'avais ce supplément, donc c'était génial. » (Gold and Goose/Red Bull)

Avant que les choses ne tournent mal. Lorenzo et Rossi couronnent Marc à l'occasion de son deuxième titre MotoGP, à Motegi, en septembre 2014. Marc a commencé sa deuxième saison dans la catégorie reine avec dix victoires consécutives en Grand Prix. (Gold and Goose/Red Bull)

Marc et son équipe Repsol Honda célèbrent sa dixième victoire consécutive au Sachsenring, circuit antihoraire, en juillet 2019. Depuis la catégorie 125 cm³ en 2010, jusqu'à la Moto2 en 2011 et 2012, puis la MotoGP. Et enfin, sa première victoire après sa blessure en 2021.
(Cormac Ryan-Meenan/HRC)

Sepang, 2015. Rossi est entré en collision avec Marc, le faisant chuter.
(GIGI SOLDANO / DPPI Media / DPPI via AFP)

Superprestigio, Barcelone, décembre 2014. Marc fonce vers la victoire au guidon de sa CRF450R. « Quand je suis arrivé et que j'ai vu Marc à l'entraînement, je me suis dit : "Ouah, ce type est vraiment doué." », a déclaré Jared Mees, champion américain de dirt track. (Honda Racing Corporation)

Assen, 2018, une course épique. Márquez, Dovizioso, Viñales, Rossi, Zarco, Crutchlow et (à leur poursuite) Iannone. « C'était une course folle, comme une grande meute de loups se battant les uns contre les autres, c'était incroyable », a déclaré Marc, qui a pris la tête dans les derniers tours pour remporter la victoire avec deux secondes d'avance. (Michelin)

Red Bull Ring, 2019. Dovizioso inflige une nouvelle défaite à Marc dans le dernier virage grâce à une stratégie d'***undercut***. Remarquez la protection du disque de frein de Marc qui vole au-dessus d'eux. Si la protection ne s'était pas brisée après avoir heurté le bras oscillant de la Ducati, Marc aurait très probablement chuté. (Ducati Corse)

« Quelle infamie, ils m'en veulent. » Grand Prix du Portugal, mars 2023. Marc bloque son pneu avant, perd le contrôle et percute Oliveira et Martin. Pendant ce temps, Bagnaia file vers la victoire, sans se douter de rien. (Gold and Goose / Icon Sport)

Apporter un couteau dans une bagarre aux pistolets ; Marc affronte la Ducati de Miller et l'Aprilia d'Espargaró à Jerez, en mai 2022. En utilisant ses genoux et ses coudes comme stabilisateurs, il évite la chute et termine quatrième. (Cormac Ryan-Meenan/HRC)

Voyage imprévu sur la lune, Buriram, 2019. Il a volé si haut que Pol Espargaró a pensé pouvoir passer sous lui pour amortir sa chute. Après deux jours et un séjour à l'hôpital, Marc a remporté son sixième titre MotoGP. (Cormac Ryan-Meenan/HRC)

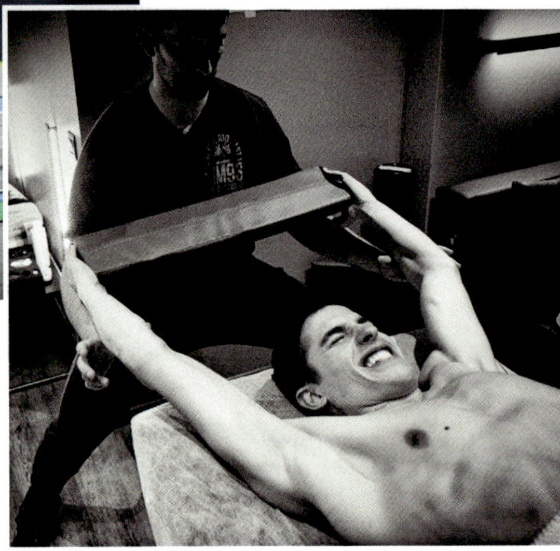

Marc a vécu dans un tunnel sombre de juillet 2020 à novembre 2023. Son kiné Carlos J. Garcia l'a aidé à retrouver la forme. Ils travaillaient souvent ensemble cinq ou six heures par jour. (Mauro Talamonti/HRC)

Première course MotoGP de Marc sans Honda, au Qatar, en mars 2024. La Ducati exigeait un changement radical dans la technique de pilotage, passant d'une vitesse générée par le pneu avant à une vitesse générée par le pneu arrière. (Gold and Goose/Red Bull)

Frères d'armes ; Marc et Alex célèbrent leur premier podium ensemble avec Gresini Racing, Sachsenring, juillet 2024. Leur père, Juliá (avec le t-shirt gris), se tient derrière l'épaule droite de Marc. (Gold and Goose/Red Bull)

Buriram, mars 2025. Marc remporte le premier sprint et la première course de la nouvelle saison, prenant ainsi la tête du championnat pour la première fois depuis plus de quatre ans. Le sourire de Gigi Dall'Igna (à gauche de Marc) est rapidement devenu permanent. (Ducati Corse)

Comme une balle tirée d'un pistolet ; Marc poursuit Bezzecchi et Bagnaia, tandis qu'Alex, Pedro Acosta et les autres le talonnent, Red Bull, 2025. Il les a tous battus une fois de plus, remportant ainsi sa sixième victoire consécutive en Grand Prix. (Jörg Mitter/Red Bull)

Marc et sa petite amie, Gemma Pinto, lors d'une visite du circuit, en préparation du Grand Prix du Qatar en 2025 à Losail. Marc a décroché la pole position et a remporté le sprint et la course principale. (Gold and Goose / Icon Sport)

Yamaha YZR-M1, des pneus slicks avant Bridgestone et de sa technique de pilotage, créant ainsi une vitesse imbattable en entrée et en milieu de virage.

Pendant ce temps, Marc était en difficulté. Alors que la YZR-M1 de Yamaha avait été considérablement améliorée pour 2015, la RC213V avait régressé. Tout naturellement, les ingénieurs de HRC avaient essayé de tirer davantage de performances du moteur de la RC213V, mais ils étaient allés trop loin.

Ils avaient réduit l'inertie du moteur de la RC213V, de sorte que ses composants internes (notamment le vilebrequin, la pièce la plus lourde du moteur) étaient plus légers. Une masse rotative et alternative réduite permet au moteur d'atteindre plus rapidement son régime maximal, améliorant ainsi l'accélération et la vitesse de pointe. Ce qui permet également à la moto de tourner plus rapidement.

Mais cette fois-ci, ils avaient exagéré. Lorsque Marc ouvrait les gaz, le nouveau moteur montait trop rapidement en régime, faisant patiner le pneu arrière et perdant en accélération et en stabilité. La situation était encore pire à l'entrée des virages, car une inertie moindre ne fait pas seulement monter le moteur en régime trop rapidement, elle le fait aussi ralentir trop vite. Cela provoque le blocage et le dérapage du pneu arrière à l'entrée des virages, ce qui nuit aux performances de freinage et met le pilote en danger.

Si Honda avait commis cette erreur dix ans plus tôt, elle aurait pu s'en sortir assez facilement. Les ingénieurs auraient ajusté les spécifications du moteur au Japon et expédié par avion un lot de moteurs révisés en Europe aussi vite que possible. Mais il était déjà trop tard. Le MotoGP avait introduit en 2010 des règles de rationnement des moteurs afin de réduire les coûts.

Désormais, aucune modification n'était autorisée une fois la saison commencée.

Honda a au moins essayé de réduire le problème en modifiant le contrôle de traction et l'électronique du frein moteur, mais il ne s'agissait que de solutions provisoires.

« L'arrière bloque beaucoup, avec des dérapages très longs », avait déclaré Marc à l'époque. « Quand j'aborde les virages, je dérape trop, donc j'appuie beaucoup sur le pneu avant et je ne peux plus arrêter la moto, car le dérapage continue. Et si vous appuyez à 100 % sur le pneu avant, vous perdez le contrôle à chaque virage. Vous pouvez parfois rattraper la situation, mais pas tout le temps »

Crutchlow avait rejoint Márquez chez Honda pour la saison 2015, pilotant des motos d'usine aux spécifications semblables au sein de l'équipe indépendante LCR. Après avoir piloté une Yamaha M1 en 2013 et une Ducati Desmosedici en 2014, le Britannique a trouvé la RC213V assez sauvage.

« Après avoir piloté des Yamaha et des Ducati, la Honda me donnait l'impression d'être une deux temps : quand la puissance arrivait, c'était de manière agressive », explique Crutchlow, qui a remporté des victoires en 2016 et 2018 au guidon de la RC213V. « J'ai tout de suite compris que Honda utilisait très peu d'électronique, il fallait donc beaucoup jouer avec l'accélérateur et le frein arrière. Dans les sorties de virage, là où on était à 100 % d'accélération avec la Ducati, on était à 60 % avec la Honda, car elle utilisait le patinage des roues pour tourner. »

Pourtant, Casey Stoner, pilote d'essai principal de Honda à l'époque, pense que le problème venait d'ailleurs. « Ce n'était pas l'inertie du moteur, c'était le châssis », explique-t-il. « Dès que vous relâchiez le frein avant, l'avant disparaissait. Marc a chuté à plusieurs reprises au cours de la première partie de l'année, puis à mi-parcours, ils sont revenus à l'ancien châssis [2014], ce qui signifie qu'ils s'étaient sacrément trompés de direction. »

Au Mans, où l'entrée en virage est primordiale, Marc a été à la limite tout au long de la course, mais il n'a terminé que quatrième, avec un retard considérable de 20 secondes sur Lorenzo. Au Mugello, il a dépassé les limites, puis à nouveau en Catalogne.

Après sept des dix-huit courses, il semblait hors-jeu, avec exactement la moitié des points de Rossi, même si les choses se sont un peu améliorées après la Catalogne, lorsqu'il est revenu au châssis 2014.

Quels que soient les problèmes de la RC213V 2015, rares étaient ceux dans le paddock qui doutaient que Márquez était le pilote le plus rapide de Honda.

« À mon avis, le talent de Marc masque certaines des limites de la Honda, comme l'année dernière », a déclaré Dovizioso.

À Assen, ces modifications apportées au châssis ont aidé Marc à remporter sa première victoire depuis l'Argentine. Une fois de plus, son seul rival était Rossi. Cette fois-ci, ils ont piloté ensemble pendant toute la course, Rossi menant la plupart du temps, Marc le talonnant, le testant et finalement l'attaquant dans les derniers tours. Rossi a riposté pour entamer le dernier tour avec quatre dixièmes d'avance. La victoire lui était-elle acquise ?

Bien sûr que non. Marc était de retour en mode « chien avec un os », utilisant sa vitesse mortelle dans le quinzième virage à gauche pour préparer un dépassement classique dans la dernière chicane. Il a plongé à l'intérieur, visant le premier point de corde, mais Rossi a fermement maintenu la porte fermée. Ils sont entrés en collision, Marc réussissant à rester debout, tandis que Rossi a soulevé sa M1 pour traverser le bac à gravier à plein régime et franchir la ligne d'arrivée avec 1,2 seconde d'avance.

Ce fut un combat palpitant, à la manière des gladiateurs, qui a satisfait les deux pilotes. Pour la deuxième fois en autant de confrontations, Márquez a terminé deuxième.

Une fois de plus, Rossi exultait de joie après sa victoire, provoquant l'extase parmi la foule néerlandaise.

« Il a encore plus célébré sa victoire que d'habitude. C'est là que nous avons compris qu'il voulait déclencher une guerre psychologique », explique Castellà.

« Pour Marc, ce n'était pas juste que Valentino ait sauté la chicane et remporté la course », explique Lorenzo. « À partir de ce moment-là, Marc n'a plus aidé Valentino autant qu'il le pouvait. Je pense que Vale n'a pas bien joué la carte de la diplomatie avec Marc. Il aurait dû lui dire : "Comment vas-tu après l'Argentine ? Tout va bien ? Je ne l'ai pas fait exprès." Il aurait dû se montrer un peu plus diplomate. »

Deux affrontements en six courses, et Marc les avait tous deux perdus. Une revanche, à un moment donné dans le futur, était désormais inévitable.

« Valentino est très intelligent et il nous a appris quelque chose : nous devons en tirer les leçons », a-t-il déclaré.

« On se souvient forcément de qui nous a fait quoi », confirme Kenny Roberts, légende du MotoGP. « C'est un peu comme si on se disait : "Je ne vais pas laisser ce connard prendre le dessus, parce qu'il ne m'a pas laissé prendre le dessus la dernière fois" ».

Lorenzo a remporté la victoire à Brno, égalisant ainsi Rossi avec 211 points, Marc restant toujours à 52 points derrière. Trop loin, sauf miracle. Et voilà que la météo s'en est mêlée.

Rossi et Márquez ont offert un spectacle passionnant en se battant sous une pluie diluvienne sur le circuit rapide et bosselé de Silverstone, les pneus patinant et dérapant sur les bosses et dans les flaques d'eau. Rossi menait la course, poussant toujours plus fort, réalisant l'une de ses plus belles et courageuses courses. Finalement, la RC213V de Marc a dérapé une fois de trop et il est tombé, se retrouvant à près de 80 points du vainqueur de la course.

Ce fut la dernière victoire de Rossi cette année-là.

La pluie a également nui à Lorenzo. Il a peiné pour terminer quatrième, ralenti par une visière embuée. Rossi menait désormais avec 12 points d'avance.

Lors de la course suivante à Misano, Lorenzo a pris la tête jusqu'à ce que la pluie revienne. Avec des pneus pluie, Marc menait, suivi de Lorenzo, puis de Rossi, mais la piste a commencé à sécher.

Marc a été le premier à rentrer aux stands, tandis que Rossi et Lorenzo semblaient paralysés par la peur de prendre la mauvaise décision. Les pilotes équipés de pneus slicks gagnaient dix secondes par tour avant que Lorenzo ne rentre enfin, Rossi attendant un tour de plus, son équipe secouant la tête avec consternation.

Marc était désormais en tête et fonçait vers la victoire. Lorenzo a tenté de le suivre, mais il a trop sollicité ses pneus slicks trop tôt. Il a chuté lourdement, pour le plus grand plaisir du public.

À l'arrivée, Rossi avait 33 secondes de retard sur Marc, mais ses 11 points pour la cinquième place étaient bien meilleurs que le gros zéro de Lorenzo. À cinq courses de la fin, il devançait son coéquipier Yamaha de 23 points.

La cinquième chute de Márquez cette année en Aragón a mis fin à ses espoirs de titre. Elle a également permis à Lorenzo de faire ce qu'il fait le mieux : utiliser la Yamaha, très maniable, pour tracer de grandes lignes fluides et réaliser des temps au tour réguliers.

Un peu plus loin derrière, Rossi se livrait à un duel passionnant avec Pedrosa. D'ordinaire, le petit Espagnol était un piètre duelliste, préférant faire cavalier seul. Cette fois-ci, cependant, il avait la réponse à tout ce que Rossi lui opposait. À l'arrivée, ils étaient séparés par neuf centièmes.

L'avance de Rossi au classement général était réduite à 14 points.

« Lors des dernières courses, Jorge a franchi une nouvelle étape », a déclaré Rossi. « Le changement dans ses compétences de pilotage n'est pas énorme ; c'est sa motivation et sa concentration qui sont différentes. Ça va être très difficile… Nous sommes inquiets, c'est sûr. »

Alors que le paddock faisait ses valises et se dirigeait vers l'Est, à Motegi, Phillip Island et Sepang, Marc était de retour au combat, après s'être cassé un doigt en faisant du VTT chez lui.

C'était sa deuxième blessure à l'entraînement cette année. En avril, il avait subi un « grave déplacement » de son petit doigt gauche lorsqu'il avait glissé pendant une séance de *dirt track* et qu'un ami lui avait roulé sur la main. Sa dernière blessure a nécessité la pose d'une plaque en titane, ce qui lui a valu un Grand Prix du Japon inhabituellement calme.

En route pour l'Australie. Phillip Island est une version plus rapide du Sachsenring, avec des virages à gauche, à gauche, et toujours à gauche à une vitesse fulgurante, ce qui en fait un autre circuit préféré de Marc. Il a décroché la pole position avec plus de trois dixièmes d'avance, puis, le lendemain, il s'est battu avec Lorenzo, Iannone et Rossi pour remporter une célèbre victoire dans le dernier tour. Une victoire tristement célèbre, en fait.

Aldo Drudi, l'artiste résident du MotoGP, a regardé la course à la télévision au petit matin chez lui en Italie, comme plusieurs millions d'autres Italiens. À l'époque, il réalisait des travaux de conception graphique pour Marc et Rossi.

« Je me suis souvenu d'une autre course folle au championnat de Phillip Island », raconte Drudi. « C'était lorsque Fausto Gresini a aidé Loris Capirossi à remporter le Championnat du monde 125 cm^3 en 1990, en aidant Loris contre son rival, Hans Spaan. Ça peut arriver... »

« Après la course de 2015, c'est Loris Reggiani [un ami de Rossi et le premier pilote à avoir remporté un Grand Prix avec Aprilia, en 1987] qui avait regardé les temps au tour. Il a dit : "Hé, il y a quelque chose qui cloche, quelque chose que je ne comprends pas", car il avait remarqué que Márquez roulait vite, lentement, vite, lentement. »

« Personnellement, je pense que Marc devait "tuer" Valentino pour devenir quelqu'un, alors il a commis cette erreur. Je ne parle pas de lui en tant que pilote, car c'est un pilote fantastique. »

« Ce sont tous deux des cannibales. Pour être champion, il faut être fort et cannibale. »

La plupart des pilotes aiment intimider leurs rivaux et n'aiment pas être intimidés. Ils nourrissent des rancunes et utilisent leur soif de revanche pour se motiver. Et la plupart des pilotes pensent toujours avoir raison. Même lorsqu'ils ont tort. Car une confiance en soi frôlant la mégalomanie est une condition préalable pour quiconque vise le sommet d'un sport vicieux et dangereux.

Rossi était convaincu que Márquez avait lancé sa tentative de vengeance pour leurs collisions en Argentine et aux Pays-Bas à Phillip Island.

Marc, Lorenzo, Iannone et Rossi ont roulé ensemble pendant les 27 tours, Lorenzo menant la plupart du temps, Marc prenant la tête pendant quelques tours aux deux tiers de la course.

Du huitième au seizième tour, Márquez était juste devant Rossi. C'est peut-être à ce moment-là qu'il a ralenti pour distancer Rossi, son rival pour le titre ? Mais, pendant la plupart de ces tours, ils se rapprochaient de Lorenzo.

À partir du dix-septième tour, Rossi a surtout été occupé par Iannone, dont la Desmosedici, rapide comme une fusée, dépassait fréquemment la YZR-M1, moins puissante, sur la ligne droite de Phillip Island, où la vitesse atteint 340 km/h.

Au 25e tour, Marc a brièvement glissé à la quatrième place et a dû se battre comme un diable pour dépasser à nouveau Iannone, les deux pilotes échangeant leurs positions à trois reprises dans les deux premiers virages du dernier tour, avant que Marc ne s'échappe pour ravir la tête à Lorenzo à trois virages de l'arrivée.

À une centaine de mètres derrière eux, Iannone et Rossi se sont battus pour la dernière place sur le podium, changeant quatre fois de position et entrant en collision une fois.

Rossi a perdu la bataille pour la troisième place, ce qui lui a coûté trois points. D'autre part, le dépassement de Marc sur Lorenzo lui a rapporté cinq points. L'avance de Rossi était réduite à 11 points.

Carlo Pernat, le manager chevronné de MotoGP qui a été le premier chef d'équipe de Rossi en Grand Prix, n'est pas d'accord avec le point de vue de son ancien pilote sur la course.

« J'ai regardé la course de Phillip Island peut-être 20 fois, car je travaillais avec Iannone à l'époque », explique Pernat. « Iannone était très fort dans cette course et Valentino ne l'était pas autant. Il a dépassé Vale à de nombreuses reprises ; Marc n'était en aucun cas le problème. »

Márquez dit qu'il avait surchauffé son pneu avant, alors il l'a laissé reposer pendant plusieurs tours, puis il a accéléré à nouveau pendant les deux derniers.

« C'était probablement l'une des 20 courses où il a fait ça », dit Crutchlow.

« Chaque pilote choisit sa propre stratégie et il n'y a pas de mal à ça », explique Santi Hernández, chef d'équipe Honda de Marc. « Dès que Marc ressent une sensation désagréable au niveau du pneu avant, il sait très bien gérer la situation. Il est doué pour mettre en place une stratégie qui lui permet de préserver ses pneus jusqu'à la fin. À Phillip Island, il savait qu'il n'avait pas le rythme nécessaire pour distancer les autres pilotes, alors son plan était de préserver ses pneus et de remporter la course à la fin. C'est ce qu'il faut faire. »

« C'est ce que Rossi a fait lorsqu'il pilotait la Honda NSR500 et la RC211V, alors qu'il était bien meilleur que les autres pilotes : il joue avec eux, puis dans les cinq derniers tours, il passe à l'action. »

Quatre jours plus tard, lors de la conférence de presse précédant le Grand Prix de Malaisie à Sepang, Rossi a accusé Márquez d'avoir joué un mauvais tour en Australie afin de compromettre ses chances de remporter le titre.

« Pendant la course, c'était difficile à comprendre, mais après avoir revu la course, il m'est apparu clairement que Marc s'était joué de nous », a-t-il déclaré, assis entre les deux Espagnols.

« Je pense que son objectif n'est pas seulement de gagner la course, mais aussi d'aider Lorenzo à aller loin. Jorge a un nouveau supporter, c'est Marc. »

Au début, beaucoup dans la salle ne savaient pas si Rossi plaisantait. Lorsqu'un journaliste a demandé à Lorenzo si Marc l'avait aidé à Phillip Island, Lorenzo a répondu avec un sourire ironique : « Bien sûr qu'il m'a aidé, surtout dans le dernier tour. »

La plupart des conférences de presse MotoGP sont suivies de points presse individuels avec chaque pilote, chacun s'exprimant dans sa langue maternelle, entouré d'une foule de journalistes.

Le point presse de Rossi s'est déroulé dans la même veine.

« Marc veut me dépasser en nombre de victoires et de titres mondiaux », a-t-il déclaré aux journalistes italiens. « Si je remporte un autre championnat, il sait qu'il devra en gagner un de plus. »

Et puis : « C'est vrai que j'étais son idole ? C'est vrai qu'il a un poster de moi chez lui ? Je ne sais pas. Je n'en suis pas sûr. J'aimerais vérifier par moi-même. »

Marc est retourné dans son garage, étourdi et confus.

« Il était sous le choc », se souvient Castellà. « Il a dit : "Ce type a dit à tout le monde que je n'avais pas son poster dans ma chambre, mais il a été mon idole pendant des années. Pourquoi ce type raconte-t-il ces conneries sur moi, en disant que j'ai aidé Lorenzo à remporter le championnat ? Lorenzo est la dernière personne que j'aurais envie d'aider. Je ne veux aider personne, encore moins Lorenzo." Marc n'avait pas la meilleure relation avec Jorge. »

Rossi jouait-il avec les nerfs de ses adversaires ? Si c'était le cas, Lorenzo pense que ce n'était pas le bon moment.

« Si vous êtes intelligent, vous pouvez jouer avec le mental de vos adversaires et ça peut vraiment fonctionner, vous pouvez en tirer quelque chose », explique Lorenzo. « C'est le cas lorsque vous êtes plus rapide que vos rivaux, ce qui était le cas dans la plupart des courses lorsque Valentino pilotait avec Biaggi et Gibernau. Mais lorsque Stoner, Pedrosa, Márquez et Lorenzo sont arrivés, ils étaient plus jeunes, un peu plus rapides et plus explosifs que lui, alors ses jeux psychologiques ont perdu de leur importance et de leur puissance. »

« Parce que vous pouvez dire ou faire ce que vous voulez, mais si vous sortez et que l'autre pilote est deux ou trois dixièmes plus rapide que vous, il devient plus difficile de vous mettre dans sa tête. C'est ce qu'il s'est passé quand je suis entré en MotoGP [en 2008] avec une moto qui était presque parfaite pour moi. J'ai décroché la pole position dès ma première course, j'étais donc très fort, et il était difficile de jouer avec moi, car j'étais très rapide. »

« Ce que Valentino a dit contre Marc était sa pire erreur, la plus grosse erreur qu'il ait commise depuis sa naissance », ajoute Pernat. « Mais en réalité, je ne pense pas que ce soit lui qui ait commis cette erreur, mais plutôt ses amis, les personnes qui l'entouraient. »

C'est exactement ce que Chad Reed avait pensé en septembre dernier au ranch de Rossi.

Alex Briggs, mécanicien de longue date de Rossi, pense également que son pilote a été laissé tomber par son entourage. « Je pense que ça s'explique en partie par le fait que certaines personnes de son entourage étaient un peu plus faibles que lui, comme le chef d'équipe et les autres Italiens de l'équipe, qui lui disaient un peu trop oui à tout », explique Briggs.

« J'ai également l'impression que l'équipe de presse de Yamaha l'a laissé tomber. Ils ne lui ont jamais demandé ce qu'il allait dire lors de la conférence de presse à Sepang. Ou ce qu'il comptait faire avec ces documents. Car il avait des feuilles de temps comme munitions. Je pense que tout ça aurait pu être évité, car dans une certaine mesure, ils savaient que quelque chose allait se passer. »

Briggs garde un souvenir très vif de cette saison.

« Je pensais que Valentino allait gagner, je pensais que nous étions assez bons. »

Cependant, il a remarqué que Vale avait changé au cours de l'année 2015.

« Vers la fin de la saison, il était très préoccupé par tout, il essayait de tout contrôler », ajoute Briggs. « Je me souviens que, lors des dernières courses, il voulait que tout soit indiqué sur le tableau de bord : il voulait savoir qui était derrière lui, combien de personnes étaient derrière lui, les groupes, etc. Je ne pense pas que tout ça soit nécessaire, il suffit de regarder devant soi ! »

« Je pense qu'il aurait mieux valu qu'il se contente de rouler. Les choses se sont un peu compliquées et il n'était plus tout à fait aussi… Je ne sais pas… C'est comme quand vous jouez au golf : si vous êtes en plein *backswing* et que vous commencez à réfléchir à ce que vous faites, vous n'êtes plus instinctif. »

Rossi espérait que son attaque très publique contre Márquez déstabiliserait le jeune pilote et le convaincrait d'abandonner son prétendu complot.

« J'ai essayé de le déstabiliser, de dire devant tout le monde ce qu'il faisait, pour qu'il laisse peut-être tomber », a déclaré Rossi à l'ancien pilote VR46 Andrea Migno lors du podcast Mig Babol de Migno en septembre 2024.

« Au lieu de me prendre à part et de me parler, il m'a attaqué publiquement », a déclaré Márquez à la télévision espagnole en 2023. « C'était irrespectueux. Je pense que c'était de l'intimidation. »

Auparavant, Rossi avait réussi à déstabiliser ses rivaux en jouant avec leur psychologie, mais cette fois-ci, ça a eu l'effet inverse.

« Marc n'est pas Gibernau ni personne d'autre », déclare Castellà. « Marc est un lion, et lorsque vous cassez les couilles à un lion, vous avez des problèmes. »

Les propos tenus par Rossi à Sepang ont été comme un chiffon rouge agité devant un taureau : « Si tu penses que je t'ai emmerdé à Phillip Island, laisse-moi te montrer ce que ça fait quand je t'emmerde vraiment. »

L'équipe de Marc lui a suggéré de ne pas s'impliquer.

« Nous avons tous dit : "C'est à toi de voir, mais ce gars est très puissant, alors peut-être vaut-il mieux le laisser passer pour éviter les problèmes" », poursuit Castellà. « Marc a répondu : "Non, non, non. C'est la course et je vais défendre ma position. S'il veut me dépasser, ce doit être un vrai dépassement, car je vais faire ma course et défendre ma position. Ma moto n'est pas la meilleure pour gagner, mais je peux monter sur le podium, donc je vais défendre ma position, car je veux faire de mon mieux." »

Le dimanche était une journée chaude, humide et brumeuse. Sepang étant recouverte par la fumée provenant des feux illégaux de déforestation en Indonésie. Le voile gris planait au-dessus de la grille, assombrissant encore davantage l'ambiance, la tension du championnat étant palpable.

Pedrosa et Lorenzo ont pris la tête, tandis que Rossi et Marc se sont lancés dans une lutte acharnée pour la dernière place sur le podium. Chaque fois que Rossi dépassait, Marc contre-attaquait immédiatement. Et vice-versa. Au cours d'un seul tour, ils ont changé de position neuf fois. À plusieurs reprises, ils se sont manqués de quelques millimètres.

Il existe une règle tacite dans le monde de la course automobile selon laquelle il ne faut pas s'engager avec un pilote qui se bat pour le championnat si vous n'êtes pas impliqué, mais comme elle n'est pas écrite, tout le monde ne la respecte pas.

« Le problème, c'est que Marc est beaucoup plus éloquent sur la piste, car c'est son arme », explique Crutchlow. « Et ça ne le dérange pas d'être le méchant, c'est ce qui fait de lui ce qu'il est. Marc se fiche de mettre les gens en colère en les suivant pendant les qualifications et tout ça. Alors que tous les autres, si quelqu'un leur dit quelque chose, ils s'en soucient. Lui, non. Pas le moins du monde. »

Au tiers de la course, Rossi a perdu son sang-froid. Il a ralenti pour pousser Marc vers l'extérieur. Finalement, ils se sont accrochés et Márquez est tombé.

« La première erreur à Sepang venait de Valentino, mais la deuxième venait de Marc », explique Pernat. « Car si quelqu'un dit quelque chose à votre sujet, vous devez répondre avec des mots, pas sur la piste. »

Dans le paddock, les avis étaient partagés. Certains prenaient le parti de Rossi, d'autres celui de Márquez. Le pilote Tech 3 Yamaha Pol Espargaró comprenait les deux points de vue.

« Quoi qu'il arrive, on ne peut pas faire ce qu'a fait Valentino », a-t-il déclaré. « Mais d'un autre côté, Marc jouait un peu trop avec lui. »

Stoner, tout comme Lorenzo, estime que la mèche de cette bombe a été allumée à Termas et à Assen. Il s'agissait d'une revanche servie plusieurs mois plus tard.

« Je pense que Termas était à 50/50 : ils étaient tous les deux à couteaux tirés », affirme-t-il. « L'un est parti d'un côté et l'autre de l'autre côté. Assen n'était pas correct, car je pense que Marc avait la position. Et couper la piste pour prendre l'avantage, ce n'est pas cool. »

« Mais Marc aurait dû savoir ce qui pouvait arriver, il aurait dû s'y attendre de la part de Valentino, car il l'avait vu piloter. Même moi, je ne m'attendais pas à ce que Valentino fasse ce qu'il a fait, c'est pourquoi j'ai beaucoup appris de lui. J'ai appris davantage de Valentino sur la façon dont les gens courent que de n'importe qui d'autre, et j'ai appris davantage sur la conduite de Dani que de n'importe qui d'autre. On apprend des choses différentes de différentes personnes. »

« Je ne pense pas que Marc ait fait quoi que ce soit de mal. Si les gens m'avaient vraiment énervé pendant la course, j'aurais été ravi de perturber leur championnat. »

« Je pense qu'il faut choisir ses combats, et se battre contre quelqu'un avec qui on n'est pas en lice pour le titre n'était pas la meilleure chose à faire, surtout quand c'est quelqu'un qu'on s'était déjà mis à dos [à Termas et Assen]. »

« Je ne pense pas que les choses se seraient terminées ainsi si Valentino avait simplement trouvé un moyen de s'en sortir pendant la course. La façon dont ça s'est passé n'était pas correcte, c'est Valentino qui était en tort, pas Marc. Marc ne faisait que perturber la course et il avait tout à fait le droit de le faire. »

Quelle que soit l'opinion du paddock, les fans ont rapidement fait connaître leur point de vue : la sécurité du circuit de Sepang a dû intervenir pour empêcher les membres du fan-club de Rossi d'envahir le garage Repsol Honda.

Puis, le reste du monde s'est joint à eux via les réseaux sociaux, y compris plusieurs pilotes.

Troy Bayliss, triple champion du monde de Superbike, s'est surtout réjoui que les deux pilotes se soient percutés à faible vitesse.

« Tout ce que je dirai, c'est que le 46 et le 93 n'auraient pas pu continuer à courir comme ça pendant toute la course », a déclaré Bayliss sur Twitter. « Je suis content que ça se soit produit à faible vitesse #Egos. » »

« Si quelqu'un d'autre avait fait ce qu'a fait Valentino, il aurait été immédiatement sanctionné d'un drapeau noir, sans aucune discussion », a écrit Stoner sur Twitter.

Lorsque les fans ont suggéré que Márquez avait eu ce qu'il méritait pour s'être engagé avec un prétendant au titre, Stoner n'était pas d'accord.

« Je pense que vous oubliez comment Valentino s'est retrouvé à côté de Lorenzo à Motegi alors qu'il n'était pas dans le championnat », a-t-il répondu.

Les réseaux sociaux étaient en ébullition, les fans rivaux échangeant des insultes grossières.

Même Agostini, le grand ancien du MotoGP, a donné son avis.

« Valentino est tombé dans le piège tendu par Márquez, qui s'est montré plus malin que lui cette fois-ci », a déclaré Ago au journal sportif italien *La Gazzetta dello Sport*. « Il aurait dû s'attendre à une telle réaction : Marc n'avait rien à perdre. On ne peut pas tomber dans un tel piège, on ne peut pas faire cette manœuvre, en prenant autant l'extérieur, surtout quand on est Valentino Rossi. »

« Je suis convaincu que Valentino était en colère, épuisé et frustré. Si j'avais été à sa place, j'aurais moi aussi été très en colère contre Márquez, qui l'a provoqué et exaspéré. »

« Si vous regardez en arrière, quand il s'agissait de gagner, Valentino n'a jamais été tendre avec ses rivaux. Pensez simplement à Casey Stoner ou Sete Gibernau. Vous ne pouvez pas condamner un pilote comme Márquez qui fait le spectacle. »

Après la cérémonie du podium à Sepang, les deux pilotes ont été convoqués par la direction de course.

« Bravo, belle course ! » a déclaré Rossi en entrant dans le bureau du directeur.

« Joli coup de pied », a répondu Márquez.

Rossi a-t-il donné un coup de pied à Márquez ? Peut-être, peut-être pas. Il s'agissait peut-être d'un geste instinctif que les pilotes font avec leurs coudes pour éviter tout contact métal contre métal dans les situations délicates. Quoi qu'il en soit, ce contact a provoqué la chute de Márquez, et la direction de course a infligé à Rossi une pénalité le reléguant en fond de grille pour la finale de la saison à Valence, deux semaines plus tard.

« Mon sang s'est glacé », a déclaré Rossi dans le podcast de Migno. « J'ai beaucoup de doutes sur ce contact, car il ne chute jamais. Je ne voulais pas le faire tomber. Il m'a fait perdre le Championnat du monde, car j'ai dû partir dernier à Valence. »

Marc n'a jamais vraiment parlé de cette affaire, jusqu'à ce que Mela Chércoles, du journal sportif espagnol *Diario AS*, l'interroge lors du Grand Prix de Malaisie de 2022 à Sepang.

Chércoles a demandé à Márquez s'il ferait la même chose qu'il avait faite à Sepang sept ans plus tôt.

« Je m'en souviens parfaitement », a répondu Márquez. « Il est arrivé à la conférence de presse avec toutes les feuilles de temps. Je n'ai rien compris. »

Chércoles a répété sa question : ferais-tu la même chose si nous retournions en Malaisie en 2015 ?

« À 22 ans et compte tenu de la façon dont tout s'est passé, oui, je referais la même chose. Je le répète, si j'avais 22 ans et que tout se passait de la même manière, je ne ferais rien de différent, car la seule chose que j'ai faite, c'est me battre pendant la course, plus que d'habitude dans les premiers tours, mais Rossi aussi. Aucun de nous n'était plus rapide que l'autre, alors nous nous sommes battus pendant quelques tours, jusqu'à ce que l'un de nous perde son sang-froid. C'est lui qui a perdu son sang-froid. »

« Si vous regardez notre rythme à l'entraînement, je n'avais rien de plus. Lorenzo et Pedrosa avaient plus que tout le monde. Je le répète donc, en raison de ce qu'il s'est passé pendant ce week-end et de ce que j'ai ressenti lorsque je me suis présenté sur la grille de départ, je referais la même chose et je mènerais la course de la même manière. »

Les deux semaines qui ont suivi ont sans aucun doute été les plus étranges de l'histoire du MotoGP. Les fans se sont rassemblés pour soutenir leurs pilotes préférés, comme des supporters de football partisans. Finalement, les présidents et les Premiers ministres ont été entraînés dans une véritable tempête… dans un verre d'eau, le Premier ministre italien Matteo Renzi appelant Rossi pour lui offrir son soutien, le président espagnol Mariano Rajoy soutenant Márquez sur les réseaux sociaux.

Rossi et Lorenzo ont tous deux engagé des poursuites judiciaires. Rossi a fait appel de sa sanction auprès du Tribunal arbitral du sport (TAS) en Suisse. Les avocats de Lorenzo ont déposé un rapport auprès du tribunal, en tant que « partie concernée dans cette procédure ». Le TAS a rejeté les deux recours.

Pendant ce temps, la situation s'envenimait sur le terrain. Certains des fans les plus fanatiques de Rossi se sont rendus en Espagne. Les premiers à arriver à Cervera ont été une équipe de télévision italienne, qui a tendu une embuscade à Marc chez lui.

« Je suis rentré chez moi à vélo, avec mon entraîneur. J'ouvrais la porte du garage quand deux types sont arrivés devant la maison, sortis de nulle part. L'un d'eux avait une bouteille de champagne et a commencé à m'asperger. L'autre tenait un gros pénis [un pénis gonflable, fourré dans un trophée en plastique]. »

« Puis, j'ai vu un type qui filmait avec une caméra, ils venaient d'une émission humoristique italienne. Nos voisins ont vu ce qu'il se passait, ils sont descendus et les Italiens se sont enfuis. »

L'émission télévisée s'appelait *La Iena* (La hyène), mais son raid à Cervera n'a jamais été diffusé, car les choses ont mal tourné devant la maison de Marc. Leurs caméras ont été détruites et leurs cartes mémoire jetées.

Le lendemain, les avocats de Marc ont publié cette déclaration :

« Hier, des événements regrettables se sont produits à Cervera. Un groupe de personnes s'est présenté au domicile du pilote et lui a adressé une série d'insultes, accompagnée d'actes humiliants et ridicules à son égard, allant même jusqu'à bousculer et agresser ses proches. Compte tenu de la gravité des faits, ces actes ont été signalés et feront l'objet de poursuites pénales à l'encontre de ces personnes. Le représentant du pilote, Emilio Alzamora, demande, compte tenu des circonstances, que "des actes de ce type ne se reproduisent plus et que Marc et sa famille bénéficient du respect qu'ils méritent." »

Aucune procédure pénale n'a été engagée, mais l'équipe de *La Iena* a demandé à ses avocats d'accuser les membres de la famille de Marc d'agression, de coups et blessures, de diffamation et de vol.

Quelle histoire !

« Après ça, il y avait toujours trois ou quatre caméras de la télévision espagnole devant chez nous, qui essayaient de me demander comment je me sentais avant la dernière course », poursuit Marc. « Bon, nous sommes donc restés à l'intérieur pendant trois ou quatre jours, puis nous avons sauté dans la voiture pour aller à Valence. »

Son frère Alex, qui arrivait au terme de sa première saison en Moto2, garde également un souvenir très vif de cette période.

« C'était pénible, surtout parce que nous ne pouvions rien y faire. Ce n'était pas agréable de rester enfermés chez nous pendant une semaine, avec toutes ces caméras dehors qui nous empêchaient de sortir, obligés de faire notre entraînement vélo et tout le reste à l'intérieur. Mais ce genre d'expérience vous apprend beaucoup et vous aide à mûrir. »

L'atmosphère à Valence était inquiétante : tout le paddock avait été aspiré dans ce tourbillon.

Dorna, propriétaire du MotoGP, a annulé la conférence de presse d'avant-course, inquiet de ce qui pourrait se passer si Rossi, Lorenzo et Márquez se retrouvaient dans la même pièce. Yamaha a annulé sa soirée prévue le samedi soir pour célébrer le 60e anniversaire de la société. Enfin, Movistar, sponsor principal de Yamaha, a annulé un événement de fin de saison prévu à son siège espagnol, pour la même raison que Dorna avait annulé la conférence de presse d'avant-course.

Il se passait également quelque chose chez Honda, où l'on s'apprêtait à montrer aux médias les données provenant de la moto de Marc qui prouvaient, selon eux, que Rossi avait bien donné un coup de pied à Márquez à Sepang.

« Les données enregistrées par la moto de Marc montrent que, même s'il relevait sa moto pour éviter le contact avec Valentino, son levier de frein avant a soudainement subi un choc qui a bloqué la roue avant, ce qui a provoqué sa chute », a déclaré Shuhei Nakamoto, vice-président de HRC. « Nous pensons que cette pression était due au coup de pied de Rossi. »

La polémique prenait alors de l'ampleur à toute vitesse, comme un train fou, et Honda a décidé à la dernière minute qu'il valait mieux ne pas jeter de l'huile sur le feu et a annulé la divulgation de ses données.

Où était Marc dans toute cette histoire ? Il essayait de faire abstraction de tout ce bruit et de se concentrer sur lui-même et son équipe.

Pendant ce temps, Suppo se trouvait au cœur de cette tempête dans un verre d'eau. Il avait des responsabilités envers Honda et comprenait parfaitement les implications d'un conflit entre la plus grande marque de motos au monde et le pilote de moto le plus populaire au monde.

« Nous avons expliqué à nos pilotes que la situation était devenue trop tendue et que nous devions rester calmes », explique Suppo. « Avant le week-end, j'ai appelé Nakamoto et lui ai dit : "J'ai une idée, laissons Dani et Marc prendre le départ de la course, mais sans la terminer. Ils peuvent revenir au garage, afin de montrer que nous ne voulons pas nous immiscer dans la rivalité entre Jorge et Vale." »

« Mais c'était trop, je savais que ça aurait été un désastre en termes d'image. Nous avons donc dit à nos pilotes : "Restez en tête, ça posera un problème à Jorge et Valentino. Vous pouvez terminer premier et deuxième, essayez de le faire." Finalement, j'ai dû leur faire confiance. Marc m'a dit qu'il ne pouvait pas dépasser Jorge, car il n'était pas assez rapide. Qu'est-ce que je pouvais dire ? Je ne suis pas pilote, je n'étais pas sur sa moto, donc je ne sais pas s'il jouait. Je n'en ai aucune idée. »

« Le problème, c'est que, quoi que j'aie pu imaginer comme scénario possible pour la course, la réalité a été bien pire ! »

« D'un point de vue humain, je peux comprendre que si quelqu'un vous traite comme Valentino a traité Marc lors de la conférence de presse en Malaisie, si ce qu'il s'est passé lors de la course en Malaisie se reproduit, et si ce qu'il s'est passé après se reproduit, alors, en tant qu'être humain, vous ferez tout ce qui est en votre pouvoir pour arrêter Vale à Valence. »

Lorenzo a mené la course du départ à l'arrivée, remportant ainsi sa septième victoire consécutive sur sept départs. Márquez était presque toujours juste derrière, sa RCV tremblant et se tortillant, tandis que la M1 de Lorenzo filait comme sur des rails. À mi-course, Rossi était remonté à la quatrième place, bien loin derrière les leaders.

Rossi n'avait qu'une seule chance que Lorenzo soit battu d'une manière ou d'une autre, même s'il se doutait que la partie était jouée avant même le début de la course.

« Même si les Honda sont performantes, Jorge est plus rapide », a-t-il déclaré samedi soir.

Lorenzo, ravi d'avoir résisté à la pression des deux dernières semaines, a franchi la ligne d'arrivée avec 0,263 seconde d'avance sur Marc, qui a terminé quatre dixièmes devant Pedrosa. Rossi, l'air abattu, a terminé 19 secondes plus loin.

Lorenzo, Pedrosa et Marc sont montés sur le podium sous les huées.

Nous étions peut-être en Espagne, mais les fans de Rossi étaient majoritaires, comme ils l'avaient été pendant les quinze années précédentes, partout dans le monde.

Y avait-il eu une conspiration espagnole ?

« Le fait est que j'étais l'ennemi juré de Pedrosa et l'ennemi juré de Márquez », explique Lorenzo. « Mais à ce moment-là, Márquez était encore plus l'ennemi de Rossi, à cause de ce qu'il s'était passé en Argentine et à Assen. »

« Ce n'est pas que je sois soudainement devenu ami avec Marc. Le problème, c'est que Valentino était clairement plus lent que moi et que, pour cette raison, il n'avait pas pu gagner les quatre, cinq ou six dernières courses. Le problème n'est pas que Marc m'ait aidé. Marc ne m'a pas aidé. Le problème, c'est que Valentino avait besoin des deux, trois ou quatre dixièmes qui lui manquaient. »

« S'il n'avait rien dit lors de la conférence de presse à Sepang, s'il avait simplement mis son casque et ouvert les gaz, il aurait pu décrocher la pole position, remporter la course et gagner le championnat. »

« Quel était son problème ? Est-ce que c'était parce qu'il avait déjà 36 ans et qu'il y avait des pilotes de 23 ou 27 ans qui étaient vraiment très rapides ? Il était très rapide, mais dans ce sport, quelques dixièmes peuvent faire toute la différence. »

Plus tard dans l'après-midi, Rossi n'a pas mâché ses mots dans le paddock Yamaha.

« Depuis Phillip Island, la situation n'a cessé d'empirer », a-t-il déclaré devant une foule de journalistes et de cameramen. « Quand j'ai dû prendre le départ de la course en dernière position, j'ai su que mon championnat était terminé, car je suis sûr que Marc voulait finir le travail et protéger Jorge.

La course était embarrassante et le dernier tour était mauvais pour le sport. »

« Je me sens insulté, je donne toujours 100 % », a répondu Márquez. « Si j'avais voulu aider Jorge, je serais resté cinq secondes derrière lui. »

Alors, voici la question à 64 milliards de dollars : Márquez a-t-il résisté à l'envie d'attaquer Lorenzo pendant la course parce qu'il voulait que Rossi perde le championnat ? Marc a finalement répondu à cette question dans le documentaire *All In*, sorti en 2023.

« Aurais-je pu prendre le risque dans le dernier virage, sans savoir ce qu'il se serait passé ? Oui », a-t-il déclaré. « Mais le fait est que cette personne m'avait fait tout ça simplement parce que je l'avais dépassé. Allais-je l'aider à remporter un titre ? Non. »

En fait, il était tellement marqué par le chaos des deux semaines précédentes qu'il n'était pas sûr d'avoir le courage de se battre.

« Vu d'où je venais, il était impossible d'envisager un dépassement fou », m'a-t-il confié en 2025. « J'avais 22 ans et j'avais subi deux semaines de pression intense de la part de mon entourage, de la Malaisie à ma maison à Valence, il m'était donc impossible de réaliser un dépassement fou. »

Et bien sûr, même si Márquez avait remporté la finale, avec Lorenzo deuxième, le championnat aurait quand même été remporté par Lorenzo, car, selon les règles, même si les coéquipiers avaient terminé la saison à égalité de points, l'Espagnol avait remporté sept courses contre quatre pour Rossi.

« Je pense que justice a finalement été rendue, car j'étais clairement beaucoup plus rapide que Valentino dans la plupart des courses », déclare Lorenzo. « Mais même si Valentino a mené le championnat jusqu'au dernier virage, grâce à sa régularité et parce que j'ai chuté plusieurs fois pour des raisons stupides (j'ai été très malchanceux dans ce championnat), je pense également que Marc, après l'Argentine et surtout après Assen, n'aurait certainement pas aidé Valentino à remporter le championnat. Ça ne fait aucun doute pour moi. Heureusement pour moi, j'en ai profité. »

L'affaire Márquez/Rossi a empoisonné le MotoGP pendant des mois, voire des années. Les fans ont pris parti comme des supporters de football, la majorité huant Márquez et Lorenzo à chaque occasion.

Le directeur de course Mike Webb est encore sous le choc de ce qu'il s'est passé cet automne-là.

« Même si je suis dans ce milieu depuis longtemps, j'ai été très choqué, en particulier par certains médias et par le public qui cherchaient à dramatiser les choses et à prendre parti », explique Webb. « Pour moi, ça ne faisait pas partie de notre sport. Je pensais naïvement que ce genre de méchanceté n'existait pas dans le monde de la moto, mais c'est manifestement le cas. J'ai été déçu et surpris. Mon travail consiste à essayer de voir les deux côtés de chaque situation, j'ai donc été surpris de voir que les gens avaient un point de vue complètement partial. »

Au cours des années qui ont suivi la querelle la plus bruyante du MotoGP, Márquez a parfois laissé entendre qu'il aimerait s'asseoir avec Rossi pour discuter de ce qu'il s'était passé, dans l'espoir de mettre un terme à cette affaire. À Sepang, en 2022, Chércoles lui a demandé s'il y avait eu des contacts entre les deux hommes.

« Non, et je ne le souhaite pas non plus », a-t-il répondu. « Les années passent, je l'aime de moins en moins et maintenant, je m'en fiche. »

CHAPITRE 12

« TU TE SENS BIEN ET, D'UN COUP, BOUM !, TU AS UN ACCIDENT »

La saison 2016 de MotoGP a été à la fois la meilleure et la pire pour Marc Márquez.

C'est l'année où tout a changé. Des modifications cruciales apportées aux règles techniques du MotoGP ont eu des répercussions considérables, transformant les performances de toutes les motos sur la grille de départ, certaines perdant en puissance, d'autres gagnant en vitesse.

Marc a également changé, affinant sa philosophie de course pour être plus à l'écoute de sa moto, car il avait chuté dans trop de courses en 2015.

Même le championnat semblait avoir changé. Le paddock et les tribunes avaient du mal à se remettre du climat délétère de la saison précédente. La légèreté et la beauté de ce sport avaient disparu, du moins pour l'instant.

La course moto est un sport technique, c'est pourquoi les règlements techniques déterminent le caractère et la qualité des courses. Ils privilégient involontairement certains pilotes et constructeurs par rapport à d'autres, ce qui est inévitable, mais non intentionnel.

Les changements les plus importants apportés aux règles concernaient les nouveaux pneus et un nouveau système de contrôle électronique.

Bridgestone avait disparu, remplacé par la société française Michelin, qui avait largement dominé le championnat depuis que Barry Sheene lui avait offert son premier titre en 1976, jusqu'à l'arrivée des pneus spéciaux en 2009.

Les pneus Michelin étaient très différents des Bridgestone. Noirs et ronds, certes, mais ils ont transformé la dynamique des machines, car les deux marques de pneus favorisaient des extrémités différentes de la moto. Le pneu avant Bridgestone était meilleur que le pneu arrière, tandis que le pneu arrière Michelin était meilleur que le pneu avant.

Ça a obligé les constructeurs à reconfigurer complètement l'équilibre de leurs motos et les pilotes ont donc dû adapter leur technique de pilotage. Tout était différent.

La grille de départ a découvert les pneus Michelin lors des traditionnels essais d'après-course à Valence en novembre 2015.

Il s'agit peut-être de la session d'essais la plus coûteuse de l'histoire du MotoGP. Des carénages en fibre de carbone cassés s'empilaient derrière les garages des équipes, car les pneus slicks avant Michelin n'étaient pas assez performants. Parfois, les pilotes perdaient le contrôle dans les virages, comme ils le faisaient à l'époque où Bridgestone fournissait les pneus. D'autres fois, ils tombaient dès qu'ils ouvraient les gaz à l'apex du virage, car l'arrière Michelin, très adhérent, les incitait à accélérer généreusement. Ça déplaçait la charge vers le pneu arrière, ce qui réduisait la charge et donc l'adhérence du pneu avant. Résultat : une chute.

Ça allait certainement poser un problème à Marc, qui tirait l'essentiel de sa vitesse en attaquant les virages plus rapidement que quiconque.

« Le pneu avant est difficile à comprendre et il est impossible de sauver l'avant comme je pouvais le faire avec le pneu Bridgestone », a-t-il déclaré lors des essais.

Le passage aux systèmes de contrôle électroniques était prévu depuis plusieurs années. À la suite de l'avènement des grosses quatre temps au début des années 2000, les motos de MotoGP ont été équipées d'une gamme croissante d'aides électroniques à la conduite : contrôle de traction, anti-wheelie, contrôle du frein moteur, etc.

Ces systèmes ont amélioré les performances en augmentant les compétences humaines grâce à des programmes informatiques et des algorithmes. Ils ont également rendu les motos plus faciles à piloter et moins spectaculaires à regarder, diminuant ainsi l'intérêt des fans pour le spectacle humain. Et les coûts étaient astronomiques, nécessitant de petites armées d'ingénieurs en électronique, dans les stands et dans les départements de course des usines.

C'est pourquoi Dorna, détenteur des droits du MotoGP, a voulu interdire ces systèmes, ou du moins les réduire. Le PDG de Dorna, Carmelo Ezpeleta, était en guerre depuis un certain temps avec la direction des entreprises qui construisaient les motos du MotoGP, car, alors qu'il voulait supprimer les commandes informatiques, celles-ci étaient devenues le principal domaine de recherche et développement des constructeurs, qui souhaitaient appliquer les mêmes systèmes à leurs motos de route.

Finalement, un compromis a été trouvé. Les constructeurs doivent retirer de leurs motos leurs équipements et logiciels sur mesure, qui étaient devenus si intelligents qu'ils mesuraient l'adhérence, virage après virage, tour après tour. Grâce à ce flux de données, les systèmes ajustaient ensuite le contrôle de traction et d'autres programmes en conséquence, virage après virage, tour après tour.

Les composants électroniques sur mesure ont été remplacés par du matériel et des logiciels identiques pour tous, fabriqués par la société italienne Magneti Marelli. Ce kit comprenait le même ensemble de commandes, mais moins sophistiquées, sans capacités prédictives.

Le logiciel spécifique a eu un effet spectaculaire sur le comportement des motos : certains pilotes MotoGP plus âgés ont déclaré que leurs motos de 2016 leur rappelaient celles qu'ils avaient pilotées cinq, voire dix ans plus tôt. Mais la plupart des pilotes étaient heureux d'avoir plus de contrôle entre leurs mains, plutôt que de dépendre d'une petite boîte noire, même si les motos étaient désormais plus difficiles à piloter.

La Honda de Márquez était certainement plus difficile à piloter sans l'électronique HRC.

« Au début des essais à Valence, Marc a fait cinq tours, a arrêté la moto au stand et a dit : "Qu'est-ce qu'il se passe avec cette moto ? C'est impossible de rouler comme ça" », se souvient le mécanicien Jordi Castellà. « Il a alors réalisé qu'il serait pratiquement impossible de remporter le championnat en 2016. »

Honda utilisait une configuration de moteur différente de celle de Yamaha et Ducati, très puissante et plus agressive. Dans la voie des stands, on appelait ces moteurs des « *screamers* » en raison du bruit aigu de leur échappement. Les moteurs YZR-M1 et Desmosedici, au son plus doux, étaient appelés « *big bangs* ».

Honda a donc dû lutter comme un diable pour marier la RC213V à l'électronique Marelli. La moto était à la fois lente et difficile à manier : trop de contrôle de traction, puis trop peu, ou l'inverse.

« Le nouveau contrôle de traction est moins réactif, il a un temps de latence, ce qui fait qu'il est facile pour nous de dépasser l'objectif de ratio de glissement, puis de revenir trop fortement », a déclaré Takeo Yokoyama, directeur technique MotoGP de HRC. « Le contrôle du *wheelie* est un autre problème auquel nous sommes confrontés. Le programme est peut-être trop basique pour stabiliser la moto. »

La nouvelle saison s'annonçait donc catastrophique pour Marc et Honda, car le pilote le plus fougueux de tous n'aurait certainement aucune chance sans l'électronique de pointe de Honda et les pneus avant ultra-adhérents de Bridgestone.

Et pourtant, 2016 a marqué le début de la plus grande période de gloire de Marc en MotoGP. Au cours des quatre années suivantes, il a remporté quatre autres championnats, ce qui lui a permis d'entrer dans un autre club très fermé. Même aujourd'hui, huit décennies après la création des championnats du monde de moto, seuls cinq pilotes ont remporté quatre titres consécutifs dans la catégorie reine : Mike Hailwood, Giacomo Agostini, Mick Doohan, Valentino Rossi et Marc. C'est le panthéon du MotoGP.

En 2016, il a défié toutes les prédictions en offrant une démonstration époustouflante de vitesse et de régularité. Le taux d'accidents en MotoGP a grimpé de 20 % au cours de la première année de la nouvelle ère technique, tandis que celui de Marc a bondi de 30 %. Et pourtant, il a été le seul pilote à marquer des points à chaque course, du moins jusqu'à ce qu'il remporte le titre.

Pendant une grande partie de la saison, il a été accueilli sur le podium non pas par des fans applaudissant ses succès, mais par des fanatiques exprimant leur rage derrière leurs lunettes teintées de jaune. Pire encore, ces mêmes personnes applaudissaient lorsqu'il chutait.

« Une personne aurait pu mettre fin à ça, mais elle ne l'a pas fait, ce qui était irrespectueux », a déclaré Marc au journaliste espagnol Mela Chércoles quelques années plus tard.

Andrea Dovizioso, qui, pendant cette période, est devenu le plus grand rival de Marc sur la Desmosedici de Ducati, en constante amélioration, estime que ces moments ont dû affecter la santé mentale de Marc autant que la blessure au bras qui l'a conduit au bord de la retraite quelques années plus tard.

« Ce sont les deux choses vraiment importantes, les deux très mauvaises choses, les très, très, très, très mauvaises choses qui sont arrivées à Marc », m'a confié Dovizioso lors d'une conversation au Grand Prix d'Italie de 2025. « Je ne veux pas parler de ce qu'il s'est passé entre Rossi et Marc, je ne veux pas m'impliquer dans tout ça, mais la façon dont Marc a dû vivre sa vie de pilote en 2016 a été très difficile. »

« Beaucoup de gens dans le monde entier aiment Marc et Valentino, mais ils aiment encore plus Vale, alors après les courses, les gens étaient vraiment furieux contre Marc. C'est dur pour un pilote, parce qu'on fait de la course pour prendre du plaisir. »

« À mon avis, aucun des autres pilotes que j'ai vus dans ma vie n'aurait pu surmonter ces deux épreuves [la blessure et l'autre mauvaise nouvelle], et se retrouver là où Marc est aujourd'hui.

Je pense qu'il était vraiment très proche de la limite pour arrêter la compétition, et je mettrais ces deux épreuves presque à égalité. »

Marc n'a jamais vraiment révélé ce que les fanatiques avaient déclenché à l'intérieur de lui. Il ne voulait pas en parler, car ça aurait été trop révélateur.

« Ça vous affecte » était tout ce qu'il disait. « En fin de compte, vous faites ce que vous pouvez : vous poussez sur la moto et vous essayez de vous amuser avec votre équipe. »

Márquez n'était pas le premier à subir ce sort.

Dans les années 1970 et 1980, Barry Sheene, double champion du monde de MotoGP, était le favori des fans. À bien des égards, cette légende britannique était le prototype de Rossi : il était rock'n'roll, adulé par les médias et très rusé.

À l'époque, Internet n'existait pas, alors Sheene utilisait sa popularité auprès des journalistes pour attaquer ses rivaux dans la presse et monter les fans contre eux. Il y est parvenu avec un certain succès contre le Néo-Zélandais Graeme Crosby (qui a terminé deuxième du championnat MotoGP en 1982) et les Américains Pat Hennen et Kenny Roberts.

Il n'y a rien de mal à ça, car tout est permis en amour comme à la guerre. Vous utilisez toutes les armes à votre disposition pour intimider vos rivaux, leur marcher dessus et salir leur réputation. Si vous n'êtes pas assez rapide pour les assassiner sur la piste, pourquoi ne pas essayer d'assassiner leur réputation ? Ça vaut le coup d'essayer…

« Valentino m'a fait la même chose », déclare Casey Stoner. « Je suis devenu connu comme le pilote électronique. »

En d'autres termes, de nombreux fans croyaient au mythe selon lequel l'Australien utilisait le contrôle de traction pour gagner des courses, et non ses propres compétences. Il n'était donc pas rare que les fans le huent lorsqu'il battait Rossi.

Cette fois-ci, les huées ont commencé dès la première course de 2016, au Qatar, où Dovizioso était entouré du vainqueur Lorenzo et de Márquez, qui avait devancé Rossi d'un dixième pour la dernière place sur le podium.

Bien sûr, tout le monde n'était pas du côté de Rossi, que ce soit dans les tribunes ou sur les réseaux sociaux.

« Je reçois également beaucoup de messages désagréables », a-t-il déclaré. « C'est ça, les réseaux sociaux : n'importe qui dans le monde peut s'adresser à Márquez, à Lorenzo, à moi, à Hamilton, à Alonso [les pilotes de F1 Lewis Hamilton et Fernando Alonso] et leur dire : "Va te faire foutre, j'espère que tu vas crever !" C'est vraiment horrible. »

Si Marc semblait plus sérieux, plus mature en 2016, c'est parce qu'il l'était.

Il avait été éprouvé par les drames de l'automne précédent et le paddock et le podium n'étaient plus les lieux festifs qu'ils avaient été auparavant.

« Cette année, je ne peux pas expliquer la pression, car je ne l'avais peut-être pas comprise jusqu'à présent », a-t-il déclaré à la fin de la saison. « Cette année, j'ai vraiment ressenti la pression et, quand ça arrive, on peut commettre des erreurs. Parfois, j'oubliais de prendre du plaisir parce que la pression était trop forte. Même certains membres de mon équipe s'en rendaient compte, alors ils me disaient : "Tu n'es plus le même Marc, tu dois prendre du plaisir !" »

« L'équipe m'a beaucoup aidé. À l'heure du déjeuner et du dîner, ils m'ont toujours aidé à oublier la pression, alors je me suis concentré sur mon travail avec eux. Le plus important, c'est que j'ai oublié les autres pilotes, car si tu ne le fais pas, tu peux facilement être désorienté ou perdre ta concentration. »

Lors de la deuxième course en Argentine, il a partagé le podium avec Rossi pour la première fois depuis leur rupture en 2015.

Bien sûr, leurs regards ne se sont jamais croisés, tout comme trois jours auparavant, lorsqu'ils étaient assis l'un à côté de l'autre lors de la conférence de presse précédant l'événement.

Lorsqu'un journaliste a demandé à Márquez si son voisin était toujours son idole, il a répondu : « Valentino est une référence pour tous les pilotes de MotoGP, mais maintenant, je le regarde avec des yeux différents. »

Au moins, Márquez avait déjà vécu son moment le plus effrayant de 2016, voire de toute sa carrière. Au cours d'un voyage cauchemardesque de 60 heures en avion, en train et en voiture vers Termas de Río Hondo, il a été victime d'une panne de moteur et son avion a momentanément plongé vers le sol.

Marc, toujours trop agressif, continuait à chuter trop souvent. Lors des essais de pré-saison, il surchargeait sans cesse le pneu avant Michelin, alors il a essayé de dompter son caractère fougueux pour soulager le pneu. Mais il continuait à chuter. Finalement, il est redevenu le Marc d'avant : fonçant dans les virages, la roue arrière flottant au-dessus de la route, la moto pivotant à gauche et à droite autour de sa tête de fourche, puis se renversant sur le côté, où ses genoux et ses coudes en subissaient les conséquences.

Et ça a fonctionné. Cette technique sollicitait beaucoup le pneu avant Michelin lors du freinage, mais le secret était de freiner en ligne droite, car si vous essayiez de freiner profondément vers le point de corde, vous finissiez par terre, tout simplement.

« Tu te sens bien et, d'un coup, boum ! Tu as un accident », a-t-il déclaré.

Son signal d'alarme a été son premier accident en course depuis l'avènement des nouveaux pneus, lorsqu'il a perdu l'avant au Mans, avant de remonter pour terminer 13e.

« Après cet accident, je me suis dit : "Bon, il faut rester calme" », a-t-il déclaré. « J'ai chuté parce que j'essayais d'aller plus vite que ce qui me semblait raisonnable sur la moto. J'ai donc décidé que, pour le reste du championnat, je n'irais vite que si je sentais que je pouvais le faire, mais que je n'irais pas vite si je n'avais pas les bonnes sensations avec la moto. Cette année, j'ai chuté plusieurs fois à l'entraînement, simplement en essayant de trouver les limites. Une fois que vous avez trouvé les limites, il est plus facile de rester sur la moto ! »

Il a ensuite dû se familiariser avec l'électronique Marelli.

Au Mugello, il s'est livré à un duel acharné avec Lorenzo, l'un de leurs plus grands affrontements. La Honda tremblait et vibrait à chaque virage, mais il a réussi à prendre la tête. Au début du dernier tour, ils sont entrés en collision à pleine vitesse, l'impact arrachant le *slider* du coude gauche de Marc.

À la sortie du dernier virage, Márquez avait quelques mètres d'avance, mais c'est Lorenzo qui a franchi la ligne d'arrivée avec deux centièmes d'avance. La Honda avait soulevé sa roue avant lors du changement de vitesse, ce qui a suffi à activer le programme *anti-wheelie* Marelli, qui a réduit le couple, permettant à la Yamaha de passer devant.

Ce résultat fut le premier de trois deuxièmes places, suivi d'une victoire écrasante au Sachsenring.

Marc était au sommet de son audace cet après-midi-là. La course a commencé sur une piste entièrement mouillée, tous les pilotes équipés de pneus pluie, Márquez prenant le risque d'utiliser un pneu avant extratendre. Le pari a bien fonctionné au début, mais le pneu a rapidement surchauffé, ressemblant davantage à une guimauve qu'à un pneu de course.

Au tiers du parcours, il était tombé à la huitième place, puis il a failli avoir un accident, sortant de la piste à grande vitesse, roulant à la manière d'un rodéo sur la piste de gravier.

Des plaques d'asphalte sec apparaissaient désormais ici et là, il savait donc que son seul espoir de victoire était de parier sur lui-même et de prendre un risque énorme en chaussant des pneus slicks. Personne d'autre n'avait encore osé changer, il a donc été le premier à entrer et à sortir des stands, quelques instants avant Pol Espargaró, qui a tenu deux virages avant de chuter.

Lorsque la piste est froide et humide, il n'est pas facile de chauffer suffisamment les pneus pour qu'ils adhèrent à la route. C'est un cercle vicieux ; si vous roulez trop prudemment, les pneus ne chauffent pas et vous risquez de chuter ; si vous roulez trop vite pour faire chauffer les pneus, vous risquez également de chuter. Márquez était 14e alors qu'il roulait prudemment avec des pneus slicks. Au moment où le drapeau à damier a été agité, il avait dix secondes d'avance sur Cal Crutchlow, deuxième.

Ce fut un autre de ces jours où ses rivaux se regardaient en se demandant : « Qu'est-ce qu'on peut faire ? »

Sa cinquième victoire consécutive au Sachsenring (125 cm^3, Moto2 et MotoGP) lui a permis d'augmenter son avance au championnat à 48 points devant Lorenzo, Rossi étant 11 points derrière. Une autre série de courses lui ayant permis de marquer des points l'a conduit en Aragón, où il a gagné, puis à Motegi, où il a de nouveau gagné, scellant ainsi son titre de champion.

Il avait également remporté le titre en 2014 à Motegi, exactement au même moment de la saison, ce qui montre à quel point sa philosophie avait changé en trois ans. En 2014, il avait remporté 11 courses avant de décrocher le titre. En 2016, il en a remporté cinq. Une approche différente pour un résultat identique.

« Marc fait passer tous les autres pour des pilotes moyens en ce moment ; il roule de manière incroyable », a déclaré Crutchlow. « Il est tout simplement meilleur que tous les autres. Il est tellement spécial qu'il peut rouler sur n'importe quoi, il contourne les problèmes comme s'ils n'existaient même pas. »

Dovizioso était d'accord. « Avec le changement de pneus, Marc ne pouvait plus utiliser l'avant comme auparavant, mais il a trouvé un moyen parce qu'il a du talent. »

Même aujourd'hui, Márquez reconnaît que 2016 a été l'année où il a gravi sa plus haute montagne.

« Le championnat le plus difficile a été celui de 2016 », affirme-t-il. « Je me souviens que nous avons pris un départ difficile, mais nous avons réussi à nous en sortir. »

Les deuxième et troisième saisons de Michelin et Marelli n'ont pas été beaucoup moins difficiles pour Marc : 11 victoires et un total effrayant de 40 chutes, avec des fractures et des luxations d'épaule, mais ces deux années lui ont permis de remporter deux nouveaux championnats et ont marqué un tournant dans ses rivalités.

En 2017, Honda a remplacé son moteur « *screamer* » par un moteur « *big-bang* » plus sympathique, mais les ingénieurs de Honda et de Yamaha ont continué à se débattre avec les pneus français et les logiciels italiens.

La différence était que Honda avait Marc et Yamaha, non.

Ainsi, la YZR-M1 est passée de 11 victoires en 2015 à six en 2016, quatre en 2017 et une seule en 2018.

En réalité, selon Lorenzo, les problèmes de pneus rencontrés par Yamaha ne provenaient pas tant des Michelin que de ce qui leur était arrivé début 2016.

Michelin a connu deux défaillances de pneus arrière au cours des premiers mois de son retour, d'abord avec le Français Loris Baz lors des essais de Sepang en février, puis avec le Britannique Scott Redding lors des essais du Grand Prix d'Argentine en avril.

« Sans ce problème, je pense que j'aurais remporté un quatrième championnat, le plus facile de tous », déclare Lorenzo. « J'étais très performant lors des essais de pré-saison à Sepang, avec 0,9 seconde d'avance sur le deuxième [Rossi]. »

« Au début, le pneu arrière Michelin était très souple et très performant. J'aime beaucoup avoir un pneu arrière adhérent pour prendre de la vitesse dans les virages, j'ai donc remporté la première course au Qatar, puis le pneu de Redding a explosé en Argentine. »

Michelin a paniqué après cette deuxième défaillance, lors des essais du samedi à Termas. Ils ont retiré leurs pneus arrière habituels et les ont remplacés par des pneus plus rigides et plus résistants.

« Après ça, Michelin a rendu le pneu arrière beaucoup plus dur, et c'est là que nos problèmes ont commencé. C'était un vrai cauchemar pour nous, car la Yamaha était très performante en virage, et ce pneu dur nous a détruits. Le moteur Honda était très lent cette année-là [en raison de l'incompatibilité entre la RC213V et l'électronique Marelli], donc si la Yamaha avait eu de l'adhérence à l'arrière, Marc n'aurait pas pu nous battre. Même s'il a commis beaucoup d'erreurs cette année-là, nous en avons commis encore plus et nous avons perdu beaucoup en compétitivité. »

Lorenzo avait compris la situation, c'est pourquoi il a signé un contrat pour 2017/2018 avec Ducati, seulement deux semaines après le Grand Prix d'Argentine de 2016. Yamaha a remplacé son triple champion par un autre Espagnol prometteur, Maverick Viñales, qui avait piloté contre Marc lorsqu'ils étaient enfants.

Ducati a connu un essor fulgurant en 2016 et 2017, grâce à un travail acharné et à un peu de chance. Lorsque la marque de Bologne a perdu Casey Stoner à la fin du championnat de 2010, elle a connu des moments difficiles, passant cinq ans et exactement 100 courses sans victoire. Ducati a fait son premier pas vers le sommet en recrutant le célèbre ingénieur d'Aprilia, Gigi Dall'Igna, fin 2013.

Dall'Igna est un génie, non seulement parce qu'il sait concevoir des motos, mais aussi parce qu'il sait organiser une équipe d'ingénieurs. En 2014, il a refait Ducati Corse, en 2015, il a refait la Desmosedici et à partir de 2016, il a refait le MotoGP lui-même en introduisant la technologie des voitures de Formule 1 dans les motos de MotoGP.

Dall'Igna a également eu de la chance. La Desmosedici appréciait davantage les pneus Michelin que la Honda et la Yamaha. D'où la décision de Lorenzo de changer de camp.

« Pour être honnête, c'est une question de chance », m'avait confié Dall'Igna à l'époque.

Les nouveaux composants électroniques ont été un autre cadeau pour Ducati, car la marque utilisait Marelli depuis des années. Ainsi, alors que les Japonais se retrouvaient désorientés dans le labyrinthe de zéros et de uns de Marelli, Ducati savait exactement où aller pour trouver les performances nécessaires pour remporter des courses.

Il n'est donc pas étonnant que Honda et Yamaha aient rapidement commencé à embaucher des ingénieurs en électronique italiens, dont beaucoup venaient de Marelli, pour les aider à naviguer dans les algorithmes italiens.

Ducati a remporté sa première victoire en MotoGP après le départ de Stoner avec Andrea Iannone lors du Grand Prix d'Autriche de 2016. Márquez a terminé cette course loin derrière, à la cinquième place, sa RC213V étant incapable de rivaliser avec la Desmosedici sur les trois lignes droites du circuit.

Ce n'était pas tant un manque de puissance qu'un mauvais contrôle du *wheelie*, qui obligeait le pilote à relâcher l'accélérateur. Il y avait deux raisons à ça : le manque de compréhension de Honda concernant le logiciel *anti-wheelie* de Marelli et l'absence d'ailettes efficaces pour générer de l'appui aérodynamique sur la RC213V.

Ce fut le début de la guerre de l'appui aérodynamique qui prit rapidement une place importante en MotoGP.

Dovizioso a remporté sa première course avec Ducati à Sepang en octobre, prélude à une année 2017 exceptionnelle qui l'a propulsé au rang de nouveau rival numéro un de Marc.

Cette nouvelle rivalité était exactement ce dont Marc (et le MotoGP) avaient besoin. Les deux pilotes n'avaient aucun passé commun et, bien que Dovizioso connaissait toutes les astuces de Márquez, il a longuement réfléchi à la manière de battre le champion en titre à l'intelligence plutôt qu'à la force.

Viñales a remporté trois des quatre premières courses de 2017, puis a pratiquement disparu de la circulation, soufflant le chaud et le froid, comme toujours.

Pendant ce temps, Márquez connaissait son pire début de saison : quatrième au Qatar et victime d'une chute à Termas, il se retrouvait huitième au classement général. Il a ensuite remporté sa première victoire au COTA, puis a terminé deuxième derrière son coéquipier Dani Pedrosa sous une chaleur accablante à Jerez.

C'est à ce moment-là que Marc a demandé à ses ingénieurs d'installer des jauges de pression et de température des pneus sur le tableau de bord de sa RC213V, car son ressenti sur le pneu avant lui indiquait que ces facteurs avaient un effet considérable sur les performances du pneu avant Michelin. Une fois de plus, il avait une longueur d'avance.

Dovizioso s'est illustré en remportant des victoires au Mugello et en Catalogne, où Marc a signé un nouveau contrat avec Honda pour 2017 et 2018. Lors de la course suivante à Assen, il est devenu le premier pilote Ducati à mener le championnat depuis Stoner en 2009. La semaine suivante, en Allemagne, Marc a pris la tête du championnat.

Le mois suivant, il a livré le premier d'une série de délicieux duels pour la victoire avec Dovizioso, qui est devenu l'événement principal du MotoGP de 2017 à 2019. Chacune de ces confrontations en tête-à-tête s'est jouée dans le dernier virage, où Dovizioso a généralement pris le dessus sur Márquez, tel un torero face à un taureau, le poussant à faire une embardée incontrôlée, ce qui a permis à l'Italien de passer à l'intérieur et de remporter la course jusqu'au drapeau à damier.

Dovizioso a introduit sa tactique signature d'*undercut* au Red Bull Ring. Il l'a ensuite répétée à Motegi en 2017, à Losail en 2018 et 2019 et au Red Bull Ring en 2019. Marc n'a réussi qu'une seule fois à retourner l'arme de Dovizioso contre l'Italien, à Buriram en 2018.

« Toutes ces batailles ont été magnifiques, grâce à la façon dont j'ai géré Marc à ces moments-là », explique Dovizioso. « Je les ai gérées de manière parfaite et j'ai trouvé la clé pour lutter contre un pilote vraiment fort, intelligent et talentueux. »

« Je comprenais Marc et je savais de quoi il était capable, alors j'ai essayé de créer des situations en pensant à la façon dont il réagirait. C'était la seule façon de le battre et ça a fonctionné. »

« J'ai pu faire le *cut-back* parce que j'ai créé un petit écart pendant le freinage. J'ai freiné très tard, mais je savais que je pouvais arrêter la moto et je savais que Marc allait tout faire pour me dépasser. Je savais aussi qu'en raison de la situation que j'avais créée en freinant si tard, il ne serait pas en mesure d'arrêter sa moto. C'était mon approche. »

« Presque toutes ces victoires ont été remportées parce qu'il est pratiquement impossible de freiner plus tard que moi. Si vous essayez de freiner après moi, vous allez vous écarter et je serai prêt à vous dépasser par l'intérieur. »

Dovizioso n'a pas développé cette manœuvre spécialement pour battre Márquez ; il la pratiquait depuis son enfance, lorsqu'il pilotait une mini moto, souvent contre son grand rival d'enfance, Marco Simoncelli.

« J'ai appris cette façon de combattre en *pocket-bike*, alors je l'ai conservée pour les motos plus grosses et j'ai trouvé ça facile. »

Personne d'autre n'a battu Marc aussi souvent au cours de ces trois années, alors Dovizioso a maintenu le spectacle MotoGP en vie, ce pour quoi les fans le remercient encore aujourd'hui.

« Même après presque dix ans, les gens me disent encore : "Ah, cette course ou celle-là était géniale" », raconte-t-il.

« C'est vraiment agréable, car ça veut dire que j'ai touché le cœur des gens, ce qui est la chose la plus forte que l'on puisse faire. C'est pourquoi ces moments restent gravés dans les mémoires. »

Dovizioso et Márquez ont excellé pendant cette période, car eux et leurs équipes comprenaient mieux que quiconque le comportement capricieux des pneus Michelin.

« Les pneus changent chaque semaine, c'est donc un pari : parfois, vous touchez le jackpot, et parfois, vous perdez tout », a déclaré un ingénieur de l'usine, qui a souhaité rester anonyme.

C'est ce que Márquez faisait généralement le dimanche après-midi : il aidait les ingénieurs, souvent avec insistance, à coups de coude.

« Travailler avec les Bridgestone était plus facile, mais l'avantage avec les Michelin, c'est qu'un seul pneu peut sauver votre week-end », a-t-il déclaré. « Vous avez peut-être des difficultés avec la moto, mais avant de vous énerver, vous devez comprendre toutes les options de pneus, car si vous avez un problème, vous pouvez peut-être trouver une bonne option et votre moto fonctionnera alors beaucoup mieux que les autres. »

« C'est pour cette raison que tout est très équilibré entre les pilotes, car chaque moto et chaque pilote peuvent trouver la meilleure option en matière d'allocation de pneus. Ainsi, un week-end peut être plus favorable à un constructeur, tandis qu'un autre week-end sera plus favorable à un autre. »

Comme en Catalogne, où il a chuté cinq fois avant la course, au cours de laquelle il a poursuivi Dovizioso jusqu'à l'arrivée.

« Je voulais quand même prendre des risques pendant la course », a-t-il déclaré. « Et si je n'avais pas déjà chuté autant de fois, j'aurais chuté pendant la course ! »

Bon sang.

Pourtant, la hausse vertigineuse du nombre d'accidents n'était pas entièrement imputable à Michelin.

Ducati était en train de prendre un élan qui allait lui permettre de dominer totalement le championnat à partir de 2022, et Marc devait donc pousser sa moto à fond pour rester dans la course.

« Nous avons beaucoup de mal, notamment avec la stabilité de la moto, qui tremble tout le temps », a-t-il déclaré.

C'est alors que la RC213V a entamé sa longue descente vers l'infériorité, non pas tant parce qu'elle s'était détériorée, mais parce que Ducati trouvait de nouveaux moyens d'améliorer ses performances.

Marc n'était pas satisfait de la réponse de Honda à cette menace grandissante.

« J'espère gérer cette situation du mieux possible », a-t-il déclaré, pleinement conscient qu'il allait devoir faire encore mieux avec ses talents de pilote, jusqu'à ce que (en croisant les doigts) Honda construise une meilleure moto pour 2017.

À Brno, la machine n'était pas de son côté, mais la météo l'était, tout comme son instinct de prise de risque. La course a commencé sur une piste mouillée, tout le monde jouant la sécurité avec des pneus pluie. Au cours du deuxième tour, Marc est passé de la deuxième place, derrière Lorenzo, à la dixième. Que se passait-il ?

Il gardait sa stratégie secrète. Il savait que ses rivaux le suivraient dans les stands s'il venait chercher des pneus slicks alors qu'il était en tête du peloton, alors il les a laissés passer un par un ; Rossi, Dovizioso, Viñales, Johann Zarco, Pedrosa, Danilo Petrucci, Crutchlow et Aleix Espargaró, puis il s'est précipité dans la voie des stands. Du génie.

Quand il est revenu sur la piste au guidon de sa RC213V équipée de pneus slicks, il était 17ᵉ. Cinq tours plus tard, il avait 19 secondes d'avance.

« Je l'ai vu [se diriger vers la voie des stands] alors que nous entrions dans le dernier virage à la fin du deuxième tour », a déclaré Crutchlow en riant. « Je me suis dit : "Espèce de salaud !" parce que je savais qu'il nous avait encore roulés, comme au Sachsenring l'année précédente. »

Une rare panne moteur Honda à Silverstone a permis à Dovizioso de reprendre la tête du championnat, mais pas pour longtemps.

Marc a de nouveau remporté la victoire à Misano (où la foule a applaudi lorsqu'il a chuté lors du *warm-up*), en Aragón et à Phillip Island, où il s'est imposé dans une bataille rapide et acharnée (parfois effrayante), entre sept pilotes.

Ils se sont tous percutés : Iannone et Zarco ont percuté tous ceux qui osaient se mettre en travers de leur chemin, Marc a percuté Rossi et Rossi a percuté Zarco. Et ils semblaient tous adorer ça. C'est peut-être ce qu'ils auraient dû faire en 2015.

« C'est le jeu », a déclaré Rossi. « Si vous voulez jouer, c'est comme ça. C'est un peu plus dangereux, mais c'est comme ça. Sinon, vous devez rester chez vous. »

Dovizioso a remporté les courses à Motegi et Sepang, prolongeant ainsi la lutte pour le titre jusqu'à Valence, où Marc a réalisé ce qui est sans doute le plus beau sauvetage de sa carrière, et certainement le plus important, car s'il avait chuté, il aurait pu perdre le championnat.

Il a perdu l'avant dans le virage à gauche du premier tour, à 160 km/h, juste après avoir pris la tête. C'était une chute. Il n'y a aucun doute là-dessus. Sa RC213V était sur le côté, la roue avant complètement repliée, de la fumée s'échappait du pneu, sa jambe droite était en l'air.

Puis, miracle : il a enfoncé son genou gauche et son coude dans l'asphalte, a redressé la moto, a roulé sur la bande d'asphalte, toujours inclinée, puis a redressé la moto pour traverser le gravier.

Pedrosa, qui le suivait de près, a eu une vue imprenable sur la scène.

« C'était incroyable à voir », a-t-il déclaré. « On pouvait voir la ligne noire, sa position sur la moto, la fumée, la vitesse… ouf ! Et en même temps, il ne chute pas. »

Márquez a repris la piste en cinquième position, la foule compacte poussant des cris d'horreur ou de joie, selon leur allégeance.

« Quand j'ai perdu l'avant, je me suis dit : "Bon, je vais rester avec ma moto jusqu'à la fin" », a-t-il déclaré après avoir franchi la ligne d'arrivée en troisième position. « Je ne sais pas si nous allons finir dans le gravier, dans le mur ou… mais je resterai avec elle. »

Dans le paddock MotoGP, tout le monde était impressionné par ses pouvoirs apparemment surnaturels.

« Les gens continuent de dire que Marc est incontrôlable, mais est-ce que vous avez remarqué qu'il roulait différemment ? », a déclaré Dovizioso cet après-midi-là. « L'un des points positifs de Marc, c'est qu'il est capable de jouer avec la limite. Peu de pilotes en sont capables. La plupart du temps, il dépasse la limite et commet des erreurs, mais le fait qu'il ait remporté de nombreux titres signifie qu'il sait gérer cette situation. C'est sûr qu'il lui est difficile de ne pas jouer avec la limite. Pour lui, c'est normal, il doit le faire ! »

Comment diable peut-on battre quelqu'un comme lui ? Le paddock tentait encore de répondre à cette question alors qu'il arrivait au Qatar pour le début de la saison 2018 de MotoGP.

Honda avait fait du bon travail pendant l'hiver, facilitant un peu la vie de Marc. Au cours des deux années précédentes, ils s'étaient efforcés de rendre la moto plus facile à piloter, en inversant la rotation du vilebrequin (pour une meilleure maniabilité), puis en passant à une configuration d'allumage *big bang* (pour une puissance plus facile à délivrer). Cette fois-ci, ils ont trouvé plus de puissance, ce qui permet toujours aux pilotes de respirer un peu plus facilement.

« Le moteur est plus puissant sur toute la plage, il est 10 % plus performant que l'année dernière, ce qui permet de faire une petite erreur dans un virage sans perdre trop de temps à la sortie », a déclaré Crutchlow.

« Ducati est plus rapide dans certains domaines, nous travaillons donc pour être plus rapides dans d'autres », a expliqué Márquez. « Nous avons une meilleure accélération cette année, mais la clé d'une meilleure accélération n'est pas toujours un couple plus élevé, la clé est de contrôler les *wheelies*. Lorsque nous gérons bien les *wheelies*, notre accélération est meilleure. Nous avons un peu plus de puissance cette année, donc je ne ressens pas une grande différence par rapport aux Ducati, jusqu'à ce que nous utilisions les quatrième, cinquième et sixième vitesses. Elles ont un moteur tellement puissant dans ce domaine. »

Lorsque la course est serrée (et le MotoGP se resserrait encore), il est difficile d'améliorer un domaine de performance sans en pénaliser un autre. Il y a des hauts et des bas.

« Cette année, nous avons essayé d'améliorer notre moto afin d'être compétitifs sur tous les types de circuits », a-t-il ajouté.

« Nous sommes donc plus forts dans nos anciens points faibles, mais nous souffrons également un peu plus dans nos anciens points forts. »

Au Qatar, Marc a terminé à 0,027 seconde du vainqueur Dovizioso, un résultat prometteur, car Losail est l'un des circuits que la RC213V n'a jamais appréciés. Mieux encore, il n'a pas semblé perdre le contrôle de sa moto pendant tout le week-end.

Comme les choses changent vite. Trois dimanches plus tard, en Argentine, il a connu la journée de course la plus chaotique de sa carrière, ce qui a poussé Rossi à l'accuser d'avoir détruit ce sport.

La journée de Marc a mal tourné lorsque la course, retardée par la pluie, était enfin prête à démarrer, et les problèmes n'ont cessé jusqu'à ce que le drapeau à damier soit tombé.

La grille de départ a été un fiasco, Marc aggravant le chaos lorsque son moteur a calé quelques instants avant le départ.

Selon les règles, il aurait dû quitter la grille et prendre le départ de la course depuis la voie des stands. Mais s'il pouvait faire autrement, il allait le faire.

Il a réussi tant bien que mal à démarrer sa moto, puis a fait demi-tour pour regagner sa place sur la grille, tandis que le personnel de la grille le poursuivait comme des policiers à la poursuite d'un voleur de scooter. Lorsque la course a commencé, il a immédiatement été sanctionné pour son infraction sur la grille par une pénalité de passage par les stands, qui l'a fait passer de la première à la 17e place.

Márquez se retrouvait désormais avec un retard de 19 secondes sur le nouveau leader, Jack Miller. Impossible ? Ce mot n'existe pas.

Il était désormais en mission, imperturbable malgré la piste humide, dépassant ses rivaux comme s'ils étaient des retardataires, comme s'il jouait à un jeu vidéo, parfois avec quelques secondes d'avance par tour sur ses adversaires. Il semblait presque grisé par sa propre vitesse.

Sa prochaine erreur fut de percuter Aleix Espargaró, une manœuvre dangereuse, car le crime fut commis à grande vitesse. La direction de course lui infligea une deuxième pénalité, lui ordonnant de rendre sa position. Il entra ensuite en collision avec Bradley Smith et Tito Rabat.

Cette course folle se poursuivit jusqu'à ce qu'il trouve Rossi devant lui.

Marc roulait près d'une seconde plus vite que le vétéran et leur passé houleux aurait peut-être dû le faire réfléchir avant d'attaquer. Mais ce ne fut pas le cas. Il a plongé vers l'intérieur dans l'avant-dernier virage à faible vitesse, sa RC213V dérapant sur le côté alors qu'il bloquait l'avant.

Il est arrivé trop vite, comme Maradona conduisant une voiture à hayon dans les ruelles de Buenos Aires à trois heures du matin.

Il n'a pas réellement fait tomber Rossi, mais la collision a envoyé l'Italien sur l'herbe humide, où il s'est renversé à vitesse réduite.

Après coup, Marc, Emilio Alzamora et le nouveau directeur de l'équipe Repsol Honda, Alberto Puig, sont allés présenter leurs excuses à Rossi, mais ils ont été vertement repoussés par le meilleur ami et bras droit de Rossi, Uccio Salucci.

La direction de course lui a infligé sa troisième sanction de la journée, ajoutant 30 secondes à son temps de course, ce qui l'a fait sortir du classement. Une disqualification aurait peut-être été plus appropriée, surtout pour Rossi, qui avait atteint le limiteur de régime.

« Si vous prenez ce qu'il s'est passé ce week-end, un par un, ces incidents peuvent arriver à n'importe qui », a déclaré l'Italien. « Vous pouvez faire une erreur de freinage, vous pouvez toucher un autre pilote, ça arrive. C'est ça la course. »

« Mais dès le vendredi matin, il a fait ça avec Viñales et Dovizioso, puis samedi avec moi, et aujourd'hui, pendant la course, il a percuté quatre pilotes. J'ai peur quand je vois son nom sur le tableau de panneautage, car je sais qu'il va m'attaquer. »

Márquez a invoqué les conditions difficiles de la piste, à la fois mouillée et sèche.

« Je ne pense pas avoir fait quoi que ce soit de fou », a-t-il déclaré avant de décrire l'incident avec Rossi. « La ligne [au virage 13, où il a percuté la Yamaha] était sèche, mais j'ai roulé sur une plaque d'eau, j'ai bloqué l'avant et j'ai dû relâcher le frein. Bon, j'ai eu un contact. J'ai essayé de tourner et, quand je l'ai vu chuter, j'ai juste essayé de lui dire que j'étais désolé. »

Avec le recul, il voit les choses différemment.

« Ce jour-là, j'étais beaucoup plus rapide que tout le monde et je n'avais aucune patience pour dépasser », explique-t-il. « J'ai créé des situations dangereuses et j'ai été pénalisé pour ça. J'ai commis des erreurs et j'ai tiré les leçons de ces erreurs. »

Marc n'était pas le seul mauvais garçon à Termas. La ligne sèche étroite entre les zones humides a contribué à plusieurs autres collisions, notamment celle entre Zarco et Pedrosa, l'Espagnol malchanceux se cassant le poignet dans l'accident qui a suivi. Aleix a ensuite reçu un deuxième coup, cette fois de Danilo Petrucci.

Ni Zarco ni Petrucci n'ont été sanctionnés.

C'était la première année sans victoire de Pedrosa en MotoGP et aussi sa dernière saison dans le championnat. Le petit Espagnol était le fils préféré de Honda, jusqu'à l'arrivée de Marc. Après ça, il a été victime de malchance, de blessures et d'un coéquipier plus rapide.

« Quand vous le pouvez, vous devez rendre la vie impossible à votre coéquipier », déclare Marc dans le documentaire *All In*.

Il n'est pas surprenant que Pedrosa ait été mécontent chez Honda, car le développement s'était orienté vers leur pilote le plus rapide. Et Marc en a profité, car il faut utiliser toutes les armes à sa disposition...

« Si une pièce de rechange arrivait et qu'on me demandait : "Que penses-tu de cette pièce, tu veux l'essayer ?", même si je n'en avais pas envie, je ne voulais tout simplement pas que lui [Dani] l'ait. »

L'un des plus anciens adages de la course dit : le premier pilote que tu dois battre, c'est ton coéquipier. Ce n'est pas compliqué. Quand vous êtes plus rapide, l'équipe fera tout pour vous et beaucoup moins pour votre coéquipier.

Trois décennies plus tôt, le champion MotoGP en titre Wayne Rainey avait été rejoint dans l'équipe Yamaha par un jeune pilote impressionnant ; John Kocinski. Rainey savait qu'il devait détruire son nouveau coéquipier, sinon l'équipe risquait de concentrer ses efforts techniques sur l'autre côté du garage.

« John pensait qu'il allait battre tout le monde », se souvient Rainey. « Je ne savais pas s'il allait y arriver ou non, mais pour ça, il allait devoir me battre. J'ai commencé à m'en prendre à lui dès le premier tour des tout premiers essais. Je m'assurais toujours d'être plus rapide que lui à la fin de la journée. Peu m'importait les moyens à employer pour y parvenir. Je savais que, si je réussissais à faire ça suffisamment souvent à John, il finirait par ne plus penser à moi et commencerait à rejeter la faute sur tout le reste. »

La campagne de démolition de Rainey a fonctionné : Kocinski a été licencié la saison suivante.

L'objectif de Marc était le même : conserver l'élan technique de Honda de son côté du garage, même si ça signifiait semer la confusion chez Pedrosa. Tout est permis en amour comme à la guerre.

Qu'en est-il de la théorie selon laquelle Márquez serait en partie responsable des difficultés rencontrées par la RC213V, qu'il aurait orienté Honda vers un développement qui l'a aidé et a nui aux autres pilotes de la RC213V ? La plupart des membres du paddock pensent qu'il s'agit d'un mythe, mais pas tous.

Stoner, qui était le pilote d'essai principal de Honda pendant les trois premières années de Marc en MotoGP, a sa propre théorie sur la question.

« Je dirais que Marc a bien pris cette route avec sa moto, mais je ne sais pas si c'était autant lui que ses ingénieurs », explique l'Australien. « Je suis allé à Motegi pour faire des essais en 2015 et j'ai roulé avec la moto de Marc, en me disant que je ne pouvais plus faire ça. J'étais loin des temps au tour, je n'avais aucune sensation, je ne comprenais pas la moto. Après le déjeuner, j'ai enfourché la moto de Dani et j'ai immédiatement gagné près d'une seconde et j'ai pu sentir la moto. »

« Je pense que l'équipe de Marc s'est trop concentrée sur le point de freinage. Il était tellement fort au freinage qu'ils ont voulu renforcer encore plus ce domaine. La moto était donc excellente au freinage, mais c'était tout. Le reste de la moto était tellement difficile à piloter. »

En fait, Honda a bien essayé d'adapter la RC213V pour la rendre plus conviviale pour Pedrosa et Crutchlow, mais leurs efforts ont toujours été vains.

« Marc, Dani et moi nous asseyions avec Takeo [Yokoyama] », se souvient Crutchlow. « Nous étions assis là et nous disions : "Bon, roulons plus doucement et essayons de modifier la moto pour pouvoir faire ce que fait la Yamaha, c'est-à-dire maintenir la vitesse dans les virages." Mais ça ne fonctionnait pas, ce n'était tout simplement pas dans l'ADN de la moto. »

Après le chaos en Argentine, Márquez a su éviter les problèmes lors des trois courses suivantes (COTA, Jerez et Le Mans) en dominant et en restant à l'écart des autres pilotes. Facile quand on sait comment s'y prendre.

« Après ce qu'il s'est passé en Argentine, j'ai changé de stratégie, j'ai poussé fort dans les premiers tours et j'ai creusé l'écart. »

Le premier de ses deux accidents en 2018 s'est produit au Mugello. Il savait pourquoi il était tombé et voulait désormais y remédier. Le problème venait toujours de l'avant de la RC213V. La moto avait besoin du pneu avant le plus dur, ce qui constituait souvent un handicap important, car le caoutchouc dur offre moins d'adhérence que le caoutchouc tendre et avertit moins le pilote lorsqu'il perd de l'adhérence.

« Nous essayons de comprendre l'avant de la moto et pourquoi nous devons toujours utiliser des pneus durs », a-t-il déclaré.

De nombreuses expériences ont suivi, portant sur la géométrie, la rigidité du châssis et les réglages de la suspension.

« Quand Marc parle, il vous donne une idée précise de la moto », a déclaré Sergio Escribano Beitia, son technicien de suspension chez Öhlins. « Trop de pilotes se contentent de dire : "J'ai de l'adhérence", ou "Je n'ai pas d'adhérence", ou "J'ai trop de mouvement", les choses habituelles. Il entre toujours dans les détails, ce qu'il se passe avec la moto, avec les sensations, donc il vous donne déjà la réponse. »

Et pourtant, l'avant de la RC213V s'est avéré difficile à régler. Marc a dû continuer à compter sur ses compétences. Et ses coudes.

À Assen, il a remporté ce qui est peut-être la plus grande bataille de tous les temps, huit pilotes engagés dans un combat acharné, jusqu'à ce qu'il prenne l'avantage et s'échappe dans les derniers tours.

« Une course folle », a déclaré Marc en souriant. « Comme une meute de loups se battant contre tout le monde. C'était incroyable. »

La course s'est terminée avec les 15 premiers séparés par seulement 16 secondes, un record historique. Comparez ça à la toute première course de MotoGP (le Senior TT de l'île de Man en 1949), où les 15 premiers étaient séparés de plus de 14 minutes.

Pendant ce temps, la Desmosedici de Ducati continuait de gagner en puissance. La moto était désormais si performante que, pour la première fois de son illustre histoire, la marque de Bologne comptait deux pilotes en lice pour le titre. Dovizioso a remporté quatre victoires en 2018, son coéquipier Lorenzo en a remporté trois et l'ancienne star de Yamaha en aurait certainement remporté davantage sans sa blessure.

Que de mauvaises nouvelles pour Márquez. Honda avait peut-être stoppé sa descente pour le moment, mais Dall'Igna grimpait de plus en plus haut, utilisant de plus en plus la technologie de F1. Et il commençait enfin à maîtriser l'aérodynamique inspirée de la F1, un nouveau domaine d'expertise dans le monde de la moto.

« À partir d'Assen, nous avons commencé à travailler différemment », a déclaré Dovizioso. « Nous avons installé des ailettes sur la moto et ne les avons plus jamais retirées, car, jusqu'alors, nous les utilisions parfois, parfois non, ce qui créait une certaine confusion dans les réglages. Puis, course après course, nous avons tout analysé et essayé de comprendre la voie à suivre. »

À ce moment-là, la RC213V était également équipée d'ailettes, mais Ducati avait clairement une longueur d'avance en matière de connaissances et d'application de l'aérodynamique de la force d'appui.

C'est ainsi que Ducati a commencé à s'imposer comme la puissance technique dominante du MotoGP. Au Red Bull Ring (« Ducati-land », selon Marc), Dovizioso et Lorenzo se sont ligués contre lui pour livrer une bataille à trois passionnante sur le circuit autrichien ultrarapide, digne d'une carte postale, surplombé par les sommets alpins.

Dans le dernier tour, les deux Espagnols devançaient l'Italien. Cette fois-ci, Lorenzo a emprunté la stratégie d'*undercut* de Dovizioso pour battre Marc d'un dixième.

« Quand vous battez un pilote aussi fort que Marc sur la ligne d'arrivée, c'est incroyable », se souvient Lorenzo. « Vous ne pouvez pas battre cette adrénaline, c'est comme marquer le but de la victoire à la dernière minute de la finale de la Coupe du monde. »

« Quand je l'ai battu, j'ai beaucoup apprécié, mais après la course. Pendant la course, il est évidemment difficile de profiter du moment, car la tension et la pression sont énormes, et votre rythme cardiaque atteint 185. Il est difficile d'en profiter, car votre profession est la chose la plus importante dans votre vie. »

« Marc et moi pouvions nous battre pendant toute la course avec les mêmes temps au tour, du premier au dernier virage, mais avec des styles de conduite complètement différents et des mentalités complètement différentes sur la façon d'aller vite à moto. »

« J'étais très régulier et précis, ce qui m'a permis de rester sur la même trajectoire, large de 20 centimètres, pendant toute la course. Lui, il n'était pas précis dans ses trajectoires. Ses trajectoires d'entrée en virage pouvaient varier de deux mètres d'un tour à l'autre, mais il conservait la même vitesse dans ce virage ou ce secteur. »

« Ensuite, j'étais plus fort dans les virages à droite, il était plus fort dans les virages à gauche. J'étais plus fort dans les virages à vitesse moyenne et élevée, il était plus fort dans les virages lents. »

« Je pense que j'étais plus fort que Marc et la Honda en vitesse dans les virages, donc, dès qu'il faisait une petite erreur et ouvrait sa trajectoire, j'en profitais. »

« Parfois, je trouvais un endroit où je pouvais être un peu plus fort ou au moins au même niveau que lui au freinage. Par exemple, à Brno en 2018, je l'ai dépassé en freinant dans un virage à droite. Il est un peu plus faible dans les virages à droite, donc vous le suivez de près pendant trois, quatre, cinq tours, pour comprendre dans quelles parties du circuit vous pouvez le rattraper et dans quelles zones il est plus fort, afin de trouver où il est plus facile pour vous d'attaquer. Il ne faut pas être stupide et essayer de le dépasser dans les virages où il est plus fort. »

Lorenzo a construit son titre jusqu'à ce qu'il se blesse en Aragón, où Marc l'a percuté dans le premier virage, le faisant sortir large, où il a été projeté en l'air, se cassant plusieurs orteils.

« Marc a détruit ma course et mon pied », s'est-il emporté. « Il ne m'a pas laissé entrer dans le virage. Il m'a fait sortir de la piste, où j'ai accéléré et où je me suis écrasé. Il s'en fichait de moi. »

Le lendemain, Lorenzo était plus philosophe. « J'ai toujours pensé que la vie et le sport étaient comme des montagnes russes. Dimanche, j'ai vécu ma dernière descente. Je n'ai pas aimé ça. En fait, je l'ai détesté de toutes mes forces, tout en me maudissant de ne pas l'avoir prévu. »

Marc a eu la chance que son compatriote ne soit pas chez Ducati en 2019. Lorenzo s'était brouillé avec la direction de Ducati, ce qui l'avait conduit à signer un contrat avec Repsol Honda. Les super-ennemis allaient devenir coéquipiers.

À ce stade, Márquez était en passe de remporter son cinquième titre MotoGP, personne d'autre n'étant capable de monter sur le podium semaine après semaine.

Les journalistes devaient donc chercher ailleurs des sensations fortes.

Lors de la conférence de presse précédant l'épreuve de Misano, un membre espiègle des médias a demandé à Márquez de serrer la main de Rossi, assis juste à côté de lui.

« Pour moi, ce n'est pas un problème de lui serrer la main », a déclaré Rossi.

Mais lorsque Marc lui a tendu la main, l'Italien a secoué la tête et a fermement refusé.

« Vous voyez, c'est comme ça », a déclaré Marc en riant. « Qu'est-ce que je peux dire ? Quoi qu'il en soit, il n'y a pas de problème, je piloterai de la même manière. »

Le lendemain, il a poursuivi Rossi lors des essais, le dépassant à la vitesse effrayante de 240 km/h dans le onzième virage.

Un triplé de victoires en Aragón, à Buriram (le nouveau circuit MotoGP dans la Thaïlande passionnée de motos) et à Motegi lui a permis de remporter le titre pour la troisième fois lors de la course à domicile de Honda.

Márquez était désormais le plus jeune pilote à remporter cinq titres MotoGP, battant le record de Rossi. Mais tout n'était pas rose pour autant. Il chutait encore beaucoup trop souvent (27 fois en 2017, 23 fois en 2018) et son corps n'appréciait pas.

À Motegi, ses célébrations ont été interrompues lorsque Scott Redding, pilote Aprilia avec lequel il avait partagé son premier podium en Grand Prix en 2008, l'a pris dans ses bras. À ce moment-là, son épaule gauche était si faible que son bras s'est déboîté.

« Je me suis allongé et mon frère et José [Luis Martinez, son assistant] l'ont remis en place. Ce n'est pas la première fois : pendant la saison, je me suis luxé l'épaule plusieurs fois pendant mes entraînements à la maison. »

Valence était encore plus hivernale que d'habitude : froid et humidité, mécaniciens frissonnants, bonnets en laine, manteaux d'hiver et parapluies.

Sans se soucier de la piste glissante et de son épaule instable, Marc s'est lancé dans les qualifications. Lors de son premier tour rapide, il a perdu l'avant dans le quatrième virage à droite, où le côté droit des pneus n'a pas touché l'asphalte pendant environ 30 secondes.

Il a fait une roulade dans le bac à gravier, tenant déjà son épaule blessée, qui s'était à nouveau luxée. Il s'est relevé, plié en deux de douleur, et a titubé jusqu'au mur de pneus, où il est resté debout, grimaçant de douleur.

Alzamora l'a ramené au paddock, où son équipe l'a aidé à monter dans le camion, où l'humérus a été remis en place dans son articulation. Six minutes et 18 secondes après l'accident, il était de retour sur la piste avec sa deuxième moto, qu'il a conduite à 0,130 seconde de la pole position.

Quelques semaines plus tard, Marc a subi une opération chirurgicale pour une reconstruction complète de l'épaule gauche. L'articulation était si fragile que lorsque l'anesthésiste l'a endormi, son bras gauche s'est immédiatement déboîté. L'opération a duré quatre heures, au lieu des 90 minutes prévues, en raison de la gravité des lésions tendineuses.

La volonté de Marc de se donner à fond pour atteindre la gloire n'était pas la seule raison pour laquelle son épaule gauche, et son épaule droite 12 mois plus tard, ont dû être reconstruites. Il souffre du syndrome d'hypermobilité, ce qui signifie que ses articulations s'étirent plus que la normale, et qu'elles sont donc plus susceptibles d'être endommagées en cas de chute.

CHAPITRE 13

« MA MOTO EST TOUJOURS DIFFICILE À PILOTER, REGARDEZ LES AUTRES HONDA »

Samedi 3 août 2019, à Brno, où le ciel est sombre et menaçant, la pluie va et vient tandis que les équipes démarrent leurs motos MotoGP pour les qualifications, les moteurs vrombissent, la voie des stands tremble.

Sur la piste, les zones humides sont omniprésentes, Márquez effectue donc son premier tour en Q2 avec des pneus pluie, comme tout le monde. Puis, il fait ce qu'il fait toujours ; il décide de prendre un risque. Pourquoi ne pas tenter sa chance avec des pneus slicks ? Un choix audacieux, comme d'habitude. Quel héros !

Ou peut-être pas. Car la différence entre un héros et un zéro est très mince en moto. Et souvent très douloureuse. La pluie revient quelques instants après qu'il a quitté la voie des stands pour sa deuxième tentative, et son pari courageux échoue.

Du moins, c'est ce que tout le monde pense. La pluie continue de tomber, parfois très fort. Et Marc continue d'accélérer. Son dernier tour est marqué par une succession de secteurs rouges, il frôle donc vraiment la catastrophe. Et tout ça pour rien, parce qu'à présent, la pluie s'abat sur les derniers virages en S gauche/droite, et tout ce qu'il a gagné au début du tour, il est sur le point de le perdre.

Marc arrive à pleine vitesse dans les derniers virages en S et fait passer sa RC213V dans le virage à gauche détrempé. Les ingénieurs qui regardent les écrans de télévision sur le muret des stands tressaillent visiblement ; il va y avoir un gros accident. Mais, contre toute attente, ce n'est pas le cas.

Márquez redresse sa RC213V et vise le dernier virage à droite, le pneu arrière cherchant à adhérer, la moto entière dansant comme des gouttes de pluie sur le bitume.

Quelques instants plus tard, il franchit la ligne d'arrivée, avec 2,524 secondes d'avance sur Jack Miller, dont l'équipe Pramac Ducati s'apprêtait à célébrer sa première pole position de l'année.

« Je suis arrivé à la fin de la session », a déclaré Miller. « Les gars m'ont tous félicité. Ils m'ont dit : "C'était une bonne session, mec !" Puis, j'ai regardé les écrans et j'ai vu que j'avais deux secondes de retard. Une bonne session ? Bonne ? Putain, ça fait mal. Ça fait mal. »

Le pilote d'usine Ducati Danilo Petrucci, qui avait remporté sa première victoire en MotoGP quelques semaines plus tôt, a exprimé le sentiment général.

« Je ne comprends pas pourquoi la piste était sèche pour Marc et mouillée pour nous », a déclaré l'Italien en secouant la tête, incrédule.

C'est ainsi que s'est déroulée la saison 2019, la meilleure saison de Marc avec Honda et très certainement la plus belle campagne en catégorie reine à ce jour : 19 courses, 12 victoires, six deuxièmes places et un abandon (qui n'était pas de sa faute).

Marc était à un autre niveau (le niveau 93), quelque part dans la stratosphère. Il a terminé la saison avec 420 points, 151 devant le deuxième, Andrea Dovizioso, ce qui signifie qu'il a marqué près de 60 % de points de plus que le deuxième meilleur pilote.

Ce serait extraordinaire en toutes circonstances, mais à une époque où les machines n'avaient jamais été aussi égales, c'était vraiment incroyable.

« Marc a des astuces partout », a déclaré Cal Crutchlow, son coéquipier chez Honda. « Il est comme Houdini : il disparaît dans les airs. On le voit une minute, et la minute d'après, il n'est plus là. Je pense qu'il a un tour dans chaque secteur. »

« Même en tant que pilote, on ne peut pas rendre suffisamment hommage à ce gars-là : ce qu'il fait avec sa moto est vraiment exceptionnel. Il fait quelque chose de différent dans presque chaque virage, dans chaque zone de freinage et d'accélération. »

« Marc écrase tous les autres grâce à ses victoires. Il les écrase et il continuera à le faire pendant encore Dieu sait combien d'années. Il aime les écraser, il adore cet aspect-là. Il monterait sur le podium avec l'Aprilia et il monterait sur le podium avec la KTM [des machines rivales qui ont pour la plupart eu du mal à se hisser dans le top 10]. Si les gens pensent le contraire, c'est qu'ils n'y connaissent rien. »

« Marc est Marc, c'est une bête à part », confirme Miller. « Il sait contourner les problèmes, comme lorsqu'il est en difficulté avec l'adhérence. L'un des principaux atouts de la Honda est sa grande maniabilité, surtout avec Marc au guidon, et en particulier dans les chicanes serrées, mais ça veut dire que la moto n'est pas parfaite pour les circuits rapides et fluides, alors il contourne simplement le problème. La Honda n'est pas la meilleure moto partout, mais quand il est au guidon, il est imbattable pour le championnat. »

« Le plus grand changement cette année, c'est la vitesse de Marc, la façon dont il s'est amélioré et dont il est rapide dès le premier tour », a déclaré Dovizioso. « Il est un peu plus rapide que tout le monde, alors nous dépensons notre énergie, prenons plus de risques et usons tellement nos pneus que nous les finissons plus tôt que l'année dernière. Il fait quelque chose de spécial. »

« Je pense que l'une de ses plus grandes qualités est sa capacité à freiner brusquement, en prenant des risques avec l'avant et en faisant déraper l'arrière, tout en conservant sa trajectoire. Ce dérapage arrière soulage quelque peu le pneu avant et permet de gagner un demi-dixième à chaque virage. »

Si la technique de dérapage dans les virages est l'atout majeur de Marc, sa technique d'accélération est également exceptionnelle.

« Marc ressent très bien le pneu arrière, ce qui lui permet de contrôler le patinage », explique Takeo Yokoyama, alors directeur technique chez HRC. « Marc sait sentir et gérer l'accélérateur. Le contrôle de traction est important, mais l'intervention du pilote l'est encore plus. Il est essentiel d'être fluide et sensible avec l'accélérateur, en particulier sur les pistes à faible adhérence. Parfois, en réduisant l'accélération, on sort plus rapidement du virage, sans patiner. Si vous êtes trop agressif avec l'accélérateur, le pneu arrière commence à patiner et, une fois qu'il a commencé à patiner, vous ne pouvez plus l'arrêter, vous perdez donc de l'adhérence et vous usez trop le pneu. »

Cette année, la Honda est très bien équilibrée, ce qui permet à Marc d'utiliser des pneus plus tendres avec plus de potentiel. Ce qui lui donne un avantage supplémentaire ; c'est pourquoi il peut vraiment creuser l'écart cette année.

« Son mode d'entraînement est également crucial : il s'adonne régulièrement au motocross et au *dirt track*. Et quand on voit son physique, son torse et ses bras, on constate qu'il est très fort. C'est donc grâce à son entraînement, à sa force physique, à son *feeling* avec l'avant et à ses réactions. »

À présent, Márquez comprend parfaitement comment tirer le meilleur parti de la combinaison Marelli/Michelin.

« Avant le logiciel de contrôle, nous pouvions beaucoup plus utiliser le TC pour arrêter les dérapages », a-t-il déclaré. « Maintenant, le contrôle est davantage entre vos mains. Mais le pneu arrière Michelin patine aussi d'une manière complètement différente de celle du pneu arrière Bridgestone, vous devez donc comprendre que, pour être rapide, il faut laisser le Michelin patiner un peu, car la moto continue d'avancer. Mais si vous patinez trop, la fumée apparaît ! Vous devez donc trouver votre propre compromis sans le TC, car celui-ci aide beaucoup moins. »

Bien sûr, il n'était pas imbattable, mais quatre de ses six défaites (face à Dovizioso, Petrucci et Álex Rins), ont été remportées avec deux dixièmes de seconde d'avance ou moins, Marc se battant jusqu'au drapeau à damier pour la victoire. Seul Maverick Viñales a réussi à le distancer, le battant de quatre secondes à Assen et de trois à Sepang, mais ce sont les seules victoires du pilote Yamaha en 2019.

Et qu'a-t-il ressenti en écrasant ainsi ses rivaux ? Marc cherche les mots justes…

« On se sent comme un super-héros », dit-il en riant. « Non, pas un super-héros, mais c'est agréable. Ça vous donne une confiance supplémentaire, mais cette confiance supplémentaire peut aussi vous mener dans une mauvaise direction. Par exemple, en 2015, après avoir remporté de nombreuses courses en 2014, je n'acceptais pas que la moto ne soit pas dans les meilleures conditions pour lutter pour la victoire, alors j'ai continué à essayer et j'ai chuté plusieurs fois. J'ai fait beaucoup de zéros et j'ai perdu le championnat, donc il faut contrôler cette confiance supplémentaire. »

Sa sixième couronne MotoGP l'a également propulsé sur le podium de l'histoire. Deux autres pilotes avaient remporté six titres ou plus dans la catégorie reine : Valentino Rossi et Giacomo Agostini, avec respectivement six et huit titres. Un panthéon VIP au sein du panthéon.

Et Márquez continuait de s'améliorer. « Est-il à son apogée aujourd'hui ? », s'est demandé Rossi. « Je ne sais pas, car il est jeune et peut encore s'améliorer. »

Qu'est-ce qui a rendu la saison 2019 de Marc si spéciale, outre la combinaison habituelle de talent, d'intelligence, de courage et de dévouement ?

« L'une des principales raisons était que j'ai commencé la saison avec une motivation supplémentaire », explique-t-il. « Pourquoi ? Parce que mon coéquipier était Jorge Lorenzo, quintuple champion du monde, qui venait de Ducati, où il remportait des courses. »

« Puis, au cours de la saison, je me suis senti de plus en plus fort. Je ne sais pas pourquoi, mais j'avais un très bon *feeling* et la moto de cette année-là fonctionnait très bien avec l'aérodynamique et les pneus de l'époque. »

D'un autre côté, la RC213V n'était toujours pas une machine facile à maîtriser.

« Ma moto est toujours difficile à piloter, regardez les autres Honda », a-t-il déclaré à Jerez, où le deuxième meilleur pilote sur RC213V était Cal Crutchlow, huitième au classement, avec quatre dixièmes de seconde de retard. Crutchlow a également terminé l'année en tant que deuxième meilleur pilote Honda, neuvième au classement général, avec moins d'un tiers des points marqués par le champion.

Crutchlow se souvient d'une moto redoutable, mais gratifiante.

« Quand la Honda était au top, elle était au top », explique le Britannique. « C'était une moto incroyable à piloter, sur les circuits où elle fonctionnait bien. Mais elle était plus difficile à piloter que la plupart des autres. Il fallait beaucoup plus pousser pour améliorer son temps au tour et on gagnait beaucoup de temps au freinage. Et comme les pilotes ont tendance à retenir leur souffle lorsqu'ils freinent (en contractant leur corps pour résister aux forces *g*), la Honda était plus exigeante physiquement. Et dès qu'on se relâchait sur la Honda, on perdait une seconde par tour. »

« Marc a compris que plus on pilotait la Honda avec force, plus on allait vite et plus on ressentait les sensations de la moto. On avait plus de problèmes avec la Honda quand on roulait moins vite que lorsqu'on était à la limite absolue. »

« Je me souviens avoir utilisé un moniteur cardiaque sur la Yamaha et avoir atteint une moyenne de 174 bpm sur toute la course. Sur la Honda, j'atteignais une moyenne de 192, car la moto était très puissante. »

Mettre Marc et Lorenzo dans le même garage (les deux pilotes les plus titrés de la dernière décennie, mais qui ne sont pas vraiment les meilleurs amis du monde) était une décision courageuse.

Manifestement, Honda pensait pouvoir gérer la situation, tout en espérant que l'arrivée de Lorenzo leur permettrait d'avoir la meilleure équipe d'usine depuis de nombreuses années, ce dont ils avaient besoin, car Ducati avait un élan de développement considérable.

Mais les choses ne se sont pas tout à fait passées comme prévu. Si Márquez trouvait que la RC213V 2019 fonctionnait très bien, Lorenzo n'était pas du même avis. Celui qui avait remporté 44 courses de MotoGP pour Yamaha et trois pour Ducati n'a jamais été près de gagner pour Honda. Il n'a même pas réussi à monter sur le podium. En fait, il n'a pas obtenu un seul résultat dans le top 10 sur cette moto.

À la fin du mois de juin, la RC213V avait détruit Lorenzo. Il avait eu une violente chute lors des essais à Assen, se fracturant deux vertèbres, ce qui l'avait obligé à porter un corset pendant plusieurs semaines. Lorsqu'il a repris la compétition lors du Grand Prix de Grande-Bretagne en août, il était encore traumatisé par sa blessure (qui pourrait le lui reprocher, car les blessures à la colonne vertébrale sont quelque chose de particulier). Il s'est contenté de faire le tour des huit dernières courses, souvent à deux ou trois secondes du rythme, souvent hors des points. Sur une Honda d'usine. Il n'était plus que l'ombre de lui-même. Et voilà, sa carrière était terminée.

La chute de Lorenzo a rappelé de manière frappante la fragilité du psychisme humain, ce qui n'a fait qu'amplifier la force mentale des pilotes qui encaissent coup sur coup et reviennent avec le sourire, pleinement conscients que le pire peut arriver à tout moment.

Chaque matin de l'hiver 2018-2019, Márquez se remémorait ces coups, car son épaule gauche, fraîchement reconstruite, le faisait atrocement souffrir.

Pour accélérer la guérison de l'articulation, son kinésithérapeute personnel, Carlos J Garcia, membre du personnel de la Clinica Mobile, a quitté son domicile à Madrid pour s'installer à Cervera, où ils ont travaillé ensemble cinq à six heures par jour, sept jours sur sept.

« Nous avons établi un programme en plusieurs étapes », explique Garcia. « Nous avons d'abord traité l'inflammation, donc beaucoup de cryothérapie, de traitement anti-inflammatoire, avec et sans machines. Ensuite, nous avons commencé à mobiliser l'articulation. Puis, nous avons renforcé l'articulation. »

« Marc me laisse toujours faire ce que je pense être le mieux. Après ses deux opérations à l'épaule, nous avons eu des problèmes avec la partie avant de l'épaule, alors il a fait du karting, car c'est bon pour la force. Ça lui a également permis de s'amuser, ce qui est important. Et il a dit que c'était important parce qu'il ressentait à nouveau la vitesse. Après ça, il est passé aux mini-motos, puis est revenu aux grosses motos. »

Ce type de rééducation de l'épaule prend 20 semaines, mais Garcia ne disposait que de huit semaines avant les premiers essais de pré-saison à Sepang.

« Quand nous sommes arrivés à Sepang, nous avons eu une réunion avec Santi [Hernández] et nous avons dit : “Bon, voici l'état de santé de Marc, nous ne pouvons donc pas faire des journées complètes. Le premier jour, il peut faire un tiers des tours normaux, puis, si tout va bien, peut-être deux tiers le deuxième jour et, comme d'habitude le dernier jour." »

Toutes ses courses ont été organisées en fonction de son programme quotidien de physiothérapie.

« Je ne peux pas adopter mon style de conduite habituel à cause de mon épaule », a déclaré Marc pendant les essais. « Si je pilote normalement, mon énergie diminue immédiatement, je perds en puissance et la douleur s'intensifie. Je dois donc piloter de manière plus fluide, ce qui est étrange, car ce n'est ni mon instinct ni mon style. »

Ça ne semblait pas être le prélude à une saison exceptionnelle, mais Marc avait tellement confiance en lui et en Honda qu'ils ont signé un nouveau contrat en février. Non pas pour les deux années habituelles, mais pour quatre ans, jusqu'à la fin de 2024. Selon les rumeurs, il toucherait 17 millions de livres sterling par an. Honda pouvait se le permettre et, surtout, savait qu'il ne pouvait pas se permettre de le perdre. Regardez les autres Honda…

La course a commencé avec Dovizioso retournant le couteau de l'assassin contre l'assassin sous le couvert de l'obscurité dans le désert. L'Italien savait depuis toujours que Márquez ne pourrait pas résister à l'envie de l'attaquer dans le dernier virage s'il laissait la porte ouverte, et une fois de plus, son astuce d'*undercut* a fonctionné à merveille.

« Ma façon d'aborder la bataille est toujours de laisser une petite porte ouverte ; elle n'est pas verrouillée, je peux l'ouvrir », sourit Dovizioso.

Au moins, Marc était plus près de battre son ennemi juré Ducati à Losail que l'année précédente ; quatre millièmes de seconde plus près, 0,023 seconde au lieu de 0,027 seconde.

La deuxième course en Argentine a également été un peu différente de l'année précédente. Au lieu de heurter et de bousculer ses rivaux, il s'est simplement éloigné d'eux au galop, ralentissant dans les dernières étapes pour remporter sa plus grande victoire sur piste sèche à ce jour, avec 9,8 secondes d'avance sur Rossi.

Il semblait en passe de remporter un triomphe semblable au COTA. Au huitième tour sur 20, il avait près de quatre secondes d'avance. Puis, il a dérapé dans le virage serré à gauche à la fin de la ligne droite arrière.

Le problème venait d'un bug dans les algorithmes, plus précisément dans le logiciel de freinage moteur Marelli, qui devait être ajusté pour s'adapter au moteur Honda 2019, plus puissant et plus agressif. L'augmentation des performances provenait d'une qualité de combustion différente, qui modifiait le caractère du couple, ce qui modifiait également le caractère du couple négatif.

Les ingénieurs Honda se sont mis au travail et ont résolu le problème pour le Grand Prix d'Espagne, où il a battu la star montante Rinsby de 1,6 seconde.

« Les ingénieurs ont beaucoup amélioré la moto dans ce domaine, en particulier dans les entrées de virage, donc je me sens mieux, car le moteur est plus prévisible », a-t-il déclaré à Jerez. « Ça m'aide beaucoup à être plus en sécurité sur la moto, car sinon je faisais des erreurs que je ne comprenais pas. Nous avons rencontré ce problème lors des trois premières courses ; même en Argentine, où j'ai pu m'adapter, mais à Austin, je n'ai pas réussi à m'adapter. »

Alors que Lorenzo était sur le départ, Jerez a annoncé la nouvelle star du MotoGP ; le rookie de Yamaha Fabio Quartararo, qui a décroché sa première pole position. En quelques mois, le jeune Français allait être assez rapide pour réussir ce que peu d'autres ont réussi à faire : déstabiliser Marc.

Et la saison s'est poursuivie ainsi : nouvelles victoires au Mans, en Catalogne, au Sachsenring et à Brno.

La semaine après Brno, où il avait pris 63 points d'avance sur Dovizioso, l'Italien a battu Marc avec une nouvelle victoire au Red Bull Ring, un coup de hache exécuté avec une précision impitoyable.

La situation était si serrée dans le dernier virage que le garde-frein de la Honda s'est accroché au côté gauche du bras oscillant de la Ducati. Ça vous donne une idée des angles d'inclinaison impliqués.

« Je pensais pouvoir arrêter ma moto et revenir sur Dovi comme il l'avait fait avec moi ici il y a deux ans, mais mon protège-frein s'est accroché à sa moto », a déclaré Márquez. « Je pensais que j'allais chuter, mais le protège-frein s'est cassé et je n'ai pas chuté. »

« Il y a toujours eu du respect entre nous deux et il n'y a eu qu'un léger contact dans le dernier virage, mais ça fait partie de la course et j'aime ça. »

Les deux pilotes se sont battus ainsi pendant la majeure partie de la course, frôlant souvent la collision, même dans le troisième virage, où la vitesse atteint 315 km/h, théâtre l'année suivante d'un terrible carambolage qui a failli coûter la vie à Rossi.

Comme toujours, Dovizioso a mis à profit son expérience et sa ruse pour contrer son rival le plus redoutable.

« Au cours des six ou sept derniers tours, Dovi s'est joué de moi : il levait le pied dans les lignes droites », a révélé Márquez.

Dovizioso ne l'a pas nié.

« J'ai joué deux fois dans les lignes droites, car si vous dépassez votre rival et que vous vous retrouvez devant, votre rival se retrouve derrière et, surtout s'il s'agit de Marc, il pourra freiner plus tard que vous et contrôler la zone de freinage. Mais si je le dépasse et que je reste à côté de lui, c'est moi qui contrôle la zone de freinage. »

En se plaçant entre la Honda et la ligne de freinage intérieure, il a empêché Márquez de le dépasser au freinage. Très malin.

À Misano, en Aragón et en Thaïlande, Marc était de retour au sommet. Il a remporté ses premières victoires face au nouveau venu en MotoGP à Misano et à Buriram. Le champion a remporté les deux batailles, mais à Buriram, tout s'est joué dans le dernier virage, où il a emprunté l'*undercut* de Dovizioso pour battre Quartararo d'une fraction de seconde. Sa 53e victoire en MotoGP lui a également permis de remporter le titre mondial.

La performance de Buriram était particulièrement remarquable, car deux jours plus tôt, il se trouvait dans une ambulance, attaché à une civière, en route vers l'hôpital de Buriram.

Il a fait un horrible *highside* lors de la première session d'essais, qui l'a projeté si haut que Pol Espargaró, qui le suivait à quelques mètres, a pensé passer sous lui pour amortir sa chute. Sa RC213V était complètement détruite, son bras oscillant cassé en deux, sa roue arrière écrasée à plat.

À l'heure du déjeuner, le directeur de l'écurie Repsol Honda, Alberto Puig, a convoqué les médias pour informer les journalistes et les équipes de télévision de son état. Le médecin officiel du MotoGP, Ángel Charte, soupçonnait une lésion vertébrale. Une IRM a donné le feu vert, il est donc retourné au paddock, est monté prudemment sur sa RC213V encore en état de marche et a réalisé le sixième meilleur temps lors de la FP2.

La plupart des pilotes, même les pilotes MotoGP les plus endurcis, auraient pris du recul après cet accident monstrueux et auraient accordé à leur corps meurtri au moins un moment de repos. Après tout, il restait quatre courses après la Thaïlande, il n'y avait donc pas d'urgence à remporter le titre.

Mais pas Marc. Pourquoi ? Parce qu'il veut se convaincre lui-même et convaincre tout le monde qu'il est invincible.

Deux semaines plus tard, il a remporté la victoire à Motegi, battant Quartararo de huit dixièmes, puis à nouveau le dimanche suivant à Phillip Island, où un duel avec Maverick Viñales qui a duré toute la course s'est terminé lorsque le pilote Yamaha a décidé de tout sacrifier dans le dernier tour.

« Le problème, c'est que j'ai freiné dix mètres plus tard que d'habitude », a déclaré Viñales, qui a préféré chuter plutôt que d'être battu par Márquez. Encore une fois.

Cette victoire en Australie était sa plus grande marge sur piste sèche à ce jour (11,4 secondes) et a fait de lui le pilote Honda le plus titré de tous les temps, depuis que la société s'est lancée dans l'aventure du Championnat du monde en 1959. Sa 55e victoire en MotoGP lui a permis de dépasser Dani Pedrosa et Mick Doohan, qui ont tous deux remporté 54 courses avec Honda.

Six jours plus tard, Marc a prouvé qu'après tout, il était humain, en commettant une rare erreur stratégique. Lors des qualifications à Sepang, il a essayé de suivre Quartararo pour en savoir plus sur le rapide rookie, mais Quartararo a continué à accélérer parce qu'il ne voulait pas être suivi. Lorsque Marc a finalement remis les gaz, son pneu arrière était trop froid. Résultat ? Une nouvelle chute spectaculaire. Quartararo était dans sa tête.

Lors de la finale à Valence, les deux pilotes se sont à nouveau affrontés, Marc battant le rapide rookie d'une seconde pour remporter sa 12e victoire, soit une de moins qu'en 2014. Il a ensuite dû retourner sur la table d'opération pour une reconstruction complète de son épaule droite, puis suivre deux mois de rééducation à raison de cinq heures par jour avant les essais de pré-saison.

Il ne fait aucun doute que Márquez a repoussé ses limites en 2019, ce qui nous rappelle une fois de plus le regretté Ayrton Senna.

« Un jour donné, dans des circonstances données, vous pensez avoir atteint vos limites », avait déclaré Senna après avoir remporté son troisième championnat de Formule 1 en 1991. « Et puis vous vous approchez de cette limite, vous la touchez, et vous vous dites : "Bon, c'est la limite." Et puis, quelque chose se produit et vous pouvez soudainement aller un peu plus loin. Grâce à votre force mentale, votre détermination, votre instinct et votre expérience, vous pouvez voler très haut. »

Senna a ensuite ajouté : « Au moment même où vous êtes considéré comme le meilleur, le plus rapide et quelqu'un d'intouchable, vous devenez extrêmement fragile. »

CHAPITRE 14

« ON S'ARRÊTE LÀ ET PUIS C'EST TOUT. JE VEUX DIRE, CETTE SOUFFRANCE N'EST PAS NÉCESSAIRE »

C'est le jour de la première course du Championnat du monde MotoGP 2020 au Qatar, point de départ traditionnel du championnat depuis une quinzaine d'années.

La foule se presse dans les tribunes situées en face de la voie des stands. Les fans se rassemblent à l'arrière du garage Repsol Honda, dans l'espoir d'apercevoir la superstar de l'écurie, voire d'obtenir un selfie ou un autographe. Mais attendez, c'est ce qu'il se passe dans le monde normal… et nous ne sommes plus dans le monde normal.

La pandémie de la Covid-19 ravage déjà la planète, de la Chine à l'Italie, où la situation est si grave que le gouvernement a mis tout le pays en confinement.

Le Grand Prix du Qatar est menacé, alors Dorna, détenteur des droits, organise un vol charter au départ de Nice, dans le sud de la France, pour transporter les pilotes et le personnel des équipes à Doha, la capitale fastueuse du Qatar située à quelques kilomètres du circuit de Losail.

Les gouvernements du monde entier ferment leurs frontières, espérant désespérément contenir la propagation du virus de la Covid. Dorna espère que les Qataris accorderont une dérogation aux personnes travaillant dans le paddock. Mais rien n'est prévu.

Les événements évoluent si rapidement que personne ne sait ce qu'il va se passer ensuite. En fait, les événements ont pris une telle ampleur qu'ils devraient être signalés à la direction de course.

Le Grand Prix du Qatar est annulé, mais les courses Moto2 et Moto3 ont lieu, car les pilotes et les équipes sont déjà dans le pays, après avoir effectué leurs derniers essais de pré-saison.

Personne ne sait si des courses MotoGP auront lieu en 2020. Ou au-delà. Une grande partie du monde est en quarantaine, des millions de familles sont confinées chez elles 24 heures sur 24, 7 jours sur 7, sans rien à faire. Une situation potentiellement explosive. Les gouvernements du monde entier réalisent rapidement que le sport en direct peut être tout aussi essentiel que les hôpitaux et les supermarchés.

Au cours des mois suivants, le personnel de Dorna a accompli un petit miracle en sauvant un championnat de 14 courses des ruines de ce qu'il s'était passé auparavant. La saison débutera à Jerez en juillet, avec deux GP sur le même circuit pendant deux week-ends consécutifs, un concept qui sera répété au Red Bull Ring, à Misano, en Aragón et à Valence, afin de faciliter les défis logistiques évidents. Le GP d'Espagne a eu lieu le 19 juillet, suivi du GP d'Andalousie le 26 juillet.

Il faisait une chaleur torride lorsque le paddock a réussi à contourner les innombrables restrictions de voyage pour se rendre à Jerez. Le circuit andalou classique a toujours accueilli son Grand Prix MotoGP au printemps, pour des raisons qui sont rapidement devenues évidentes. Cette fois-ci, la température était supérieure à 30 °C et grimpait vers les 40 °C. Un baptême du feu pour le Championnat du monde de 2020.

Márquez et le reste du peloton n'avaient pas piloté leurs motos MotoGP depuis les essais de pré-saison de février à Sepang, juste avant que la Covid ne s'empare du monde entier, mais le record de qualification a tout de même été battu, par ce petit prodige de Fabio Quartararo ; Marc se classant en troisième position. Comme tout le monde, il était tout simplement ravi de piloter à nouveau une moto MotoGP.

Sa course s'est déroulée en plusieurs temps : une avance précoce, une erreur, un passage à grande vitesse dans un bac à gravier et ce retour surnaturel de la 16e à la troisième place, au cours duquel il semblait être un pilote rapide dans le mauvais groupe lors d'une journée sur circuit, ce qui ne devrait pas être possible en MotoGP. Puis, une autre erreur.

« Vous ne pouvez pas imaginer à quel point j'ai apprécié la course », a-t-il déclaré quelques jours plus tard. « Après mon erreur et le gros sauvetage, la course a été étrange, mais je me suis beaucoup amusé sur la moto. »

« La [deuxième] erreur est survenue lorsque j'ai dit : "Bon, le travail est fait." J'étais derrière [le deuxième, Maverick] Viñales et, à quelques tours de l'arrivée, il était impossible de rattraper [le vainqueur de la course] Quartararo. Le travail était donc terminé et j'allais suivre Viñales pour le dépasser à la fin. C'est là que j'ai décollé. Dans ce virage, à chaque tour, je coupais la bordure intérieure. Ce tour-là, je n'ai pas coupé la bordure, j'ai juste effleuré la ligne blanche et, soudain, les deux pneus, avant et arrière, ont lâché. C'était mon erreur. »

Jusqu'à ce moment-là, la remontée était semblable à celui de Termas 2018, mais sans les bousculades et les passages en force.

« Jerez était comme Termas, mais avec l'expérience de Termas », dit-il. « Donc, Jerez était mieux. J'étais plus patient et j'ai fait quelques beaux dépassements, mais malheureusement, ça ne s'est pas bien terminé. »

De nombreux observateurs chevronnés dans les stands ont été stupéfaits par ce qu'ils ont vu avant le désastre du 22e tour.

« La course de Marc ce jour-là était la meilleure que j'ai jamais vue, il a fait passer les meilleurs pour des lents », déclare Hervé Poncharal, propriétaire de l'équipe Tech 3, qui travaille dans le MotoGP depuis le début des années 1980. « Il aurait remporté les quatre titres suivants. »

« Cette course est gravée dans ma mémoire », ajoute Mats Larsson, ingénieur en suspensions chez Öhlins depuis l'époque de Wayne Rainey. « Tous les autres pilotes auraient dû rentrer chez eux, partir en vacances, car ils avaient l'air de débutants. »

L'*highside* de Marc relevait d'une autre époque, le genre d'accident effrayant et traumatisant que les légendes du MotoGP Mick Doohan, Kevin Schwantz et Wayne Rainey craignaient le plus à l'époque des redoutables 500 cm^3 à deux temps. Il aurait pu s'en sortir avec quelques contusions, mais sa RC213V lui a heurté le bras droit. Le choc lui a brisé l'humérus en deux.

C'était une blessure grave. De nombreuses carrières avaient déjà pris fin à cause d'une fracture du bras, notamment celle du quadruple champion du monde de Superbike Carl Fogarty.

Le Britannique s'était cassé l'humérus gauche lors d'un accident à grande vitesse pendant l'épreuve australienne du WSBK en 2000.

Cinq mois après une opération corrective (pose d'une plaque et de vis en titane), Fogarty a tenté de reprendre la compétition.

« Je ne trouve pas les mots pour décrire à quel point c'était difficile quand je suis revenu après quelques tours », a-t-il déclaré après une sortie exploratoire au Mugello. « Je n'étais plus qu'à 1 % de ce que j'étais il y a quelques mois. Je ne pouvais même pas me baisser derrière le pare-brise, changer de direction ou me pencher sur la moto. Ça a confirmé tout ce que mon spécialiste avait dit : mon bras ne serait plus capable de supporter les chocs constants. »

Le monde était déjà perdu dans un grand trou noir et Márquez disparaissait à son tour dans son propre monde souterrain sinistre. Lorsqu'il en est enfin ressorti plusieurs années plus tard, le monde avait tourné la page de la Covid, mais lui luttait toujours pour sortir de son enfer personnel, fait sur mesure.

Marc passa une nuit de dimanche agonisante et sans sommeil à l'hôpital de Jerez, assis dans son lit, le bras inutilisable surélevé au-dessus de sa tête pour réduire l'inflammation.

Il avait déjà pris la grande décision (la pire de sa vie) de s'envoler pour Barcelone le lendemain matin afin de se faire poser une broche et une plaque par le Dr Xavier Mir, le traumatologue toujours très occupé du MotoGP. L'idée était de participer au Grand Prix d'Andalousie le week-end suivant et de garder intacts ses espoirs d'un septième titre MotoGP.

Le mardi, les chirurgiens ont pratiqué une incision dans le bras droit de Marc, non loin de l'endroit où ils étaient déjà intervenus quelques mois plus tôt pour reconstruire son épaule.

Ils ont réparé la fracture à l'aide d'une plaque en titane et de 12 vis.

« Je me suis immédiatement senti en pleine forme », raconte Marc, qui a ensuite convaincu Mir qu'il était prêt à remonter en selle en faisant quelques pompes dans sa chambre d'hôpital.

La plupart des gens penseraient que c'est de la folie et ils auraient probablement raison, mais les gens comme Marc sont différents.

Deux jours plus tard, il était de retour à Jerez.

Les médecins spécialistes du MotoGP connaissent la mentalité obstinée des pilotes et l'acceptent. Ils ne donnent pas leur avis sur la folie de tout ça. Ils se contentent d'organiser des examens médicaux sommaires. Si Marc pouvait faire 20 pompes, ils l'autorisaient à courir. Et Marc a fait les 20, tout en réprimant sa douleur atroce.

Jorge Lorenzo est l'un des pilotes qui a créé un précédent avec ce genre de retour à la Lazarus, passant directement de la table d'opération à la piste.

Lorsque le triple champion du monde de MotoGP s'est cassé la clavicule lors des essais du Grand Prix des Pays-Bas de 2013, il était prêt à tout pour défendre son titre face à l'extraordinaire campagne de Marc, alors rookie. Il a donc pris l'avion pour Barcelone, s'est fait opérer le soir même, puis est retourné à Assen pour disputer la course du dimanche. Il a réussi à terminer cinquième, un résultat important compte tenu des circonstances.

Lorenzo pense que Marc a commis une grave erreur en essayant de l'imiter, car l'humérus est un os beaucoup plus important que la clavicule.

« Pour Marc, ce fut une très mauvaise période et une très mauvaise décision, qui découle peut-être de l'histoire de la course moto », explique Lorenzo. « Revenir sur le circuit dès que possible, avec l'autorisation des médecins, c'est comme ça depuis les années 1990. »

En fait, l'ORIF (réduction ouverte et fixation interne) existe depuis la fin du XIXe siècle, mais cette technologie n'a été perfectionnée qu'au cours des dernières décennies. La guerre y a beaucoup contribué, car il existe une relation symbiotique entre les ingénieurs militaires, qui s'efforcent de trouver de meilleurs moyens de faire exploser les gens, et les ingénieurs médicaux, qui mettent au point de nouvelles méthodes pour les recoller.

Le premier pilote de GP à subir une chirurgie ORIF fut le pilote est-allemand Ernst Degner, qui s'était cassé le coude lors d'un entraînement pour le TT néerlandais de 1961, alors qu'il se battait pour le titre 125 cm^3 de cette année-là avec Tom Phillis de Honda. Degner ne pouvait pas attendre que sa blessure guérisse naturellement, car le GP de Belgique avait lieu le week-end suivant. Ses gardes du corps de la Stasi l'ont donc conduit chez lui, où il a été opéré.

Depuis lors, il est devenu normal pour les pilotes de se fracturer un os un week-end et de piloter le week-end suivant.

« C'est très délicat », poursuit Lorenzo. « Si vous êtes coureur et que vous vous cassez la jambe, il vous est impossible de courir. Mais en moto, si les chirurgiens posent une plaque, vous pouvez rester tout à fait compétitif. Vous pouvez monter sur votre moto, vous serez peut-être plus rapide ou plus lent, mais vous pouvez le faire, vous pouvez piloter. Le problème, c'est que si vous chutez à nouveau, c'est plus dangereux. »

« C'est pourquoi ce genre de choses est devenu normal dans le monde de la moto. Mais cette histoire a eu l'effet inverse pour Marc. S'il avait attendu, comme un athlète normal dans un autre sport, il aurait sauvé deux ou trois ans de sa carrière et aurait peut-être été à nouveau champion du monde MotoGP en 2021 et 2022. »

C'est la malédiction des pilotes de ne penser qu'à aujourd'hui et demain, et non à la semaine prochaine ou à l'année prochaine. Lorsque Marc a enfilé sa combinaison en cuir le samedi matin du 25 juillet, il ne pensait pas au-delà du Grand Prix d'Andalousie du lendemain. Il a effectué 28 tours lors des sessions d'essais FP3 et FP4, à environ une seconde du meilleur temps. Le mécanisme du bras fonctionnait bien, car le titane est beaucoup plus résistant que l'os, mais les tissus mous étaient dans un état désastreux. Les gonflements et les ecchymoses gris, bleus et noirs ne pouvaient être ignorés. Il s'est retiré de l'épreuve avant les qualifications.

« Le matin, je me sentais vraiment bien », a-t-il déclaré. « J'ai réussi à rouler en 37,7 secondes avec des pneus usés, soit le même temps que le week-end dernier. Quand j'ai repris l'après-midi [FP4], je me sentais à nouveau très bien et je pouvais rouler correctement, avec de bonnes sensations. Mais quand je me suis arrêté dans le box et que je suis reparti, quelque chose a immédiatement changé. C'était l'inflammation. Le bras avait enflé et appuyait sur certains nerfs, alors j'ai perdu de la puissance dans les bras dans certains virages. »

Marc avait atteint le bout du chemin.

« Il faut être honnête avec son corps et comprendre la situation. Mais j'ai bien dormi cette nuit-là, car j'avais essayé. »

À ce moment-là, personne n'aurait pu imaginer qu'il lui faudrait plus de quatre ans pour revenir là où il voulait être : en bonne forme générale et en lice pour le championnat au guidon d'une moto compétitive.

Toutes sortes de procédures médicales barbares, des programmes de rééducation interminables et des traitements médicamenteux ont rempli ces années entre l'accident et le début de la saison 2025 de MotoGP.

Les blessures physiques à long terme ne sont pas seulement un problème physique, elles envahissent également le psychisme. Peu de pilotes parlent de ces choses, car ils ne veulent pas révéler leurs vulnérabilités, mais ils traversent des moments infernaux lorsqu'ils sont gravement blessés : traumatisme psychologique, dépression et syndrome de stress post-traumatique.

Qui peut imaginer le parcours d'une personne qui a passé trois ou quatre ans dans un long tunnel sombre, parfois sans aucune lumière au bout ?

Seules les personnes qui ont vécu ça peuvent le comprendre. C'est pourquoi Marc a souvent appelé Mick Doohan, quintuple champion du monde de MotoGP, pour lui demander des conseils et du soutien pendant sa convalescence.

Trente ans plus tôt, Doohan avait subi une grave blessure à la jambe, qui avait conduit les chirurgiens à amputer le membre accidenté en quelques heures. Son retour après ces jours sombres est entré dans la légende et constitue sans conteste le plus grand *come-back* de l'histoire du Grand Prix. Jusqu'à ce que Márquez se blesse gravement.

Doohan était en tête du Championnat du monde MotoGP de 1992 lorsqu'il a chuté pendant les essais du Dutch TT de cette année-là. Il a subi une fracture en spirale du tibia et du péroné droits. Une opération désastreuse a suivi dans un hôpital local, où les chirurgiens ont posé des plaques sur les os cassés, provoquant un syndrome des loges, qui a coupé l'irrigation sanguine de la jambe. Très vite, la jambe a commencé à se nécroser.

« La jambe commençait à sentir la viande avariée », se souvient l'Australien.

Alors que les chirurgiens néerlandais discutaient d'une amputation, le célèbre médecin du MotoGP, le Dr Claudio Costa, a littéralement kidnappé Doohan de l'hôpital néerlandais et l'a transporté par avion jusqu'à sa clinique à Bologne, en Italie.

Doohan était en grand danger. Les médecins néerlandais avaient tellement fluidifié son sang, dans l'espoir de maintenir le flux sanguin vers la jambe blessée, que ses organes vitaux étaient sur le point de s'arrêter. Costa a remédié à ça, puis s'est concentré sur la jambe atrophiée.

« Au bout d'une semaine, j'ai remarqué que ma peau était très noire », poursuit Doohan. « Les médecins ont pris un instrument en forme de cuillère et ont commencé à enlever cette peau noire jusqu'à atteindre les tendons, les os, les plaques métalliques et les vis. »

Costa a décidé qu'il n'y avait qu'un seul moyen d'éviter l'amputation. Il a cousu les jambes de Doohan ensemble. En théorie, le flux sanguin provenant de la jambe saine allait sauver la jambe blessée.

Les jambes furent séparées après 14 jours. Quatre semaines plus tard, Doohan, le visage gris, était en route pour Sao Paulo, au Brésil, pour l'avant-dernier Grand Prix. Il avait encore une chance de remporter le titre, car il avait accumulé un avantage considérable en matière de points avant l'accident et parce que son seul rival pour le titre, Rainey, avait également été blessé.

Doohan n'était pas en état de piloter : il ne pouvait pas marcher sans béquilles et sa jambe était gravement infectée, mais il n'allait pas laisser tout ça l'arrêter.

« La veille de la course, je me suis réveillé dans ma chambre d'hôtel et ma jambe avait pratiquement explosée à cause de l'infection. Tout ce pus s'écoulait sur le lit, alors Costa est venu pour le rincer avec une solution saline. Il versait un litre à travers ce trou, comme un gros furoncle, puis le rinçait pour éliminer toutes les saletés. »

Doohan a perdu le championnat de quatre points. De nombreuses opérations chirurgicales horribles ont suivi, car il a essayé d'accélérer le processus de guérison, allant jusqu'à plier les os encore en cours de cicatrisation et infectés.

Il y a au moins eu une fin heureuse. Un an après l'accident, Doohan remportait à nouveau des Grands Prix et, l'année suivante, il remportait le premier de ses cinq titres consécutifs. Sa carrière prit fin lors des essais du Grand Prix d'Espagne de 1999 à Jerez, lorsqu'il fit une violente chute dans le quatrième virage.

Marc se cassa le bras dans le troisième virage.

Les conseils de Doohan à Marc ont été précieux, car lui aussi avait traversé cette période difficile.

« Mick m'a tout expliqué et m'a parlé exactement des mêmes problèmes et sentiments que j'avais eus : la difficulté à comprendre la moto, la difficulté à comprendre son style de conduite, les erreurs stupides, les accidents stupides, certaines courses où l'on était rapide, d'autres où l'on était lent sans savoir pourquoi... Tout ça, je l'avais vécu moi aussi. »

Je demande à Marc s'il a déjà été déprimé pendant cette période, s'il est déjà tombé dans un grand trou noir dont il semblait impossible de sortir. Car il était tout à fait possible qu'il ne puisse pas s'en sortir, qu'il ne puisse pas revenir à la course, qu'il doive se débarrasser de son addiction à l'adrénaline.

« J'étais dans un trou noir », m'a-t-il répondu. « Je m'enfonçais dans ce grand trou noir, mais je n'y suis jamais complètement tombé, car mon frère m'a beaucoup aidé, il était là. »

Marc utilise une analogie inhabituelle pour mieux s'expliquer.

« Si je m'étais déconnecté du MotoGP pendant cette période, je me serais retrouvé dans un trou noir, mais mon frère pilotait et j'ai continué à suivre le MotoGP, donc j'avais toujours l'adrénaline. Ce n'est pas bon d'être blessé et de ne pas suivre son sport. »

« Le chocolat en est un bon exemple. J'adore le chocolat. Si j'en mange tous les jours, j'aime manger du chocolat. Mais si je n'en mange pas pendant un mois, j'en oublie le goût et je n'ai plus envie d'en manger. Mon frère m'a donc aidé de nombreuses façons. »

La passion de Marc pour la course automobile est évidente dans la scène d'ouverture du documentaire *All In*, tourné en mai 2022, alors que sa carrière était encore en péril.

Il est assis dans un studio, face à un interlocuteur et à une équipe de cameramen et d'ingénieurs du son, et parle de sa période sombre. On lui demande si les choses sont devenues si difficiles qu'il a songé à abandonner la compétition moto.

« Oui, bien sûr, j'ai pensé à prendre ma retraite », dit-il. « J'en ai parlé avec mon père et avec José [Luis Martinez, son ami et assistant]. »

« C'est là que je me suis dit : "Est-ce que ça vaut le coup ou pas ? J'ai assez [d'argent] pour vivre. J'ai accompli ce que j'avais à accomplir." Alors j'ai dit : "On s'arrête là et puis c'est tout. Je veux dire, cette souffrance n'est pas nécessaire." »

Sa voix tremble et vacille. Il poursuit sa réponse pendant quelques secondes, puis s'interrompt et baisse la tête. Dix secondes plus tard, il essaie de continuer, mais n'y parvient pas.

Il baisse à nouveau la tête, tripote sa montre, puis fait une nouvelle tentative. Sa voix est toujours tremblante et a baissé d'une ou deux octaves alors qu'il essaie de tout garder à l'intérieur. Il s'arrête à nouveau, se mord la lèvre, se frotte les yeux, prend une profonde inspiration et recommence à parler. Il pleure sans larmes.

Les cyniques pourraient suggérer qu'il fait semblant, mais il suffit de regarder quelques vidéos de Marc en tant que mannequin pour comprendre qu'il est incapable de jouer la comédie.

Et il est loin d'être le premier pilote à s'émouvoir lorsqu'il parle d'arrêter, car la course est une addiction. C'est l'amour de votre vie, votre raison d'être, votre raison d'exister. Si vous enlevez la course à un pilote de moto, que reste-t-il ? Juste un type ordinaire qui marche dans la rue.

La course moto est un sport brutal et horrible. Je pourrais écrire tout un livre d'histoires macabres sur des pilotes endurant des douleurs et des souffrances atroces pour continuer à nourrir leur addiction, car c'est ce que font les pilotes. Il y a Puig et l'os de vache qui maintient sa jambe gauche.

Ian Hutchinson, 16 fois vainqueur du TT de l'île de Man, s'est cassé la jambe gauche à plusieurs reprises, a subi plus de 30 opérations chirurgicales et a été victime d'un accident vasculaire cérébral. Mais il continue de piloter.

« Je ne pensais qu'à une chose : remonter sur une moto, piloter aussi vite que jamais et prendre les mêmes risques qui étaient devenus une partie si importante de mon existence », a déclaré Hutchinson dans son autobiographie *Hutchy – Miracle Man*. C'était après sa plus grande opération chirurgicale, qui a duré 17 heures.

Il y a aussi le pilote américain de Superbike Dale Quarterly, qui s'est mutilé un doigt lors d'un accident à Laguna Seca.

Quarterly a été transporté d'urgence à l'hôpital où les chirurgiens lui ont proposé trois options : une série d'opérations pour recréer le doigt avec des articulations en plastique, une broche qui maintiendrait le doigt droit de manière permanente, ou l'amputation, qui lui permettrait de reprendre immédiatement la compétition.

« Coupez-le », a déclaré Quarterly, qui a piloté le lendemain.

Et puis, il y avait Robert Dunlop, quintuple vainqueur du TT, qui s'était gravement blessé au bras droit, au point que les médecins avaient déclaré qu'il ne pourrait plus jamais piloter. Dunlop, père du pilote le plus titré du TT, Michael Dunlop, a donc déplacé le levier de frein avant du guidon droit vers le guidon gauche et a repris la compétition.

« Ça m'a sorti du désespoir », a-t-il déclaré.

Comme Hutchinson, Dunlop n'avait que peu d'intérêt à vivre sans assouvir sa passion.

Dix ans plus tard, Dunlop pilotait toujours (sur des 250 cm³ à deux temps), lorsque son moteur a calé pendant les essais du North West 200. Il a instinctivement cherché à actionner l'embrayage, mais a appuyé sur le frein à la place. Il a perdu le contrôle et a été percuté par un autre pilote, mourant sur le coup.

Les personnes extérieures pensent souvent que les pilotes de moto ont des envies suicidaires, mais la star de cinéma Steve McQueen, lui-même pilote de moto, était plus proche de la vérité lorsqu'il disait : « Ils ne courtisent pas la mort, ils courtisent la vie. »

Márquez était de retour sur la table d'opération seulement 13 jours après que les chirurgiens ont posé une plaque sur son bras cassé, car celle-ci devait déjà être remplacée. Selon les sources, il aurait endommagé la plaque en ouvrant une grande fenêtre coulissante chez lui ou lors de ces tours d'entraînement imprudents à Jerez (ou une combinaison des deux). Le Dr Mir a rouvert le bras et vissé une nouvelle plaque.

Quelques jours plus tard, Honda a annoncé que Márquez manquerait les trois prochains Grands Prix, ce qui laissait penser qu'il pourrait faire son retour lors du Grand Prix de Saint-Marin en septembre. Son retour a ensuite été reporté au Grand Prix du Portugal, qui clôturait la saison en novembre. Mais il n'a pas pu y participer non plus.

Début décembre, les chirurgiens ont dû opérer à nouveau son bras, car la fracture s'était infectée et ne guérissait pas. Ils ont prélevé un greffon osseux sur son bassin, retiré la plaque en titane, inséré le fragment de bassin dans la fracture et posé une troisième plaque.

Et ce n'était que le début d'une longue période difficile.

Le bras et l'épaule de Marc (et donc toute sa vie) étaient dans un tel état que son kinésithérapeute Carlos J Garcia a de nouveau déménagé à Cervera afin qu'ils puissent se consacrer à plein temps à sa rééducation.

Ses chirurgiens étaient convaincus que l'humérus, qui avait fait l'objet de nombreuses interventions chirurgicales, se réparerait avec le temps et que le véritable problème venait de l'épaule, reconstruite l'hiver précédent. Ce fut une grave erreur de jugement qui, ajoutée à la précipitation imprudente de Marc à reprendre la compétition, a considérablement retardé son retour au sommet.

Une seule personne était en désaccord avec l'avis des chirurgiens : son kiné, Carlos J Garcia.

« J'ai clairement fait comprendre à Marc et Emilio Alzamora que, selon moi, la seule façon de résoudre le problème au niveau du bras était de procéder à une quatrième opération », explique Garcia. « C'était plus ou moins en février 2021 et ça a été difficile de le dire à Marc. »

« La troisième intervention [la greffe osseuse] a été très réussie et très précise, mais lorsque nous avons commencé la rééducation, je me suis demandé pourquoi l'épaule ne fonctionnait pas. »

« J'ai expliqué mon opinion à Marc, à savoir que les deux morceaux [de l'humérus] n'étaient pas correctement positionnés. Il m'a répondu : "Tu penses vraiment ça ?" J'ai répondu que oui. »

« Les médecins pensaient que le problème venait d'une inflammation de l'épaule, alors nous avons continué à suivre le traitement qu'ils nous avaient prescrit, car, même si j'avais peut-être tort, j'étais sûr de mon intuition. Après trois mois supplémentaires de travail sur l'épaule, il n'y avait toujours pas de résultats ; un jour ça allait mieux, le lendemain ça allait moins bien, alors en mai 2021, j'ai dit à Marc : "Bon, ça ne sert à rien que je continue ici, je ne peux rien t'offrir de plus, je perds mon temps, mais restons en contact." Et je suis rentré chez moi à Madrid. »

« Je comprenais parfaitement la façon de penser de Marc, car il travaillait avec certains des meilleurs médecins d'Espagne et il voulait trouver une solution sans avoir recours à une quatrième intervention. »

Garcia a continué à s'occuper de Marc lors des courses, mais il faudra attendre encore 12 mois avant qu'ils ne travaillent à nouveau ensemble à plein temps.

« J'ai continué à le soigner pendant les courses et je voyais bien qu'il n'était pas très heureux, car il souffrait du bras, de l'épaule et avec sa moto. »

« Il n'était pas déprimé, mais il n'était pas aussi enthousiaste que d'habitude. Mais il n'a jamais, jamais, jamais perdu de vue son objectif : s'entraîner pour revenir. Même lorsqu'il envisageait d'abandonner, il s'entraînait comme une bête. C'est ce qui m'a le plus impressionné. Il continuait à vivre comme un athlète, contrôlant son alimentation, s'entraînant et faisant de la physiothérapie, comme un super pro. C'est l'une des choses qui l'ont aidé à revenir : le fait de garder cette mentalité. »

La saison 2021 a commencé sans Márquez, qui n'est revenu qu'à la troisième course, à Portimao. À ce moment-là, il n'avait pas piloté de moto MotoGP depuis huit mois, sans parler de course. Même Doohan n'avait jamais été absent plus de deux mois, alors serait-il le même Marc ? Il a terminé troisième des premiers essais, enfonçant l'avant et donnant des coups de pied à l'arrière comme s'il n'avait jamais été absent.

Mais Garcia avait raison, tout n'allait pas bien.

« La principale différence réside dans ma position sur la moto », a déclaré Marc vendredi soir à Portimao. « Dans les virages à gauche, je commence à sentir le pneu avant comme je l'aime, ce qui me permet de jouer avec. Mais dans les virages à droite, je freine trop fort et la position de mon corps n'est pas correcte, je ne peux donc pas charger le pneu avant comme je le voudrais, et je ne peux pas pousser avec mes bras. »

Deux jours plus tard, il a terminé la course en septième position. Le soulagement de voir le drapeau à damier pour la première fois depuis novembre 2019 s'est avéré trop fort, et, lorsqu'il est retourné dans son garage, le monde a découvert un Marc Márquez qu'il n'avait jamais vu auparavant : en larmes de joie à l'idée que sa carrière n'était pas terminée. Du moins pour le moment.

« Je suis quelqu'un qui aime garder ses émotions pour lui, mais quand je suis revenu dans mon box avec tous mes mécaniciens, j'ai laissé éclater mes émotions. Ça faisait très longtemps que je rêvais de terminer à nouveau une course de MotoGP. C'était une explosion d'émotions que je ne pouvais pas contrôler, mais c'était très agréable. »

Un mois plus tard, il menait le Grand Prix de France sous une pluie battante, jusqu'à ce qu'il dérape, prouvant qu'il n'avait rien perdu de sa vitesse ni de sa volonté de prendre des risques. Au Mugello et à Barcelone, il était à nouveau dans le groupe de tête lorsqu'il a encore chuté.

« Ce fut une période difficile, quelque chose que vous ne souhaiteriez à personne », dit-il. « On survit à la douleur et on s'améliore petit à petit, mais quand on revient à la compétition, on subit la pression de tous les regards. Et on commet des erreurs parce qu'on est resté trop longtemps sur le canapé. Ensuite, il faut aller voir les journalistes qui vous demandent : "Pourquoi avez-vous commis cette erreur ?" C'est l'un des aspects du métier d'athlète : essayer de se protéger des commentaires extérieurs. »

Lors des qualifications au Mugello, il a prouvé qu'il n'avait rien perdu de sa détermination. Marc et Viñales participaient tous deux à la session Q1, dans le but de figurer parmi les deux pilotes les plus rapides, ce qui leur permettrait d'accéder à la Q2 et de se battre pour obtenir de meilleures positions sur la grille de départ.

Márquez a suivi Viñales tout au long de la Q1, utilisant le pilote Yamaha pour améliorer ses temps au tour. Marc s'est qualifié pour la Q2, éliminant Viñales au passage.

Viñales était furieux, tout comme Yamaha, qui a qualifié Marc de « déloyal ». Pendant ce temps, Marc faisait ce qu'il fait toujours : planifier sa stratégie pour obtenir les meilleures performances.

« Je ne me sentais pas très bien, alors j'ai arrêté avant la fin de la FP4 et j'ai dit à l'équipe : "Je ne sens pas la moto, je ne sens rien, nous devons suivre quelqu'un." Nous avons vérifié la liste [des pilotes en Q1] et le plus rapide était Viñales. Si ça avait été quelqu'un d'autre, nous l'aurions choisi. J'ai essayé de trouver la situation idéale pour donner le meilleur de moi-même et obtenir le meilleur résultat possible. »

« J'ai mal au bras et au cou. C'est comme si les muscles autour de l'épaule travaillaient plus que d'habitude. Puis, ça empire ; tous les muscles autour de l'épaule. Je connais ma position et peu importe que je sois 14e, 10e ou 8e, mais je sais que je dois terminer la course, faire quelques tours et accumuler des kilomètres. C'est un processus mentalement difficile, mais nous devons le faire. »

La fois suivante, sur le circuit antihoraire du Sachsenring, moins problématique pour son bras, il a remporté sa première victoire depuis Valence en 2019, 581 jours plus tôt.

Cette fois-ci, Marc n'était pas le seul à pleurer.

« En temps normal, je regardais les courses depuis l'abri Repsol Honda sur le muret des stands, avec Alberto [Puig] à mes côtés », explique Takeo Yokoyama, directeur technique de HRC, qui considère la victoire de Marc au Grand Prix d'Allemagne de 2021 comme la plus émouvante. « Quand Marc a remporté cette course et que le drapeau à damier a été agité, je suis allé à l'arrière du garage parce que je ne pouvais pas m'arrêter de pleurer. Nous n'avions pas remporté de courses depuis longtemps et nous étions passés du sommet à la fin du classement. Marc a remporté cette course après tant de courses difficiles, c'était donc très émouvant. »

Doohan a également regardé cette course.

« Marc n'est pas encore au meilleur de sa forme et je ne pense pas qu'il ait autant confiance en sa moto qu'avant », a-t-il déclaré à l'époque. « Ce qu'il doit faire, c'est continuer à obtenir de bons résultats, afin que Honda puisse concevoir une meilleure moto pour l'année prochaine et qu'il ait une chance de remporter un autre titre. »

Après Sachsenring, Marc s'est offert un cadeau, sa première voiture de luxe, une Porsche Turbo. Non pas parce qu'il voulait une voiture sophistiquée, mais parce que son équipe lui avait dit qu'il devait se faire plaisir lorsqu'il remporterait (si jamais) sa première victoire après s'être cassé le bras. Il a revendu la Porsche au bout de 18 mois, car il préfère les voitures pratiques. Et les fourgonnettes, bien sûr, pour transporter ses vélos et ses motos.

En effet, il n'a acheté que deux voitures dans sa vie. Pourquoi ? Tout d'abord, parce qu'il préfère les motos aux voitures. Ensuite, parce qu'il n'est pas nécessaire d'acheter des voitures quand on vous en offre régulièrement.

Márquez a remporté le prix BMW M du MotoGP, récompensant la meilleure performance en qualifications de la saison, chaque année de 2013 à 2019. Chaque année, en novembre, il recevait les clés d'une BMW flambant neuve : une M6 Coupé en 2013, puis une M4 Coupé, une M6 Cabriolet, une M2 Coupé, une M4 CS, une M3 CS et une X4 M Competition.

Son succès au Sachsenring a peut-être réjoui HRC pendant une nuit ou deux, mais il était déjà évident que le bras de Marc n'était pas leur seul problème. Honda était en train de sombrer au bas de l'échelle technologique du MotoGP.

En fait, la RC213V n'était plus la meilleure moto sur la grille depuis un certain temps. La société a peut-être remporté six championnats des constructeurs (le prix d'ingénierie du MotoGP) entre 2013 et 2019, mais ces victoires étaient en grande partie le résultat des compétences d'un seul pilote.

Honda avait désormais perdu ces compétences et avait été dépassée par ses concurrents. Le constructeur le plus titré de l'histoire du MotoGP a terminé cinquième sur six au classement général du championnat des constructeurs de 2020.

Quelques années plus tôt, cela aurait été un désastre inconcevable, mais les plaques tectoniques de la technologie MotoGP avaient rapidement bougé, en grande partie grâce aux efforts d'un seul homme.

Lorsque Gigi Dall'Igna a rejoint Ducati après avoir quitté la marque italienne rivale Aprilia, il a dû relever un défi de taille : repenser la moto Desmosedici MotoGP de Ducati, qui n'avait pas remporté de course depuis des années.

Dall'Igna a apporté une nouvelle philosophie à l'ingénierie MotoGP, en lisant le règlement comme les ingénieurs de Formule 1 lisent le règlement de la F1, non pas en se concentrant sur les règles elles-mêmes, mais en recherchant les lacunes entre les règles.

À partir de 2015, Dall'Igna a introduit la science de l'aérodynamique de la force d'appui, qui joue un rôle important dans les performances de la F1 depuis les années 1970. Elle consiste à exploiter le flux d'air pour réduire les *wheelies* qui font perdre du temps et forcer la moto et les pneus à adhérer à l'asphalte afin d'augmenter l'adhérence et ainsi réduire les temps au tour.

« Lorsque vos pilotes arrivent 30 secondes derrière le vainqueur, vous devez prendre des risques, vous ne pouvez pas être conservateur », a expliqué Dall'Igna.

Il a ensuite introduit d'autres technologies inspirées de la F1 : des amortisseurs à masse accordée (également appelés absorbeurs harmoniques) pour éliminer les vibrations, et des dispositifs hydrauliques de réglage de la hauteur de caisse pour augmenter l'accélération. Ces deux gadgets avaient été mis au point en F1, mais ils ont rapidement été interdits. Ils n'ont pas été interdits en MotoGP, car le championnat dispose d'un système réglementaire différent, qui exige que les constructeurs s'accordent à l'unanimité sur toutes les modifications des règles. Et pourquoi Ducati interdiraient-ils ce qu'ils ont créé ?

Les idées de Dall'Igna ont permis à Ducati de passer de la dernière place du championnat des constructeurs à la première, et ont rapidement été copiées par les constructeurs concurrents, notamment Aprilia et le constructeur autrichien KTM. Pendant ce temps, les marques japonaises (Honda, Suzuki et Yamaha) semblaient réticentes à s'engager dans cette nouvelle voie technologique.

« Les entreprises japonaises ne faisaient pas confiance, ne croyaient pas aux effets de l'aérodynamique de la force d'appui », explique Livio Suppo, ancien directeur des écuries Ducati et Honda en MotoGP, qui a rejoint Suzuki en 2022, leur dernière année dans le championnat. « Si l'on regardait les Ducati et les Suzuki en 2022, il était clair qu'une moto était conçue autour de l'aérodynamique de la force d'appui et que l'autre était équipée d'ailerons uniquement pour satisfaire les pilotes. Le deuxième élément important était le dispositif de réglage de la hauteur de caisse. Ducati avait une approche différente, tandis que les Japonais continuaient à fabriquer des motos plus classiques. »

Romano Albesiano, ingénieur en chef chez Aprilia, a observé ce processus avec fascination.

« Le changement dans le MotoGP est clairement issu de la culture de la Formule 1, développée en Europe », a-t-il déclaré. « De plus, la culture japonaise consiste à respecter les règles, tandis que l'approche européenne consiste plutôt à essayer de les contourner. »

« Beaucoup de choses ont changé, peut-être parce que les Japonais se sont davantage concentrés sur la production de masse, tandis que les fournisseurs européens de matériel de course se sont développés. Les constructeurs européens ont beaucoup investi dans la course, ce qui a entraîné de nombreux changements. »

Chaque week-end, Honda semblait prendre davantage de retard, tandis que Marc chutait beaucoup trop souvent en essayant de suivre le rythme. Il a chuté lors du Grand Prix d'Autriche, a fait un énorme tête-à-queue à 270 km/h lors des essais à Silverstone et a chuté à nouveau pendant la course. Deux semaines plus tard, en Aragón, il s'est battu pour la victoire avec Pecco Bagnaia de Ducati, mais n'a pas pu empêcher le jeune Italien de remporter sa première victoire en MotoGP.

Marc apportait un couteau dans une bagarre aux pistolets et il n'était plus le tireur qu'il avait été auparavant.

« Mon style de conduite consiste toujours à beaucoup pousser avec le pneu avant, à jouer avec la limite et à sauver la situation avec mon coude », a-t-il déclaré. « Mais pour l'instant, je ne peux pas le faire [dans les virages à droite]. C'est pourquoi j'ai chuté autant de fois cette année, car, dès que j'ai un problème avec l'avant, je dois abandonner et je chute. »

Une deuxième victoire a suivi au COTA, puis une autre à Misano. Cette dernière était importante, car le circuit italien comporte des virages à droite, ce qui représentait un test plus difficile pour son bras blessé, même s'il savait que l'asphalte très adhérent de la piste l'aidait beaucoup.

Misano a été sa dernière course pendant près de cinq mois, car il était temps pour lui de s'enfoncer davantage dans le tunnel. Marc n'a pas pu résister à l'envie de faire un peu de motocross entre Misano et la course suivante au Portugal. La journée ne s'est pas bien terminée.

Il roulait avec le champion du monde d'enduro Josep Garcia lorsqu'il est tombé et s'est cogné la tête contre un arbre. Le choc l'a assommé momentanément et a fait réapparaître la redoutable vision double. Cette fois-ci, il ne remontera pas sur une moto de MotoGP avant les essais de pré-saison de 2022.

Le retour de sa diplopie pour la première fois depuis 2012 était très inquiétant, car ça démontrait que l'opération qu'il avait subie n'était pas une solution définitive. Si la diplopie pouvait réapparaître, elle pouvait le faire à tout moment et rien ne garantissait qu'elle ne serait pas permanente. C'est d'ailleurs ce que lui avait dit l'ophtalmologue Dr Bernardo Sánchez Dalmau lorsqu'il l'avait opéré pour la première fois.

Marc pilotait avec une épée de Damoclès au-dessus de la tête.

Son 29e anniversaire a été suivi du plus grand changement de sa vie. Il a quitté Cervera, quitté ses parents, quitté le nid familial. Pas pour Andorre, mais pour Madrid, la capitale espagnole.

Il n'est pas parti seul, car il avait dit à Alex qu'il ne partirait que s'ils partaient ensemble. Ils sont leur propre groupe de soutien. Ils ont emménagé dans une vaste demeure du XXIe siècle à La Finca, un complexe immobilier de luxe situé à Pozuelo de Alarcón, à l'ouest du centre-ville. Les maisons à La Finca coûtent environ 10 millions de livres sterling, ce qui explique pourquoi plusieurs voisins de Marc sont des joueurs de football du Real Madrid.

Quitter le nid familial et franchir une nouvelle étape dans sa vie n'étaient pas les seules raisons qui l'ont poussé à déménager à 500 kilomètres au sud-ouest de son lieu de naissance. Son bras et son épaule continuaient de le tourmenter, tant à la maison que sur la piste, et il cherchait donc quelqu'un qui pourrait l'aider à mettre fin à cet enfer.

Il a finalement opté pour un groupe médical basé à Madrid et dirigé par Ángel Ruiz Cotorro, le médecin du grand joueur de tennis Rafael Nadal.

« Cette équipe de médecins pensait également pouvoir résoudre le problème du bras sans nouvelle intervention. Ils m'ont dit qu'ils avaient déjà fait ça à plusieurs reprises avec des joueurs de tennis », explique Garcia. « Marc m'a appelé, alors je lui ai dit : “Tu dois faire tout ce qu'ils te disent, car si ça ne résout pas le problème, ils diront que c'est de ta faute parce que tu n'as pas fait tous les exercices.” »

« Ils ont commencé à travailler en janvier et lui ont dit qu'en trois mois, il serait plus ou moins rétabli. »

Garcia n'arrive toujours pas à croire que Marc ait remporté trois courses en 2021, alors que son bras était encore complètement bancal.

« Je ne sais pas comment il a fait, je n'arrive pas à y croire, avec un bras dans cet état », déclare Garcia en tendant son bras droit, plié au niveau du coude, le coude pointant vers le haut et vers l'arrière. « Sachant comment fonctionne le bras, c'est impossible ! Le problème, c'est que lorsque vous modifiez la mécanique du bras, vous modifiez la mécanique de beaucoup de choses. Donc, lorsque vous avez une rotation externe [de l'humérus], vous modifiez la partie distale du bras [sous le coude], ce qui fait que vous n'avez plus la force nécessaire pour arrêter la moto ou la contrôler. »

Une nouvelle vie pour 2022, une nouvelle maison, de nouveaux médecins, un nouveau bras (espérons-le) et aussi un nouveau manager. Marc et Emilio Alzamora étaient ensemble depuis 17 ans, comme un mariage, et comme beaucoup de mariages, leur relation s'était détériorée et avait tourné à l'aigre. Son nouveau manager était Jaime « Jimmy » Martinez, ancien responsable du marketing des sports mécaniques chez Red Bull, et les deux hommes travaillaient déjà ensemble depuis des années.

Alzamora n'a pas bien pris la nouvelle. « Nous avons été séparés par d'autres », a-t-il déclaré.

« C'est la vie, il faut s'adapter », a déclaré Marc à Mela Chércoles. « Dans une relation, quand tout va bien, tout n'est que joie et bonheur, tout est facile. Et quand les choses vont mal, il faut parfois prendre des décisions radicales qui ne nous plaisent pas. »

« Il y a eu une usure naturelle dans notre relation. Nous en avons discuté à plusieurs reprises et avons essayé de résoudre le problème, mais la situation revenait toujours au point de départ. Je suis extrêmement reconnaissant envers Emilio et convaincu que sans son soutien, même si j'avais peut-être atteint le même niveau, je n'y serais pas parvenu aussi rapidement. Mais pour qu'un pilote puisse rouler vite, il a besoin d'une tranquillité d'esprit absolue, car la tranquillité d'esprit est synonyme de confiance. »

Márquez a terminé à une modeste cinquième place lors de la première course de la saison au Qatar, après quoi le paddock s'est dirigé vers l'Est pour le premier Grand Prix d'Indonésie sur le nouveau circuit de Mandalika, sur l'île de Lombok, près de Bali.

La combinaison de la chaleur tropicale, du tracé du circuit et de l'asphalte a conduit Michelin à allouer un pneu arrière slick plus rigide pour le week-end. Ce pneu offrait moins d'adhérence et, surtout, moins de sensations. Marc a donc chuté trois fois vendredi et samedi. Mais le pire était à venir.

Il roulait à fond lors du *warm-up* matinal, essayant d'améliorer ses sensations avec sa RC213V, lorsqu'il a perdu l'arrière dans le septième virage à environ 193 km/h. Ce fut une chute effroyable, la plus grave de sa carrière jusqu'à présent. Marc a été projeté en l'air, comme un pilote de chasse dans un siège éjectable, avant de retomber sur la terre avec un bruit écœurant. La voie des stands a retenu son souffle.

Les *highsides* sont le pire cauchemar du MotoGP.

Les chutes par le côté (*lowside*) ; lorsque les pneus dérapent et que la moto cède à la gravité, ne sont généralement pas trop douloureuses, à condition de ne rien heurter et de ne pas se faire heurter. On roule dans le bac à gravier ou on glisse sur l'asphalte et, avec un peu de chance, on s'en sort en marchant et en jurant.

Les chutes par le haut (*highside*) sont rarement sans douleur. Beaucoup de douleur. Le pneu arrière dérape ou glisse, à l'entrée ou à la sortie d'un virage, puis adhère, convertissant instantanément cette énergie latérale en quelque chose de bien plus violent. Soudain, la moto et le pilote sont projetés avec une grande force, passant d'un virage à gauche à un vol vers la droite, ou vice versa.

Le pilote peut être projeté à plusieurs mètres dans les airs, de sorte qu'un *highside* à 160 km/h équivaut à sauter du toit d'une voiture roulant à la même vitesse.

Les premiers instants d'un *highside* sont violents ; les forces vous arrachent littéralement de la moto, puis tout devient agréable, paisible et calme, car vous êtes littéralement en train de voler. C'est comme si vous aviez appuyé sur le bouton « monter » dans l'un de ces ascenseurs ultrarapides de gratte-ciel. Vous laissez votre estomac derrière vous, puis vous arrivez au sixième étage : mercerie, articles ménagers et sous-vêtements pour hommes.

Et puis vous heurtez le sol, au milieu d'une cacophonie de métal qui grince, de moteur qui hurle et, très probablement, d'os qui craquent. Peut-être que votre main droite tendue est la première partie de votre corps à toucher le sol. « Putain ! » Puis, votre épaule droite. « Aïe, putain ! » Le bas du dos. « Putain, aïe ! » Les deux chevilles. « Putain, putain, putain ! » Vous jurez (beaucoup), pendant un *highside*. Et même avec une combinaison et un casque high-tech, vous vous sentez comme si vous alliez mourir.

Pendant ce temps, votre moto revient également sur Terre. Si elle vous heurte (comme la moto de Marc l'a heurté à Jerez en 2020), vous êtes dans de beaux draps.

Marc a vacillé et s'est éloigné en titubant du lieu de l'accident à Mandalika, gravement commotionné, remuant les doigts pour retrouver des sensations.

Incroyablement (ou peut-être pas), il voulait encore piloter plus tard dans la journée, mais Alex l'a convaincu de ne pas le faire.

Un autre pas dans le tunnel… cette fois-ci aussi profond et sombre que possible.

Pendant le long vol de retour, Marc a recommencé à voir double.

« Quand nous sommes rentrés à la maison avec mon père, nous sommes allés voir le médecin. En sortant du cabinet, j'ai dit à mon père : "Bon, maintenant, j'abandonne." »

Le moment était venu d'arrêter cette habitude, de se sevrer de l'adrénaline, de faire une cure de désintoxication. Marc en avait assez de la douleur physique, de la douleur mentale, de passer la moitié de sa vie à l'hôpital, de prendre chaque jour des poignées de pilules pour prévenir les infections, les gonflements et toutes sortes d'autres problèmes. Il était brisé, car les superhéros n'existent pas.

CHAPITRE 15

« J'IGNORE POURQUOI LES MÉDECINS ONT ATTENDU SI LONGTEMPS POUR LUI FAIRE PART DU VRAI PROBLÈME »

La longue marche de Marc pour sortir du tunnel a commencé quelques jours avant le Grand Prix de France de 2022 au Mans.

Sa retraite n'avait bien sûr pas duré longtemps. Cette fois-ci, la diplopie s'est rapidement dissipée, en seulement une semaine. Ainsi, deux semaines après avoir annoncé à son père qu'il était un ancien pilote de moto, il pilotait une Honda CBR600RR sur le circuit d'Alcarràs, puis il s'est envolé pour le Grand Prix des Amériques.

Ce fut un week-end difficile. Il a souffert de maux de tête aveuglants tout au long de la course, se mettant de la glace sur la tête dès qu'il n'était pas sur sa moto. Bien sûr, il n'en a parlé à personne, sauf à ses proches.

Márquez n'avait jamais terminé une course au COTA sans monter sur la plus haute marche du podium. Jusqu'à présent. Un problème électronique a fait caler sa RC213V au départ, le reléguant en dernière position dans le premier virage, avec seulement la voiture de sécurité derrière lui. Puis, il a réalisé une autre remontée extraordinaire. Il a terminé le premier tour avec 4,4 secondes de retard sur le leader et a terminé la course à la sixième place, avec 6,6 secondes de retard, après avoir dépassé 18 pilotes en cours de route. Toujours le même Marc.

Enfin, pas tout à fait.

« Cette course nous a donné beaucoup de confiance, ce qui était mon objectif : essayer de ne pas avoir d'accident, car j'ai encore peur pour ma tête, l'impact remontant à seulement trois semaines. »

La force mentale de Marc avait été mise à rude épreuve, mais il était évident que son corps n'était toujours pas au mieux de sa forme.

« Je passe des week-ends étranges, car c'est la seule façon pour moi de survivre », a-t-il déclaré à la veille du Grand Prix du Portugal. « Vendredi, au COTA, je n'ai poussé que sur des tours isolés, tout comme lors de la FP3. La FP4 a été la première fois où j'ai participé à une session d'essais normale, en poussant un peu, pour essayer de comprendre mon rythme. Puis, lorsque nous avons monté des pneus neufs lors des qualifications, je ne me sentais pas très bien, alors je n'ai pas poussé comme je l'aurais voulu. Pendant la course, j'ai tout donné, puis à cinq ou six tours de l'arrivée, mon corps m'a dit ; "OK, ça suffit", et j'ai juste essayé de terminer. »

Jorge Lorenzo, tout comme Carlos J Garcia, son kiné, savait que Marc n'était pas revenu à la normale dès le moment où son ancien adversaire est revenu de blessure à Portimao en avril 2021.

« J'ai vu dès le début que son bras droit n'était pas en forme », dit-il. « Quand il prenait les virages à gauche, on voyait que son bras droit était très plié lorsqu'il freinait, changeait de vitesse et entrait dans le virage. Je voyais donc clairement que son bras n'était pas dans le bon état. »

Il n'a pas fallu longtemps pour que Márquez ait ses propres doutes… peut-être avait-il vraiment besoin d'une quatrième opération.

« Au début, les médecins disaient : "Ça prend du temps, ça prend du temps." Puis, nous sommes arrivés à un point où je leur ai dit que quelque chose dans mon bras ne fonctionnait pas correctement. »

Les dommages causés à l'humérus (à la suite de l'accident de Jerez et après), avaient tellement tordu et déformé l'os qu'il était pratiquement inutilisable pour la course, du moins selon le style de conduite de Marc, qui nécessite une force immense pour utiliser ses coudes comme dispositifs améliorant les performances et évitant les chutes.

Malgré ses victoires « impossibles » en 2021 au Sachsenring, au COTA et à Misano, il se contentait principalement de rouler, pour les chiffres. Une torture, à tous les égards.

« En 2021 et 2022, Marc a compris que le problème venait de lui et ça l'a détruit mentalement », explique son mécanicien Jordi Castellà. « À chaque session d'entraînement, il devait suivre deux heures de physiothérapie, puis deux heures supplémentaires pour la session suivante. Sans compter les nombreux comprimés et médicaments qu'il devait prendre pour maintenir son bras plus ou moins en forme, mais c'était un véritable désastre. »

« Ça a failli le briser. Il avait été le pilote le plus chanceux au monde, car il avait chuté à de nombreuses reprises sans jamais se casser de gros os. Mais cet os et la façon dont il a géré son retour à Jerez ont été sa plus grande erreur. La seule. Il a compris que c'était de sa faute. »

« Avant, Marc se comparait à une moto : si vous tombez et cassez un guidon, vous changez le guidon ; si vous vous cassez des os, vous mettez des vis et vous reprenez la course la semaine suivante. »

« Si je vois un mur, je le franchis », explique Marc dans *All In*. « Peu importe le nombre d'essais nécessaires ou la force avec laquelle je me cogne la tête, je n'arrêterai pas tant que je n'aurai pas franchi le mur… Ça a toujours été mon approche et ça ne changera jamais. »

Certaines personnes qualifieraient cet état d'esprit de masochisme, car comment quelqu'un comme Marc peut-il faire ce qu'il fait s'il n'apprécie pas réellement la douleur ?

C'est là une incompréhension de la part des non-initiés, tout comme les non-initiés comprennent mal l'attrait du risque. Les pilotes de moto n'aiment pas tant prendre des risques que mettre à profit leurs compétences pour les surmonter. C'est ça qui les stimule. Il en va de même pour ce soi-disant masochisme. Ce n'est pas la douleur qui les attire, mais le fait de repousser leurs limites mentales, physiques et spirituelles. On se teste soi-même, on voit de quoi on est capable.

L'esprit, le corps et l'âme de Marc n'étaient pas tout à fait brisés, mais ils craquaient et se fissuraient, car tout ce que son équipe médicale avait fait à son bras n'avait rien changé.

« Il avait tout essayé, consulté tous les spécialistes, et il savait donc que “dans cet état, je ne peux pas piloter.” Son état ne s'améliorait pas », explique Garcia. « Un jour, il m'a appelé et m'a dit : “Peux-tu venir chez moi ?” Je m'y suis rendu et l'un des membres de son équipe médicale était présent. Marc voulait que je lui donne mon avis sur le problème et que je lui propose une solution. Lorsque j'ai exprimé mon opinion, le médecin a dit : “Vous pensez donc que nous perdons notre temps ?” J'ai répondu que oui. »

« À ce moment-là, Marc a déclaré : “Je veux une date butoir.” Ça faisait 14 mois depuis la dernière opération et il en était toujours au même point. Il a dit : “D'accord, mi-mai. Si ça ne va pas d'ici là, je trouverai un moyen de subir une autre opération.” »

Marc avait enfin compris qu'il n'y avait qu'un seul moyen de continuer à piloter : passer sur le billard une quatrième fois pour redresser son bras déformé. Et ce serait sa dernière chance.

Avait-il perdu une année supplémentaire en suivant de mauvais conseils ?

« Je pense que Marc a pris la bonne décision », poursuit Garcia. « Mais je ne comprends pas pourquoi ces personnes lui ont dit ce qu'elles lui ont dit, car elles savent la même chose que moi. Ce qui me dérange, c'est que les médecins aient attendu si longtemps pour lui faire part du vrai problème. Peut-être espéraient-ils vraiment que le kinésithérapeute résoudrait le problème. Ou que Marc trouverait un moyen de gagner des courses avec son bras tel quel, car s'il y parvenait, il n'aurait pas besoin d'une autre opération. »

Le Dr Joaquin Sanches-Sotelo est l'un des meilleurs chirurgiens au monde spécialisés dans les bras, les épaules et les coudes. Il exerce à la clinique Mayo de Rochester, aux États-Unis. Il a été recommandé à Márquez par le Dr Samuel Antuna, qui avait réalisé l'opération de greffe osseuse sur le bras de Marc en décembre 2020.

Samedi soir, au Mans, Márquez, Alberto Puig et Emilio Alzamora ont appelé le Dr Sanches-Sotelo pour discuter d'une quatrième intervention chirurgicale.

La clinique Mayo est l'une des plus sophistiquées au monde, utilisant toutes sortes de technologies de pointe, y compris l'impression 3D.

Sanches-Sotelo a utilisé les scanners des bras de Marc pour imprimer en 3D des copies du bras gauche sain et du bras droit déformé.

La vie de Marc a changé au moment où il a vu les reproductions lors d'un appel vidéo ultérieur, lorsque Sanches-Sotelo lui a parlé de l'ostéotomie humérale, qui consiste littéralement à scier l'os en deux.

Enfin, une lueur d'espoir au bout du tunnel.

« Je ne peux pas continuer à piloter comme je le fais actuellement », a-t-il déclaré aux médias deux semaines plus tard au Mugello, en annonçant sa décision de se retirer une nouvelle fois de la compétition et de se faire opérer. « Si l'opération est un succès, nous verrons comment je peux piloter une moto. »

« Ce sera ma dernière chance d'améliorer ma condition physique. Ce n'est pas comme si j'allais subir l'opération et gagner à nouveau. Non. L'objectif de l'opération est d'essayer de retrouver le plaisir de piloter et de rouler, et d'avoir une vie d'athlète normale, en m'entraînant et en oubliant les analgésiques et tout le reste. »

Marc a terminé dixième au Mugello après une course régulière. Pendant le tour de décélération, plusieurs pilotes lui ont serré la main : il s'apprêtait à s'éloigner pour une nouvelle période, dont personne ne connaissait la durée. Rien ne garantissait que ce ne serait pas pour toujours.

« Le tour de décélération a été émouvant. C'était bien », a-t-il déclaré.

Puis, il est parti pour les États-Unis, accompagné de Garcia.

L'ostéotomie humérale de Marc a consisté pour Sanches-Sotelo à couper l'os en deux, légèrement au-dessus de la fracture d'origine, à faire pivoter la moitié inférieure de 34 degrés, puis à replacer les deux moitiés et à les visser ensemble. Une procédure barbare, mais qui a fait ses preuves.

« J'étais convaincu que cette opération était la seule solution pour continuer à piloter », explique Marc. « Lorsque j'ai pris cette décision, je n'avais aucun doute, donc lorsque nous sommes arrivés à la clinique Mayo, j'étais calme. »

Néanmoins, cette quatrième opération n'était pas sans risque. Il y avait toujours la possibilité d'endommager le nerf radial vital du bras, ce qui aurait été catastrophique.

Six semaines plus tard, il était au Grand Prix d'Autriche, non pas pour piloter, mais pour lancer l'autre volet de son retour : réparer la RC213V défaillante de Honda. Au cours du week-end, il a eu plusieurs réunions importantes avec la direction de HRC, notamment avec le directeur général Tetsuhiro Kuwata et Takeo Yokoyama, les exhortant à raviver la flamme qui avait permis à Honda de remporter un nombre record de 25 titres de champion du monde des constructeurs entre 1966 et 2019.

Finalement, il leur a dit ce qu'ils ne voulaient pas entendre.

« Je veux revenir au sommet avec vous, mais si ce n'est pas possible, je trouverai un autre moyen. »

En d'autres termes, il envisageait déjà de quitter Honda pour trouver une moto qui lui permettrait de se battre à nouveau pour le championnat. Ses paroles n'étaient peut-être pas une menace, mais elles auraient tout aussi bien pu l'être.

Sanches-Sotelo a suivi de près l'évolution de son bras depuis l'autre côté de l'Atlantique, grâce à la nouvelle équipe médicale de Marc. La plupart des gens dans le paddock pensaient qu'il ne piloterait plus avant 2023, mais, comme d'habitude, il a défié les pronostics.

Il est peut-être normal que les pilotes de MotoGP reprennent la compétition plus tôt que ce qui semble humainement possible, pour le plus grand bonheur de leurs équipes et de leurs fans, mais il y a toujours un prix à payer, même si la dette peut être reportée de plusieurs années.

« J'ai toujours été le type qui, après avoir chuté, enfilait une combinaison de rechange, remontait sur sa moto et roulait encore plus vite qu'au tour où il avait chuté », explique Cal Crutchlow, qui partageait cette aptitude avec Marc, Stoner et d'autres. « Ce n'est qu'aujourd'hui, à 40 ans, que je comprends que c'était la chose la plus stupide que j'ai jamais faite. Quand on vieillit et que l'espace entre nos oreilles commence à se remplir, on réalise à quel point on était stupide à l'époque. »

« Si vous n'attendez pas d'être en pleine forme, vous arrivez à mon âge et c'est difficile. Les muscles font mal, les épaules sont douloureuses, les jambes sont douloureuses, une cheville ne bouge pas comme elle le devrait… »

« Est-ce que je changerais quelque chose ? Bien sûr que non. »

Márquez, comme Crutchlow et tant d'autres pilotes, atteindra sûrement l'âge où il remettra en question bon nombre de ses décisions de jeunesse. Mais pas encore… Une semaine après son retour du Red Bull Ring, il était de nouveau en selle, testant son corps à bord de sa CBR600RR à Alcarràs, à une heure de route de Cervera. Il a repris la compétition MotoGP la semaine suivante, lors des essais post-GP de Saint-Marin à Misano, où il a terminé meilleur pilote Honda, loin derrière à la 13e place.

Les essais de Misano ont été importants, non pas pour le résultat, mais parce qu'ils ont marqué un changement d'attitude attendu depuis longtemps chez HRC, peut-être poussé à agir par la menace voilée de Marc.

Honda connaissait sa pire saison MotoGP depuis le début des années 1980, lorsqu'elle avait participé à des courses avec sa fabuleuse, mais imparfaite NR500 à quatre temps et pistons ovales. La NR était une aventure chimérique, une mission impossible, car c'était l'époque des motos de Grand Prix à deux temps, invaincues en MotoGP de 1975 à 2001.

Les ingénieurs de Honda étaient dans une telle impasse (leur propre impasse), qu'ils ont fait quelque chose qu'ils n'avaient pas fait depuis l'embarrassante NR. Ils ont chargé un fournisseur externe (Kalex, le dominateur de la Moto2) de fabriquer un nouveau bras oscillant pour la RC213V, dans l'espoir que ça permettrait de résoudre les problèmes de traction de la moto.

HRC avait toujours été une entreprise extrêmement fière, mais sa fierté avait finalement été mise à mal. La RC213V végétait en bas du classement du championnat des constructeurs, et l'entreprise avait donc dû demander de l'aide. Ce ne serait pas la dernière fois : trois ans plus tard, elle allait encore plus loin dans cette direction en engageant un directeur technique italien, Romano Albesiano, qui venait d'Aprilia.

En 2022, les ingénieurs de HRC menaient encore de nombreuses expériences sur la rigidité du châssis de la RC213V. Cette rigidité était au centre des préoccupations des ingénieurs MotoGP depuis plusieurs décennies, car trouver le bon équilibre entre rigidité et flexibilité pouvait transformer les performances de virage et l'adhérence d'une moto.

Mais peut-être que HRC passait à côté de l'essentiel. Plus loin dans la voie des stands, Gigi Dall'Igna avait transformé la Desmosedici de Ducati en une Formule 1 à deux roues. La rigidité du châssis était toujours importante, mais Dall'Igna avait trouvé des moyens totalement nouveaux pour permettre aux motos MotoGP de prendre les virages et d'adhérer à la piste. Honda (et Marc) se faisaient distancer.

« Les pilotes Ducati n'inclinent pas leur moto [autant que les autres], ils utilisent simplement la puissance », explique Marc. « C'est un autre style de moto. »

En 2022, Ducati a remporté plus de la moitié des courses, décrochant ainsi son troisième titre consécutif de champion du monde des constructeurs et son premier titre de champion du monde des pilotes depuis 2007.

Aprilia et KTM se sont efforcées de suivre le rythme, tandis que Honda et les autres marques japonaises semblent perdues dans ce nouveau monde.

Cette transformation technologique a eu d'autres conséquences, qui ont également déplu à Márquez.

Les nouvelles technologies, telles que l'aérodynamique générant de la force d'appui et les dispositifs de hauteur de caisse, ont rendu la moto plus importante que le pilote, tout en rendant les courses moins amusantes, tant pour les pilotes que pour les fans.

« Avant l'aérodynamique et les dispositifs, nous jouions avec le corps et l'accélérateur jusqu'à atteindre la quatrième ou la cinquième vitesse. Maintenant, nous sommes derrière l'écran comme en Moto3 dès la deuxième vitesse », a-t-il déclaré.

L'aérodynamique aide le pilote à aller plus vite en augmentant la stabilité et l'adhérence, mais elle lui complique également la vie.

« Maintenant, avec l'aérodynamique, surtout dans les virages, vous devez faire ce que la moto veut, et non ce que vous voulez, car si vous dérapez, vous supprimez l'appui aérodynamique et ça devient plus difficile », explique-t-il. « Si l'on supprimait l'aérodynamique [appui aérodynamique], on verrait à nouveau des dérapages et des sauvetages. Avec l'aérodynamique, on ne peut pas éviter un accident, car, lorsque l'on penche à plus de 60 degrés, l'aérodynamique exerce une telle force sur les pneus que lorsque l'on perd de l'adhérence, ce n'est pas une perte progressive. »

L'appui aérodynamique a transformé les courses de F1 en processions pendant des décennies, car, lorsqu'une voiture se rapproche de celle qui la précède, l'air dit « sale » provenant de la voiture de tête perturbe l'appui aérodynamique de l'autre, réduisant l'adhérence et empêchant ainsi toute attaque.

« Je le dis depuis longtemps », a déclaré Marc à Mela Chércoles. « Je suis en MotoGP depuis dix ans et, chaque année, nous dépendons de plus en plus de la moto [plutôt que du talent du pilote] et les dépassements sont plus difficiles. Je sais que les motos de MotoGP sont des prototypes, mais je serais favorable à une réduction de l'aérodynamique pour améliorer le spectacle. »

« La F1 a pris le contre-pied et a réduit l'importance de l'aérodynamique afin que les voitures puissent rouler plus près les unes des autres. Nous faisons le contraire et, pour moi, l'aérodynamique est la chose la plus importante. Elle a un impact considérable lorsque vous êtes derrière une autre moto et c'est ce que nous devrions essayer d'éviter. »

« Sur certains circuits, comme Motegi, il est désormais deux ou trois fois plus difficile de dépasser, car ça devient très compliqué lorsque vous vous rapprochez d'un autre pilote. »

Il s'est souvent retrouvé trop près d'autres pilotes lors de son retour à la compétition en Aragón, trois mois et demi après que Sanches-Sotelo lui a scié le bras.

Il était de retour, réalisant un autre sauvetage miraculeux lors des essais libres et chutant lors de la FP3 alors qu'il tentait de se classer parmi les dix premiers pour accéder directement à la session de qualification Q2.

Dimanche, encore plus de rebondissements (beaucoup plus !), dès le premier tour. Il a dérapé dans le troisième virage, ce qui a provoqué la collision avec le champion en titre Fabio Quartararo, qui l'a percuté et l'a fait tomber. Cette collision a coincé un fragment du carénage de Quartararo dans le dispositif de hauteur de caisse de la RC213V de Marc. Ainsi, lorsqu'il a actionné le dispositif quelques virages plus tard, sa moto a soudainement ralenti. Cette fois, c'est son coéquipier Honda Takaaki Nakagami qui l'a percuté, tombant également, tandis que Marc est resté en selle et est immédiatement retourné à son garage.

Aucune des deux collisions n'était de sa faute ; l'incident du troisième virage était quelque chose qui pouvait arriver à tout moment, mais, une fois de plus, il semblait incapable d'éviter le drame. Les deux accidents ont eu des conséquences importantes pour les pilotes impliqués. L'abandon de Quartararo a certainement joué un rôle dans la perte de son titre au profit de Pecco Bagnaia, tandis que Nakagami a subi une grave blessure à la main qui a brisé son élan.

Les courses suivantes ont laissé entrevoir une lueur d'espoir. Mais en réalité, c'était Marc, et non sa RC213V. À Motegi (sous la pluie), il a décroché sa première pole position depuis sa blessure et à Phillip Island, il s'est livré à une brillante bataille pour la victoire, terminant à moins de deux dixièmes du vainqueur Álex Rins. D'autres mises à jour ont été apportées à la moto pendant le week-end à Phillip Island, Honda s'étant empressé de réparer la RC213V et de convaincre Marc de rester. Ces nouvelles pièces n'ont pas été fabriquées par un fournisseur externe, mais elles s'en sont clairement inspirées : Ducati. Les motos de Marc ont été équipées de deux nouveaux accessoires aérodynamiques : des conduits de diffusion dans le carénage et des ailerons sur la bosse du siège.

Les deux étaient des copies conformes des pièces Ducati, mais ça ne dérangeait pas Marc, car tout ce qu'il voulait, c'était une moto compétitive, peu importe comment il l'obtenait.

« Si vous êtes en bas du classement du championnat des constructeurs et qu'une autre moto dispose de pièces qui donnent de bons résultats, alors installez-les sur votre moto », a-t-il déclaré. « C'est la même chose pour la conduite. Je roule selon mon style, mais quand un autre pilote réussit bien et que je vois qu'il fait quelque chose différemment, je le copie. Si je le peux. »

Bien sûr, il existait d'autres moyens de trouver une moto compétitive. Et course après course, les questions continuaient d'affluer : envisageait-il de changer d'écurie ?

« J'ai un contrat avec Honda pour 2023 et 2024 », a-t-il déclaré aux journalistes. « Quand je demande quelque chose à HRC, il doit y avoir une réponse, tout comme lorsqu'ils me demandent quelque chose : je dois y répondre. C'est comme ça que ça marche : un constructeur fait des demandes à un pilote et soit il réagit, soit il est remercié. C'est donc la même chose quand je fais des demandes. »

« J'ai fait des demandes et je vois que Honda réagit. Maintenant, nous devons voir si tout continue à aller dans la bonne direction. Quand est-ce que je veux voir un réel changement dans les performances ? En 2023. »

« Mon objectif principal est de me battre pour un autre titre avec Honda, c'est la seule chose que j'ai en tête. Après 2024 ? On ne sait jamais, mais Honda est Honda et je suis convaincu qu'ils peuvent à nouveau avoir un projet gagnant. »

Márquez ne le savait pas, mais les rouages de son transfert chez Ducati étaient déjà en marche. Son frère Alex venait de signer un contrat avec Gresini Racing, qui lui permettrait de piloter des Ducati en 2023 et 2024, mettant ainsi fin à trois saisons plutôt sombres chez Honda.

« Mon frère me dit déjà qu'il va me battre l'année prochaine », s'est exclamé Marc en riant.

Et c'est exactement ce qu'il s'est passé. En 2023, saison historique du 75e anniversaire du MotoGP, Alex a accumulé près de deux fois plus de points que son grand frère.

Marc était peut-être dans sa meilleure forme physique depuis Jerez 2020, mais sa 11e saison dans la catégorie reine a été un désastre total. Il a chuté 29 fois lors des 17 Grands Prix auxquels il a participé, un record personnel.

Il a terminé le championnat à la 14e place du classement général, un autre record personnel, cinq places derrière son frère.

Marc a toujours beaucoup chuté, mais il gagnait aussi beaucoup. Au cours de sa campagne épique de 2019, il a chuté 19 fois et a remporté 12 courses. En 2021, 2022 et 2023, il a chuté 69 fois et a remporté trois courses. Son ratio champagne/gravier a été réduit à néant.

Comme il l'a dit lui-même : « Des erreurs stupides, des chutes stupides. »

Peut-être que tout était vraiment fini. Peut-être n'était-il plus l'homme qu'il était avant l'accident. C'était une hypothèse tout à fait raisonnable, car aucun pilote n'était jamais revenu au sommet après trois ans d'absence pour cause de blessure. Les pilotes ne sont que des êtres humains, aussi surhumains qu'ils puissent paraître de l'extérieur.

Marc était épuisé par la guerre, marqué par les combats, traumatisé, pris dans une spirale infernale où il luttait pour gagner en vitesse et maîtriser une moto qui le projetait trop souvent dans le décor.

L'esprit humain ne peut pas supporter indéfiniment ce genre de martèlement. À un moment donné, un interrupteur se déclenche et active le mode d'autoprotection. Survivre ou mourir. C'est tout à fait naturel.

La saison 2023 a commencé avec de fausses promesses. Sur le circuit étroit et sinueux de Portimao, Marc a terminé troisième (derrière deux Ducati, bien sûr), lors de la première course sprint du MotoGP. Il s'agissait là d'une autre idée copiée sur la F1. L'idée était de rapporter plus d'argent avec une course le samedi sur une demi-distance. Ça a transformé le programme du week-end, augmentant la pression sur les pilotes et les équipes.

Et le risque. Les sprints ont joué un rôle important dans un petit pan de l'histoire du MotoGP : il y a eu tellement de blessés en 2023 qu'aucun Grand Prix n'a démarré avec une grille complète.

Le nouveau format du week-end a également nui aux constructeurs qui s'efforçaient de combler leur retard sur Ducati, c'est-à-dire Honda et tous les autres.

« Avec le format actuel, on ne peut rien tester », explique Albesiano. « Il faut enchaîner les contre-la-montre, les contre-la-montre, les contre-la-montre. C'est fou. »

Si Marc s'en est sorti en poussant sa RC213V dans ses derniers retranchements lors du sprint de Portimao, il n'a pas eu autant de chance lors de la course du dimanche. Une fois de plus, il tentait de surmonter un handicap insurmontable ; la Honda solitaire dans un groupe de tête composé de Ducati et d'Aprilia, lorsqu'il a bloqué l'avant et percuté Miguel Oliveira, le héros local pilotant une Aprilia.

La foule portugaise était scandalisée et a lancé toutes sortes d'insultes à Marc alors qu'il était ramené en scooter au paddock. Aprilia était également en colère contre Marc et a publié un communiqué implorant les commissaires du MotoGP de punir plus sévèrement les pilotes « imprudents et irresponsables ».

Marc a subi une fracture complexe à la main droite et cette fois-ci, peut-être en raison de ce qu'il s'était passé à Jerez en 2020, les médecins ne lui ont pas donné l'autorisation de courir avant la cinquième course au Mans. Il n'aurait pas dû s'en faire. Il a chuté lors du Grand Prix de France et du Grand Prix d'Italie qui a suivi.

Ce dimanche au Mugello, le 11 juin 2023, Marc en avait finalement assez de Honda. Ironiquement, c'est ce week-end-là que la direction de l'entreprise a commencé à prendre au sérieux le sauvetage de son projet MotoGP en perdition et la conservation de son pilote numéro un. Les dirigeants de HRC sont présents à la plupart des courses de MotoGP, mais les cadres de Honda Motor Company se rendent rarement à des courses en dehors du Japon. Lorsque Shinji Aoyama, vice-président de Honda Motor Company, s'est rendu en Italie, ça a donc fait beaucoup de bruit.

Ce qu'Aoyama a vu au Mugello ne lui a pas plu. Pendant la course du dimanche, Marc faisait comme d'habitude (poursuivant en vain un groupe de Ducati), lorsque sa RC213V l'a trahi une fois de plus. Comme toujours, il a essayé de sauver la glissade avec son coude, mais la moto a refusé et l'a projeté dans le gravier. Márquez s'est relevé et s'est éloigné de l'accident avant même d'avoir fini de rouler. Puis, il s'est arrêté et s'est tourné vers sa machine accidentée, les bras grands ouverts, comme pour dire : « Pourquoi tu m'as laissé tomber ? »

« Je me souviens encore de la première fois où le manager de Marc [Jaime Martinez] nous a appelés début juin », raconte Carlo Merlini, directeur commercial de Gresini Racing depuis le début des années 2000.

Mais avant que les choses ne s'améliorent, elles allaient d'abord empirer. Le week-end après Mugello, se tenait Sachsenring. Marc affirme que le Grand Prix d'Allemagne de 2023 a été le pire week-end de sa carrière, si on ne compte pas Jerez 2020.

Il a vécu un week-end atroce, avec pas moins de cinq chutes, dont trois *highsides* spectaculaires et un quatrième qui a failli se produire lorsque sa RC213V a failli l'éjecter dans le onzième virage, effrayant, à 200 km/h. Une fois de plus, Marc s'est énervé contre sa moto, lui faisant un doigt d'honneur alors qu'il se dirigeait vers le douzième virage.

Il était responsable de certains de ces accidents, résultat d'un refus obstiné d'abandonner sur son circuit préféré, peu importe que les chances soient contre lui. Mais, bien sûr, la RC213V était en grande partie responsable. La moto empirait, au lieu de s'améliorer. Aucune adhérence en entrée de virage, aucune adhérence en sortie, aucune stabilité et des systèmes de contrôle électronique apparemment incapables de sauver Marc quand il en avait besoin.

Les négociations avec Gresini s'accéléraient.

L'Allemagne n'a pas seulement été un week-end à oublier pour Márquez. Elle a également écrit une page triste dans l'histoire de la participation du Japon au MotoGP. Le Grand Prix d'Allemagne de 2023 a été la première course depuis le Grand Prix d'Adriatique de 1969 sans aucune moto japonaise dans le top 10.

Au cours des années 1970, les constructeurs japonais avaient tout balayé sur leur passage, comme une tempête venue de l'Est. Leur approche agressive de la course à la technologie avait rapidement vidé les grilles de départ des Grands Prix des machines européennes. Des noms autrefois prestigieux comme Norton, Aermacchi, Bultaco et Matchless avaient disparu presque du jour au lendemain, seule MV Agusta résistant, avant d'être elle aussi balayée dans les poubelles de l'histoire de la course après la saison 1976.

Le pendule avait désormais basculé dans l'autre sens. Ducati, Aprilia et KTM étaient en pleine ascension, tandis que le Japon était en déclin.

Marc avait subi tellement de revers au Sachsenring, aggravés par deux nouvelles chutes lors des essais à Assen, qu'il s'était retiré de la course néerlandaise. Avant de rentrer chez lui, il avait été interrogé sur ses projets d'avenir.

« Je traverse une période très difficile et je ne peux pas y penser », a-t-il menti.

Car c'est ce que font les pilotes quand on leur pose des questions sur leurs contrats et leurs négociations : ils mentent, mentent et mentent encore.

Les propos du directeur de l'écurie Repsol Honda, Puig, étaient plus significatifs. Le contrat de Marc n'expirait que fin 2024, mais c'était là un premier indice que Honda pourrait être disposé à le libérer, sans divorce médiatique et sordide.

« Chaque personne est libre de faire ce qu'elle veut dans sa vie », a déclaré Puig à Assen. « Honda n'est pas une entreprise qui souhaite employer des personnes qui ne sont pas heureuses chez elle. »

La pause estivale a été l'occasion de réfléchir. Lorsque les courses ont repris, le monde a découvert un Marc Márquez qu'il n'avait jamais vu auparavant : sans vitesse et à peine visible à la télévision.

Au Red Bull Ring, il s'est qualifié à la 18e place et a terminé les deux courses loin derrière, dixième dans le sprint et treizième dans le Grand Prix, avec un retard considérable de 23 secondes sur le vainqueur Bagnaia.

Lors de la course suivante sur son circuit national, à Barcelone-Catalogne, les résultats ont été tout aussi mauvais : douzième sur la grille de départ, onzième dans le sprint, treizième le dimanche.

« Après la pause estivale, je me suis dit que j'allais rouler plus calmement, alors j'ai commencé à rouler de manière plus prudente », explique-t-il. « Mais c'était tellement ennuyeux ! Pour moi, c'était comme un cauchemar d'aller sur un circuit, de rouler en mode facile et de me battre pour la 15e place. »

« Je me suis demandé si je pouvais tenir encore un an comme ça [jusqu'à la fin de son contrat avec Honda]. C'était la question principale. Avec mon caractère, est-ce que je pouvais tenir encore un an comme ça, ou est-ce que j'allais arrêter la compétition en cours de saison ? »

« Lors d'une course, je me suis dit : “OK, je vais rester chez Honda.” Mais lors de la course suivante, je me suis dit… »

Il soupire d'exaspération.

« … Je ne peux pas continuer à piloter comme ça. »

Et c'était tout.

« J'ai fini par décider de sortir de ma zone de confort, car je sentais que je devais le faire pour continuer à piloter plus longtemps. Honda a le temps de construire une meilleure moto, mais les athlètes n'ont pas le temps. Je ne voulais pas prendre ma retraite et avoir des doutes, “Si, si, si…” Je devais donc prendre le risque et aller là-bas [chez Gresini] pour voir. Pas d'excuses ! Je suis comme ça. Je préfère prendre le risque, même si ça ne mène pas forcément au succès. Je dois prendre le risque et essayer. »

Sans surprise, l'histoire avec Gresini a éclaté le week-end suivant à Misano, où il était une fois de plus loin du podium.

La télévision espagnole a demandé à Marc si les rumeurs étaient vraies. Oui, elles l'étaient ; il a admis qu'il cherchait un autre emploi.

« Les choses changent », a-t-il déclaré en souriant, reprenant une expression popularisée par les footballeurs à la recherche d'un transfert.

Ça a déclenché une frénésie médiatique. Et à partir de là, l'histoire a pris de l'ampleur jusqu'à ce que Dall'Igna confirme le transfert de Marc chez Gresini à Motegi. Habituellement, ces processus sont minutieusement gérés par les dirigeants des constructeurs et les responsables des relations publiques, les deux parties intéressées (dans ce cas, Repsol Honda et Gresini Racing), publiant simultanément des communiqués de presse.

Mais pas cette fois-ci. Dall'Igna a pris tout le monde au dépourvu en annonçant la nouvelle en direct sur Sky Italia TV.

« Marc a décidé de quitter Honda pour une Ducati non officielle », a-t-il déclaré. « De notre point de vue, c'est réjouissant. »

Le dimanche après-midi, il semblait que les dieux de la pluie étaient intervenus pour que Marc puisse offrir un cadeau d'adieu à Honda.

La pluie tombait à verse et plus elle tombait fort, plus il allait vite. Marc a décroché la troisième place quelques instants avant que la direction de course ne juge les conditions trop dangereuses et ne sorte les drapeaux rouges.

Lors de la conférence de presse d'après-course, plusieurs questions lui ont été posées sur son avenir, mais il a évité de confirmer directement l'annonce de Dall'Igna.

« J'ai une approche réfléchie », a-t-il déclaré. « Je sais ce qu'il doit se passer pour aller dans un sens ou dans l'autre, mais on peut dire qu'aujourd'hui, c'était un podium très romantique, donc c'était très agréable. »

Bagnaia, qui avait terminé deuxième, entre Marc et le vainqueur Jorge Martin, a souri et a déclaré : « Au revoir Honda. »

C'est à Valence que son adieu définitif a eu lieu. D'immenses banderoles publicitaires Repsol dominaient le paddock et remerciaient Márquez pour ses 18 années passées au service du géant pétrolier espagnol. Elles nous rappelaient que c'était la fin d'une époque : six championnats du monde et 59 victoires en Grand Prix. Et 196 chutes.

Nana korobi ya oki, dit le proverbe japonais. Tombe sept fois, relève-toi huit fois. Ou, dans le cas de Marc, *Hyaku kyuju roku korobi, hyaku kyuju nana oki.* Tombe 196 fois, relève-toi 197 fois.

« J'ai abordé le week-end comme si je me battais pour le championnat », a-t-il déclaré à Valence. « Entièrement concentré, tous les tours, toutes les courses, tous les entraînements. »

La récompense a été un podium final avec Repsol Honda, qui l'a submergé d'émotion lors du sprint podium show, la lèvre inférieure tremblante, pleurant sans larmes.

Puis, du champagne (d'accord, du prosecco) au gravier le dimanche, lorsque Martin, qui se battait pour le championnat, a percuté Marc et l'a envoyé valdinguer. Quelques tours plus tôt, Marc avait percuté Bezzecchi, le projetant dans les graviers.

« C'était vraiment très sale, mais ils ne montrent même pas le replay », a déclaré Bezzecchi. « Personne ne lui fait rien, parce que c'est Márquez et qu'il est le pilote le plus déloyal. »

« Au cours de la saison, il m'a déjà poussé plusieurs fois hors de la piste, et c'est normal », a rétorqué Marc. « J'étais à l'intérieur, il a essayé de garder la ligne extérieure pour revenir, mais si vous êtes à l'extérieur, vous perdez. »

La plupart des rivaux de Marc n'avaient aucun doute sur ce qui les attendait en 2024.

« Il suffit d'analyser la situation, ce n'est pas difficile », a déclaré Aleix Espargaró, vainqueur des Grands Prix de Catalogne et de Grande-Bretagne en 2023. « Regardez quels pilotes sont vraiment rapides avec la Ducati ; tous ! Et Marc est le meilleur pilote, donc... ça va être amusant. »

CHAPITRE 16

« ON VA VOIR SI MON TEMPS EST ÉCOULÉ, SI JE FAIS PARTIE DU PASSÉ »

Nous sommes en mars 2023, dernier jour des essais de présaison à Portimao, au Portugal.

Je marche à l'arrière des stands, comme je le fais depuis 35 ans, saluant mes connaissances d'un signe de tête, m'arrêtant pour discuter rapidement, dans l'espoir de glaner quelques informations dans la voie des stands.

En passant devant les quatre garages Ducati (l'écurie d'usine Lenovo, Pramac, VR46 et Gresini), je tombe sur l'ingénieur Frankie Carchedi, qui a récemment rejoint Gresini.

Carchedi est arrivé dans le paddock MotoGP en 2014, après avoir travaillé pendant dix ans dans les championnats britannique et mondial de Superbike. En 2019, il a été engagé par l'écurie Suzuki pour devenir chef d'équipe du rookie MotoGP Joan Mir. L'année suivante, le duo a remporté le championnat et l'avenir semblait prometteur. Puis, Suzuki a lâché une bombe : l'écurie quitterait le MotoGP à la fin de 2022.

Carchedi a rejoint Gresini pour la saison 2023, afin de travailler avec le nouveau pilote de l'écurie, Fabio Di Giannantonio. Carchedi est intelligent, terre-à-terre et comprend les nuances nécessaires pour tirer le maximum de performances des motos de course et de leurs pilotes.

Son passage de Suzuki à Gresini l'a amené à travailler avec la GSX-RR de Suzuki, puis avec la Desmosedici de Ducati, deux motos très différentes qui offrent des performances très différentes. La GSX-RR était une moto MotoGP conventionnelle, la Desmosedici est tout sauf ça.

Je demande à Carchedi comment il compare Suzuki et Ducati. Il me dit qu'il est stupéfait par les performances de la Desmosedici, en particulier par la façon dont elle transfère autant de couple à la piste.

Il sourit et ajoute : « Si Marc Márquez monte un jour sur l'une de ces machines, personne ne verra dans quelle direction il est parti. »

Huit mois plus tard, un mardi gris et nuageux de novembre à Valence. C'est la même chose chaque année : dernière course le dimanche après-midi, remise des prix le dimanche soir, gueule de bois le lundi, puis retour au travail.

Le paddock de Valence est en plein chaos, les déchets du week-end s'accumulent un peu partout. On entend les cris et les hurlements de la centaine de roadies MotoGP qui démontent les unités d'accueil et les bureaux du paddock. Les chariots élévateurs vont et viennent, les grues vrombissent, les mastodontes des écuries grondent en passant, rentrant chez eux pour l'hiver.

Les mardis à Valence sont toujours étranges, car ils marquent à la fois la fin et le début. Le paddock est épuisé après neuf mois d'avions, de voitures de location et de chambres d'hôtel.

On peut presque goûter au bonheur de la fin d'une saison : une autre saison est enfin terminée.

Et pourtant, la nouvelle saison est déjà là. Les mécaniciens se précipitent avec de nouvelles pièces brillantes qui doivent être boulonnées sur les nouveaux prototypes rutilants qui sont en train d'être réchauffés dans la voie des stands. Ils vous regardent en roulant des yeux avec un sourire en coin : c'est reparti pour un tour.

À l'arrière du garage Gresini, une foule de fans, de photographes et de journalistes (dont je fais partie) attend d'assister à un petit moment historique du MotoGP : Marc Márquez, pilote Ducati.

Le nouveau chef d'équipe de Marc, Carchedi, sort d'un des bureaux de Gresini, au dernier étage du siège social de l'écurie basé à Juggernaut, descend les escaliers en trottinant et me fait un clin d'œil avant de disparaître dans le garage de l'écurie.

On arrive au milieu de la matinée avant que les premiers pilotes ne prennent la piste, mais la porte du garage Gresini reste fermée ; inutile de s'effrayer quand l'asphalte est encore trop froid. Lorsque la porte s'ouvre enfin, une foule de photographes, de journalistes et de curieux se presse devant le garage. Les mécaniciens de Gresini ne sont pas ravis : « On essaie de travailler ici ! » Les photographes professionnels ne le sont pas non plus, eux qui tentent de manier leurs objectifs parmi les amateurs de selfies.

Marc apparaît à l'arrière du garage et s'assoit avec Carchedi et d'autres ingénieurs de Gresini, Ducati, Öhlins et Michelin.

Sa GP23 d'occasion, peinte en noir avec des logos MM93 rouges, sort du garage et démarre en trombe. Marc, que l'on distingue à peine à travers la foule, s'avance, monte à bord et file dans la voie des stands.

Lors de sa première sortie, il semble lent, comme s'il roulait tranquillement.

Les chronomètres ne sont pas d'accord.

Marc a pour habitude de ne jamais montrer ses émotions lorsqu'il retourne au garage et s'assoit avec son équipe, car il ne veut pas que ses sentiments influencent ses commentaires et ses retours.

Mais aujourd'hui, c'est différent. Après plus de trois ans à se cogner la tête contre un mur, il réalise immédiatement qu'il peut désormais arrêter de le faire.

Lorsqu'il s'assoit avec son équipe, il arbore un large sourire et leur fait un clin d'œil. Comme d'habitude dans ce genre de situation, lorsque les pilotes sont encore sous contrat avec leurs anciens employeurs, ils ne sont pas autorisés à parler aux médias, mais quelqu'un parvient à filmer les premiers mots de Marc à son équipe.

« La confiance est là », leur dit-il. « La moto est moins exigeante que la Honda. Elle est tellement facile à diriger, c'était incroyable ! »

Le sourire et le clin d'œil de Marc ont fait sensation sur les réseaux sociaux et ont tout dit à ses rivaux.

« Le sourire qu'il arborait après sa première course n'augure rien de bon pour la compétition ! », a déclaré Dani Pedrosa, ancien coéquipier de Marc et désormais pilote d'essai chez KTM.

« Beaucoup de gens ont parlé de mon expression lorsque j'ai retiré mon casque après ma première course sur la Ducati », a-t-il déclaré plus tard. « Mais ce n'était pas une expression qui disait : "Ah, maintenant j'ai la moto et je vais gagner à nouveau." Non, c'était une expression de bonheur. »

« Je roulais en douceur, je sentais la moto, je me sentais en sécurité et les performances étaient déjà bonnes dès le premier tour. Pour être compétitif sur la Honda, les risques sont d'un tout autre niveau. À ce moment-là, j'ai compris que j'avais pris la bonne décision et que, tôt ou tard, la victoire arriverait. »

Il a terminé quatrième mardi à Valence, à 0,17 seconde du premier.

Mais quelques tours rapides ne suffisent pas à faire un champion du monde, et rien ne garantissait qu'il serait de retour au meilleur de sa forme en 2024. Ses chirurgiens avaient jugé l'ostéotomie humérale réussie, mais c'était la première fois qu'ils pratiquaient cette intervention sur un pilote de moto, et ils n'en étaient donc pas certains.

Peut-être que son bras serait assez fort pour gagner des courses, mais serait-il assez fort pour survivre à plusieurs courses et, sans aucun doute, à plusieurs chutes ? Personne ne le savait, pas même Marc.

« On va voir si mon temps est écoulé, si je fais partie du passé », a-t-il déclaré.

Bien sûr, Márquez fait croire à ses rivaux que son bras est revenu à la normale, mais on le voit parfois dans un coin plus calme du paddock, conduisant un scooter et tenant son bras blessé, grimaçant de douleur.

« Ce n'est pas un bras normal », me dit-il. « J'ai subi quatre opérations chirurgicales, et avant ça, une opération de l'épaule, donc je dois consacrer plus de temps que la normale à mon bras et, certains jours, les muscles sont plus exigeants. »

« Marc sait qu'il vieillit, qu'il a déjà dépassé son apogée », explique Jordi Castellà, son ancien mécanicien. « Il lui reste peut-être encore quelques saisons où il sera en pleine forme.

Après ça, il sait qu'il ne pourra plus battre les jeunes qui arrivent comme des lions. Il est en bonne forme, mais il n'est plus au sommet de sa carrière. »

Le transfert de Marc de l'écurie d'usine Honda à une écurie Ducati indépendante a été un autre moment qui a fait écho à la carrière de la légende de la Formule 1 Ayrton Senna.

En 1994, Senna a accepté une énorme réduction de salaire pour quitter McLaren, où il gagnait plusieurs millions, et rejoindre Williams, qui lui versait une fraction de son salaire chez McLaren.

La voiture de McLaren était devenue non compétitive, tout comme la moto de Honda, donc ces décisions ont été faciles à prendre, car gagner est tout ce qui compte pour des gens comme Senna et Marc. Bien sûr, tous deux étaient riches avant d'accepter une baisse de salaire, mais de nombreux pilotes ne se permettent pas de concourir pour moins d'argent que ce qu'ils estiment valoir. C'est une question de fierté.

Márquez et Senna étaient prêts à ravaler leur fierté pour atteindre un objectif plus important : la victoire à tout prix.

« Les négociations financières ont été assez faciles », se souvient Carlo Merlini, de Gresini. « Car Marc savait que nous ne pouvions pas nous permettre de lui offrir le salaire qu'il touchait auparavant. Mais ce n'était pas son objectif, son but était tout autre. »

Les écuries MotoGP indépendantes comme Gresini n'ont pas les moyens de payer des salaires élevés. Quelle a donc été la réduction salariale acceptée par Marc en 2024, par rapport à son salaire Honda estimé à 17 millions de livres sterling ?

« 100 % », répond-il. « Je pilotais gratuitement pour l'écurie, puis j'avais mes sponsors personnels. C'était mon pari, mon investissement dans ma carrière. Lorsque Gresini m'attendait, je leur ai dit : "Ne vous inquiétez pas, je ne veux que la moto. Je ne veux rien d'autre." »

Gresini Racing a été fondé dans les années 1990 par Fausto Gresini après que le double champion du monde 125 cm^3 a pris sa retraite de la compétition. Il a remporté son premier titre de champion en tant que propriétaire d'écurie en guidant Daijiro Kato vers le titre mondial 250 cm^3 en 2001, son deuxième lorsque Toni Elias a remporté le titre Moto2 en 2010 et son troisième lorsque Jorge Martin a remporté le championnat Moto3 en 2018.

Au fil des ans, l'équipe a connu un nombre extraordinaire de tragédies, chacune suivie d'un miracle apparent.

Kato est décédé après un terrible accident avec sa Gresini Honda RC211V lors du Grand Prix du Japon de 2003 à Suzuka. Son coéquipier Sete Gibernau a remporté la course suivante.

En 2011, Marco Simoncelli a été tué après avoir perdu le contrôle de sa Gresini Honda RC212V lors du Grand Prix de Malaisie à Sepang. Lors du Grand Prix suivant, le pilote Gresini Moto2 Michele Pirro a remporté la course Moto2.

Fausto a contracté la Covid en décembre 2021 et a perdu son combat contre le virus huit semaines plus tard. Le pilote Gresini Ducati Enea Bastianini a remporté la course MotoGP suivante.

« On commence à croire qu'il y a quelqu'un là-haut », dit Merlini.

Ce cycle d'agonie et d'extase explique peut-être en partie l'atmosphère particulière qui règne au sein de Gresini : *carpe diem*.

Le transfert de Marc vers l'écurie italienne, désormais détenue par la veuve de Fausto, Nadia Padovani, première femme propriétaire d'une écurie de MotoGP, a certainement été facilité par Alex et son expérience au sein de l'écurie.

Son petit frère avait emprunté le même chemin l'année précédente, passant de Honda à Ducati, et pour la même raison. Ses trois saisons au guidon de la RC213V (en 2020 chez Repsol, où il était coéquipier de Marc, puis en 2021 et 2022 chez LCR) avaient failli lui faire perdre son amour de la course.

« Avec la Honda, tu poussais à fond sans savoir ce qui allait se passer ensuite », explique-t-il.

À mi-parcours de la saison 2022, Alex occupait la 18e place du championnat et sa carrière était en péril.

« Je n'avais pas de contrat pour 2023 et aucune écurie ne s'intéressait à moi », se souvient-il. « Je suis donc allé voir Gresini et j'ai dit : "Je veux cette moto et je me fiche du reste." Je veux juste cette moto pour voir quel est mon potentiel. Donnez-moi un an et on verra. Honnêtement, dès mes premiers tours sur la Ducati à Valence [en novembre 2022], j'ai vu que le potentiel était là et que ce n'était qu'une question de temps avant que je ne revienne. »

Alex a terminé sa première saison avec Ducati à la neuvième place, remportant ses premières victoires en MotoGP, à Silverstone et à Sepang. La Desmosedici avait changé le cours de sa carrière, il a donc dit à Marc qu'elle pourrait faire de même pour lui. Et c'est ce qu'il s'est passé.

C'est pourquoi l'hospitalité de Gresini a été le centre des festivités du MotoGP en 2024, Alex et Marc s'amusant comme des enfants, se faisant des farces et se lançant de la nourriture. Les deux frères avaient failli perdre leur raison d'être et ils pouvaient à peine contenir leur joie devant leur renaissance. Après tout, c'est la condition humaine que de n'apprécier pleinement ce que l'on a qu'une fois qu'on l'a perdu.

« Je pense qu'Alex a joué un rôle clé dans la promotion de Gresini auprès de Marc », ajoute Merlini. « Non seulement d'un point de vue technique, mais aussi en termes d'environnement confortable et détendu, où il pouvait retrouver sa confiance et prouver à lui-même et au monde entier qu'il était encore capable de gagner des courses. »

« Gresini était l'endroit idéal pour lui. Pensez à la pression qui régnait dans le garage HRC : les résultats n'étaient pas au rendez-vous et de nombreux ingénieurs cherchaient des solutions. Je pense que Marc a apprécié notre garage : moins de stress, moins de pression, moins de choses à tester, juste se concentrer sur le fait de faire ses preuves. »

Pas étonnant que Marc semblait être une personne différente.

« L'objectif est de prendre du plaisir », a-t-il déclaré au début de l'année 2024. « Tout le monde a de grandes attentes, mais pour moi, ce serait une erreur d'aborder ce nouveau défi avec de grandes attentes, car ça fait deux ans que je n'ai pas remporté de course et je n'ai obtenu que deux podiums au cours des deux dernières saisons, donc je dois rester calme. »

Marc savait déjà qu'il pouvait danser avec la Ducati, au lieu de lutter avec elle, mais ce n'était pas aussi simple. La Desmosedici et la RC213V réalisent leurs temps au tour de manière opposée, il a donc dû transformer sa technique de pilotage, ce qui, après 11 ans sur la même moto, ne se fait pas du jour au lendemain.

« La façon d'ouvrir les gaz, d'utiliser les trajectoires, de tirer le meilleur parti de la Ducati est complètement différente », a-t-il déclaré lors des essais de pré-saison à Sepang. « Avec la Honda, on utilisait beaucoup l'avant, avec la Ducati, on utilise davantage l'arrière. Au début, je pilotais la moto comme je pilotais la Honda, donc elle tremblait beaucoup, mais ensuite je l'ai mieux comprise. Je dois me concentrer sur moi-même, m'adapter à la moto et essayer de comprendre comment Pecco [Bagnaia],

[Jorge] Martin et les autres pilotent la Ducati, puis apprendre d'eux. »

Ducati utilise le même modèle commercial depuis des années en MotoGP. La marque équipe son écurie d'usine et une écurie indépendante avec la dernière version de sa Desmosedici et loue les versions plus anciennes à des écuries indépendantes, pour quelques millions chacune. C'est un excellent moyen de financer le département compétition de Ducati Corse.

En 2024, quatre pilotes disposaient des dernières machines GP24 : les pilotes de l'écurie d'usine Bagnaia et Enea Bastianini, ainsi que les pilotes Pramac Martin et Franky Morbidelli. Alex et Marc chez Gresini, ainsi que Marco Bezzecchi et Fabio Di Giannantonio chez VR46, l'écurie de Valentino Rossi, disposaient de GP23 datant de l'année précédente.

Marc n'avait pas la meilleure Ducati, mais ça lui était égal, car il avait un plan, qu'il avait mis en œuvre l'été précédent. Par conséquent, rien de ce qu'il s'est passé depuis lors n'est le fruit du hasard.

Il avait tout prévu : une année dans une écurie Ducati indépendante, puis dans l'écurie d'usine, si son bras le permettait. Encore une fois, cette septième vitesse dans le cerveau.

« En 2023, ma mentalité était très claire », dit-il. « Je savais que, si je restais chez Honda et que je terminais chaque course en neuvième, dixième ou douzième position, je n'aurais aucune chance d'intégrer une écurie officielle en 2025 et 2026. J'aurais peut-être eu la chance d'intégrer une écurie satellite pendant deux ans. J'ai donc pris beaucoup de risques en passant de Honda à Gresini, avec pour objectif d'intégrer une écurie officielle en 2025. Lorsque j'ai pris cette décision, je pensais davantage à 2025 et 2026 qu'à 2024. »

Bien sûr, tout le monde peut avoir un plan. Mais le mettre en œuvre est une tout autre affaire.

Márquez savait qu'il n'avait pas beaucoup de temps pour convaincre les dirigeants de Ducati qu'il avait encore suffisamment de vitesse et d'envie pour mériter une place dans l'écurie d'usine en 2025. Il ne pouvait donc pas se permettre de profiter d'une période de lune de miel avec la GP23. Il devait se battre pour obtenir des résultats immédiatement.

« J'ai donc essayé de beaucoup me concentrer sur moi-même lors des premières courses et j'ai essayé d'être très précis dans mes commentaires à mes ingénieurs afin d'évoluer dans le bon sens. »

Et c'est exactement ce qu'il s'est passé, avec quelques accrocs en cours de route : une chute au COTA, quelques instants après avoir pris la tête, puis une autre à Portimao après un accrochage avec Bagnaia, avant sa première véritable bataille en tête, également avec Bagnaia, à Jerez.

C'était le duel que tout le monde attendait : le champion en titre contre le revenant. Peu importe que Bagnaia pilotait la dernière version de la machine qu'il conduisait depuis plus de cinq ans, tandis que Marc avait une Desmosedici vieille d'un an, qui lui était encore étrangère.

Ce duel comportait d'autres aspects. Bagnaia avait peut-être remporté les titres 2022 et 2023, mais il n'avait pas eu à affronter Márquez, pas vrai ? Comment le numéro un du MotoGP allait-il s'en sortir face à son assassin numéro un ? Surtout après leur collision à Portimao, qui les avait tous deux envoyés au tapis.

Martin menait, puis a chuté. Bagnaia a pris la tête, Marc le poursuivait, les 140 000 fans ont retrouvé ce qui leur manquait depuis 2019 et ont adoré.

Un dixième ici, un dixième là, et à cinq tours de l'arrivée, il se rapprochait dangereusement, les cris de la foule couvrant le rugissement des motos de tête. Les données de Ducati avaient déjà révélé que Marc était leur pilote le plus rapide dans les virages à gauche, il n'était donc pas surprenant qu'il utilise sa vitesse supérieure à la sortie du huitième virage à gauche pour se propulser en tête.

La foule est devenue folle. Mais cette joie a été de courte durée. Márquez a légèrement dévié, Bagnaia a coupé à l'intérieur. Ils se sont alors retrouvés côte à côte à l'entrée du dixième virage. Crac !

« Vous savez parfaitement que, lorsque vous vous battez avec Marc, vous devez sortir les coudes », a déclaré Bagnaia plus tard en souriant.

Même chose au tour suivant. En entamant le dernier tour, Márquez accusait un retard d'une demi-seconde, toujours dans un état d'esprit « tout ou rien ». Sa GP23 oscillait de manière alarmante alors qu'il abordait le onzième et le douzième virage à toute allure. À l'arrivée, l'écart était inférieur à quatre dixièmes.

Ce premier podium avec Ducati a été un moment béni pour Marc, le moment où il a réalisé que son esprit et son corps étaient prêts à se battre pour un neuvième championnat du monde. Pas étonnant qu'il se soit mis à danser le disco sur le podium.

« C'est ici qu'a commencé le cauchemar il y a quatre ans », a-t-il déclaré. « Je suis content parce que je suis rapide et c'était ma principale préoccupation. »

Personne n'avait vu Marc célébrer une deuxième place comme il l'a fait à Jerez. Mais ça n'aurait dû surprendre personne, car, quand on passe trois ou quatre ans à fixer du regard les plafonds d'un hôpital, on voit forcément la vie sous un autre angle.

C'est pourquoi il a commencé à célébrer chaque podium comme jamais auparavant.

« Je me fiche de ce que les gens disent de moi, je me fiche de tout », dit-il. « Je suis ici uniquement parce que j'aime le sport automobile, alors quand les gens me demandent pourquoi je célèbre ainsi une deuxième ou une troisième place, je réponds : "Ouais ? Et alors ?" Pour moi, la deuxième ou la troisième place est un bon résultat. »

« Après tout ce qui m'est arrivé au cours de ces quatre années, j'ai pensé à prendre ma retraite, alors maintenant que je suis de retour, je vais célébrer ! Dans certaines courses, je vais chuter, mais le lundi sera un autre jour et, la semaine suivante, nous aurons une autre course. Je suis ici uniquement pour profiter de ma passion. Bien sûr, si je peux gagner, je gagnerai, mais je me fiche de tout le reste. »

Peut-être y avait-il une autre raison à son bonheur. Pour la première fois de sa vie, il était vraiment amoureux, de Gemma Pinto, mannequin et influenceuse espagnole.

« Ce n'était pas comme si je me disais : "Je suis blessé, je vais me trouver une petite amie." Quand on gagne sur les circuits, il est facile d'avoir une vie heureuse à la maison, mais quand on souffre sur les circuits, c'est plus difficile, donc j'ai eu beaucoup de chance que Gemma arrive il y a un an et demi. Je me sens super bien et elle m'aide à déconnecter. »

Certaines personnes pensent que, lorsqu'un pilote tombe amoureux, il ralentit parce qu'il a trop à perdre en cas de blessure, ou pire. Marc n'est pas d'accord. « Quand vous êtes amoureux et heureux, vous êtes encore plus motivé. »

Cinq semaines après Jerez ; le moment le plus important de 2024, et ça ne s'est même pas produit sur la piste.

Dall'Igna en avait déjà vu assez. Le jour de la course au Mugello, il a signé Marc dans l'écurie Ducati pour 2025 et 2026, négligeant Martin, qui a remporté le titre de 2024.

« Marc n'est pas seulement l'un des plus grands motocyclistes, c'est l'un des plus grands sportifs au monde », explique Dall'Igna pour justifier sa décision. « C'est son intelligence, ce sont les décisions qu'il prend, sur la piste, dans le garage et en dehors de la piste. »

Le plan astucieux de Marc avait fonctionné à la perfection, mais les choses s'étaient tendues dans les dernières phases des négociations. Ducati voulait garder Martin et Márquez pour l'année suivante, et avait donc l'intention de faire piloter Martin dans l'écurie d'usine et Marc dans une écurie indépendante, avec une Desmosedici dernier cri.

Pas suffisant, a répondu Marc, qui exigeait de piloter dans l'écurie d'usine sinon rien.

Une fois de plus, il était pleinement conscient de son pouvoir et prêt à jouer à fond la carte de la politique dans le paddock pour obtenir ce qu'il voulait. Toujours au maximum du risque.

Pourquoi Ducati ont-ils choisi Marc, alors qu'ils avaient fait entrer Martin en MotoGP trois ans plus tôt et l'avaient fait évoluer pour qu'il devienne un prétendant au titre ?

Les ingénieurs de MotoGP passent beaucoup de temps à examiner les données, afin de voir exactement ce que font leurs pilotes avec leurs motos. Dall'Igna a constaté que personne d'autre ne pouvait faire ce que Márquez faisait sur la GP23. Marc faisait la différence, contournant les problèmes qui posaient des difficultés aux autres pilotes, comme il l'avait fait chez Honda.

En 2024, Márquez a remporté dix podiums en 20 courses, dont trois victoires. Les trois autres pilotes GP23 ont remporté deux podiums à eux tous. C'est tout ce qu'il faut savoir, en réalité.

Alors, qu'est-ce que Marc faisait différemment d'Alex, Bezzecchi et Di Giannantonio ?

Tous les pilotes Ducati ont pleinement accès aux données des autres. Cette politique leur permet d'apprendre les uns des autres et d'augmenter leur vitesse. Bien sûr, les données, que les pilotes et les ingénieurs étudient attentivement sur leurs écrans d'ordinateur pendant de longues heures chaque jour, ne vous indiquent que ce que fait un pilote, et non les détails des méthodes utilisées.

Marc utilisait beaucoup le frein arrière et sollicitait fortement le pneu avant, ce qui lui permettait de freiner plus tard dans les virages et d'utiliser un angle d'inclinaison plus important pour les négocier plus rapidement.

« Quand Marc est en mode Marc, il peut solliciter davantage le pneu avant et lui faire davantage confiance, en particulier dans les virages à gauche », explique Di Giannantonio.

Bien sûr, ce n'est pas seulement la vitesse de Marc qui a convaincu Dall'Igna.

Les deux hommes sont des âmes sœurs. Le magicien gris de Ducati est le Márquez des stands : tout ce qui compte, c'est de gagner, et pour ce faire, tous les moyens sont bons. Alors que Márquez a introduit de nouvelles façons de piloter en MotoGP, Dall'Igna a introduit de nouvelles technologies controversées.

Pas étonnant que les deux hommes aient rapidement noué des liens, Dall'Igna passant de plus en plus de temps dans le garage Gresini.

« Parfois, je plaisante avec Gigi », raconte Marc. « Je lui dis : "Si tu étais pilote, ta mentalité me ferait peur !" Avec Gigi, ce n'est jamais assez. Même aujourd'hui, alors que la Ducati est la meilleure moto du plateau, il continue à pousser. Si un autre constructeur mène une session d'essais libres, son visage change : il est déjà inquiet. C'est ça la différence : c'est l'esprit de compétition. »

Márquez ne montre pas seulement un grand respect pour les compétences techniques de Dall'Igna, il comprend également que ses capacités organisationnelles sont essentielles.

« Il existe de nombreux ingénieurs talentueux capables de concevoir des choses incroyables, mais peu d'entre eux sont capables de tout organiser. Bien sûr, le niveau technique de Gigi est extrêmement élevé, mais sa capacité à coordonner tous les éléments de la moto est incroyable. »

« Tout est lié : les pneus aux jantes, la chaîne au moteur, le moteur au châssis. Et il est extrêmement doué pour mettre en relation toutes les personnes et tous les concepteurs. »

C'est pourquoi Marc n'a pas hésité une seule seconde lorsque le contrat 2025/2026 lui a été présenté dans les bureaux de l'écurie, derrière le garage Ducati au Mugello.

« Quand ils m'ont dit que j'étais l'élu, je n'ai pas demandé pourquoi », dit-il. « J'ai juste dit : "D'accord, où est-ce que je signe ?" Et c'est tout. »

La fois suivante, à Assen, il était en passe de décrocher son quatrième podium lorsqu'il a été pénalisé pour une pression des pneus trop basse.

Le MotoGP avait commencé à appliquer une règle de pression minimale l'année précédente afin d'empêcher les écuries de trop baisser la pression dans le but d'obtenir plus d'adhérence, ce qui pouvait entraîner une défaillance catastrophique des pneus.

Ce n'était pas le seul souci de Marc en matière de pneus en 2024.

Michelin avait introduit un nouveau pneu arrière slick qui augmentait considérablement l'adhérence, mais à un certain prix. Ce pneu a permis aux pilotes de GP24 de battre certains records du tour d'une seconde entière, mais il a posé des problèmes à la plupart des motos sur la grille, provoquant des vibrations et donnant à l'arrière de la moto beaucoup plus d'adhérence qu'à l'avant, ce qui a perturbé l'équilibre de la machine.

Gigi Dall'Igna et ses ingénieurs ont résolu les problèmes petit à petit, améliorant progressivement l'adéquation entre la GP24 et le nouveau pneu. Ça a laissé les autres motos, y compris la GP23, encore plus loin derrière, car Ducati n'a jamais consacré de ressources au développement de ses motos vieilles d'un an.

Marc était le seul pilote capable de contourner les lacunes de la GP23, utilisant ses talents hors du commun pour lutter contre ses rivaux sur GP24, mais ça n'a pas été facile. Il a continué à goûter trop souvent au gravier, car même aujourd'hui, il ne connaît qu'une seule façon de contourner les problèmes : les découvrir en trébuchant dessus, puis trouver une autre solution.

« Nous avons le problème inverse de la GP24 : nous manquons d'adhérence à l'arrière dans les entrées de virage », a-t-il expliqué.

Son taux d'accidents n'était donc pas très différent de celui de l'année précédente : 24 contre 29.

« La vie est ainsi faite : essayer, échouer, essayer, échouer, essayer, échouer… », a-t-il ajouté. « Je ne me sens pas à l'aise avec ce nouveau pneu, je dois donc comprendre pourquoi. Est-ce parce que je ne mets pas assez de charge dans les pneus, ou est-ce trop de charge ? Alors, j'essaie à nouveau et peut-être que je finis encore dans le gravier, mais toujours avec l'espoir de m'améliorer pour l'avenir. »

Pendant ce temps, les ingénieurs d'Aprilia, Honda, KTM et Yamaha ont connu un cauchemar encore plus grand avec les pneus, portant la domination de Ducati à des sommets franchement ridicules. Ducati a remporté 19 des 20 courses, un record historique, avec 16 victoires pour les pilotes GP24 et trois pour les pilotes GP23 (enfin, Marc).

À la fin de l'année, Ducati avait marqué plus de deux fois plus de points constructeurs que son plus proche rival, KTM, et près de dix fois plus que Honda, qui a terminé en bas du classement pour la troisième année consécutive, derrière Aprilia et Yamaha. Les prouesses techniques de Ducati étaient hors du commun.

Une telle domination ; un constructeur vainqueur, doublant le nombre de points de son plus proche rival, n'avait pas été observée en MotoGP depuis la première décennie du championnat. Et ça ne s'était produit qu'une seule fois, en 1957, lorsque Gilera avait marqué 46 points contre 20 pour MV Agusta sur les six Grands Prix.

Et ça n'était pas uniquement dû à un avantage en ce qui concerne les performances, car, cette année-là, MV avait connu de fréquentes pannes de moteur. Ce qui signifie que la performance de Ducati en 2024 était la première du genre dans l'histoire du championnat, un exploit remarquable à une époque où les règles techniques sont rédigées spécifiquement pour égaliser les performances sur la grille de départ.

Bien sûr, tout ça ne faisait que confirmer que Marc avait fait le bon choix pendant l'été 2023.

Pour une fois, il n'a pas gagné au Sachsenring et, pour une fois, ça lui était égal, car c'était la première fois qu'il montait sur le podium avec Alex. La dernière fois que deux frères avaient terminé dans les trois premiers, c'était à Imola en 1997, lorsque deux des célèbres *Fireball Brothers* japonais, Nobuatsu et Takuma Aoki, avaient terminé deuxième et troisième derrière Mick Doohan.

Le week-end allemand de Marc n'aurait pas pu être plus dramatique : un horrible *highside* à 190 km/h dans le onzième virage lors des essais, gêné par un pilote plus lent lors des qualifications, un départ en cinquième ligne, neuvième à la fin du premier tour, une énorme collision en milieu de course qui a gonflé son airbag, troisième dans l'avant-dernier tour, lorsque le leader du championnat Martin est tombé, et enfin deuxième devant Alex dans le dernier tour. C'était une autre remontée dont Lazare aurait été fier.

Le podium fraternel a été un moment émouvant, suivi d'une course effrénée vers l'aéroport le plus proche et d'un vol en jet privé vers l'Espagne, où de grandes célébrations étaient prévues.

« N'essayez pas de me suivre ce soir », a déclaré Alex en souriant lors de la conférence de presse d'après-course.

« Vous pouvez pousser au début, je vous dépasserai à six heures du matin », a répondu Marc en riant.

Deux courses plus tard, il remportait sa première victoire avec Ducati, sur un circuit antihoraire, en Aragón, et où ses talents dans les virages à gauche étaient trop impressionnants pour quiconque.

Ce fut une autre étape importante dans un parcours épique qui l'avait conduit des sommets les plus élevés de l'extase (six titres MotoGP en sept ans), au tunnel le plus profond et le plus sombre du désespoir (se faire littéralement scier le bras en deux pour pouvoir continuer à piloter), et maintenant, de nouveau vers la lumière.

« J'ai eu du mal à contrôler mes émotions dans le dernier tour », a-t-il déclaré. « Parce que, étape par étape, la remontée était de plus en plus difficile. »

Sur le podium, il était accompagné de Martin et de la star montante Pedro Acosta.

« Ce que Marc a dû surmonter, c'est purement une question de courage, le courage qu'il a mis dans tout ce qu'il a entrepris », a déclaré Acosta, le jeune homme de 20 ans qui, selon de nombreux observateurs, est en passe de devenir le prochain Marc.

Une deuxième victoire a suivi sept jours plus tard à Misano, où ce pilote né pour prendre des risques a une fois de plus régné en maître dans des conditions difficiles. Lorsque la pluie s'est mise à tomber, transformant le circuit côtier en patinoire et en ralentissant les temps au tour d'environ sept secondes, Márquez est passé de la sixième à la première place en deux tours.

« Il était temps de prendre un risque. Au tour suivant, j'ai attaqué », a-t-il déclaré.

Sa troisième victoire est survenue un mois plus tard à Phillip Island, sa cinquième sur ce circuit australien antihoraire, après un autre retour épique. Marc n'avait pas respecté la règle tacite selon laquelle les pilotes ne doivent pas retirer les films protecteurs de leur visière sur la grille de départ. Et il en a payé le prix. Le film protecteur s'est coincé sous sa moto, et, lorsqu'il a relâché l'embrayage, son pneu arrière a patiné sur le morceau de plastique. En un instant, il est passé de la première ligne à la 13e place.

Au premier tour, il a dépassé sept pilotes, puis s'est lancé dans une longue poursuite du leader Martin, prenant la tête à quatre tours de l'arrivée.

Il a toujours été très fluide, ce qui était agréable à voir, mais beaucoup moins passionnant que lorsqu'il pilotait la Honda, ce qui est dommage. Finis les bras et les jambes écartés, la moto et le pilote semblant vouloir aller dans des directions différentes, sans savoir ce qui allait se passer dans le virage suivant.

« Lors des courses que j'ai gagnées en 2024, j'ai piloté de manière très fluide, car c'est ainsi qu'il faut piloter la Ducati », explique-t-il. « Le problème avec la Honda, c'est que si vous rouliez plus en douceur, vous étiez trois ou quatre dixièmes plus lent, donc vous deviez beaucoup plus pousser, ce qui signifiait plus de risques, plus d'efforts physiques, tout ça. »

La finale traditionnelle de la saison MotoGP a été déplacée de Valence à Barcelone à la suite des inondations catastrophiques qui ont dévasté la région de Valence, faisant plus de 200 morts.

Marc a terminé la course en deuxième position, derrière le nouveau champion Martin et devant l'ancien champion Bagnaia.

Deux jours plus tard, lors des premiers essais hivernaux, Marc a changé d'écurie pour la deuxième fois en 12 mois, passant cette fois-ci d'un garage à l'autre dans la voie des stands, de Gresini à l'écurie d'usine soutenue par Lenovo. Pour marquer l'occasion, il est passé *todo rosso*, tout rouge. Moto rouge, combinaison rouge, casque rouge, de quoi mettre le feu à vos rétines. Sur la piste, il s'est montré plus discret au guidon d'un prototype GP25, ne bouclant que quelques tours et enregistrant son meilleur temps alors que le soleil se couchait et que la température de la piste baissait.

« J'ai beaucoup travaillé pour les ingénieurs, car lorsque vous rejoignez une écurie officielle, vous êtes entre les mains des ingénieurs, vous travaillez pour eux », a-t-il déclaré. « La moto a quelques points positifs, qui fonctionnent un peu mieux.

Le *feeling* était super bon, surtout avec l'équipe, ce qui est le plus important pour une première impression. Le moteur est meilleur et j'ai l'impression que le comportement de la moto dans les virages est un peu différent, je dois donc comprendre les nouvelles limites. »

En effet, il allait devoir comprendre ces nouvelles limites.

Qui était le plus rapide ? Son petit frère Alex, qui pilotait la GP24 avec laquelle il courrait en 2025, car la GP24 représentait un énorme progrès par rapport à la GP23 qui avait causé tant de difficultés aux deux frères.

« La première fois que j'ai essayé la GP24 lors des essais en Catalogne, je me suis dit : "Ouah, cette moto est super agréable à piloter !" », raconte Alex. « Je pouvais la piloter comme je le voulais, je n'avais pas besoin de beaucoup m'adapter pour exploiter son potentiel. J'avais beaucoup souffert avec la GP23, donc c'était vraiment agréable de trouver une moto qui me semblait tout à fait naturelle. »

Dix semaines plus tard, tout le monde a eu une grande surprise en arrivant en Malaisie pour commencer les essais de présaison de 2025.

CHAPITRE 17

« C'EST UN MONSTRE »

Le dernier pilote à avoir dominé une saison de MotoGP comme Marc Márquez a dominé celle de 2025 était… Marc Márquez en 2014 et 2019.

Une fois de plus, il a écrasé tous ses adversaires, entrant ainsi dans l'histoire. En huit décennies de Grand Prix, personne d'autre n'a dominé la catégorie reine aussi longtemps que Marc. La carrière de Giacomo Agostini, couronnée de titres, s'est étendue sur dix ans, de 1966 à 1975, celle de Valentino Rossi a duré neuf ans, de 2001 à 2009, celle de Marc s'étend sur 13 saisons. Et jamais auparavant un champion MotoGP n'était revenu pour remporter à nouveau le titre après six ans. Deux records qui témoignent de son talent et de sa ténacité.

Le rêve de Marc, ou plutôt son projet, de piloter une Ducati d'usine en 2025 s'était réalisé et il n'avait pas laissé passer cette chance.

Et pourtant, son plan astucieux ne s'est pas tout à fait déroulé comme prévu. Il avait pris beaucoup de risques en quittant Honda dans le but de piloter la meilleure moto de la grille en 2025 et 2026. Ironiquement, 2025 a été la première année depuis longtemps où la dernière Desmosedici de Ducati n'était pas la meilleure moto de la grille.

Les ingénieurs de l'usine avaient fait un mauvais choix lors de la conception de leur machine 2025, si bien que la GP25 (pilotée par Marc, son coéquipier d'usine Pecco Bagnaia et Fabio Di Giannantonio, de VR46) n'était pas aussi performante que la GP24 (pilotée par Alex, son coéquipier rookie chez Gresini, Fermin Aldeguer et Franky Morbidelli, de VR46).

Les difficultés de l'écurie d'usine ont commencé lors des premiers essais de pré-saison, à Sepang, où Marc s'est rapidement rendu compte que le comportement inhabituel de la moto dans les virages, qu'il avait remarqué lors des essais à Barcelone, constituait un véritable problème. Bagnaia était du même avis, et ils ont donc tous deux rejeté la GP25 pour revenir à des versions améliorées de la GP24, surnommées GP24.9.

Cependant, bien qu'ils aient pu remplacer le châssis 2025 par du matériel 2024 modifié, ils n'ont pas pu revenir aux moteurs 2024, car ils n'avaient pas assez de temps pour construire davantage de moteurs 2024 pour l'homologation lors du Grand Prix de Thaïlande, qui ouvrait la saison moins de trois semaines après Sepang.

Marc, Bagnaia et Di Giannantonio se sont donc retrouvés acculés. Bagnaia et Fabio Di Giannantonio ont surtout connu des difficultés, car le dernier chef-d'œuvre de Ducati présentait un défaut, une différence mineure. L'usine a refusé de dire ce qui n'allait pas, mais il s'agissait très probablement de carters de moteur révisés ou du dernier dispositif de réglage de la hauteur de caisse, qui modifiait l'équilibre général ou la rigidité de la moto.

« L'année dernière, je n'ai jamais eu ce sentiment et je faisais des choses que je ne peux pas faire cette année », a déclaré Bagnaia.

Pendant ce temps, Marc a déployé son talent hors du commun et son intuition pour contourner les problèmes, quels qu'ils soient, et remporter le championnat haut la main.

« Il est évident que ce que fait Marc est difficile à reproduire pour un autre pilote », a expliqué son nouveau chef d'équipe Marco Rigamonti, qui avait précédemment travaillé avec Enea Bastianini, Johann Zarco, Andrea Iannone et d'autres pilotes Ducati. « Un pilote comme Pecco peut comprendre ce que Marc fait sur la moto, mais pour faire la même chose, il faut changer sa façon de piloter, et comme ils pilotent de manière intuitive, ça veut dire qu'ils devraient tout changer. Peut-être que si vous commencez à 14 ans, vous pouvez apprendre… »

« Marc est capable d'aborder les virages à grande vitesse et de faire pivoter sa moto très rapidement. D'autres pilotes le font aussi, mais moins vite. Regardez sa façon de doubler : il est capable de foncer, comme ça ! [Rigamonti utilise ses mains pour imiter Marc qui incline sa moto sur le côté.] Je me souviens qu'Enea m'avait dit l'année dernière : “C'est impossible de dépasser avec ces motos”, alors je lui ai répondu : “Regarde Márquez.” C'est donc une question d'attitude, mais aussi de style de conduite et de prise de risque, car tout est lié. Mais le point fort de Marc, c'est sa façon d'aborder les virages. »

Et Rigamonti n'a pas mis longtemps à comprendre que Márquez pouvait faire tout ça tout en gardant son pneu avant plus froid, ce qui lui donnait plus d'occasions d'attaquer ses rivaux.

« Marc utilise beaucoup le pneu arrière dans les entrées de virage, donc il travaille beaucoup sur l'arrière de la moto.

Quand l'arrière est assez bon pour lui, il peut alors éventuellement gérer l'avant, c'est pourquoi le pneu avant est moins sollicité. »

En d'autres termes, Marc était revenu là où il en était chez Honda, faisant la différence dans le garage et sur la piste, où il roulait sur le fil du rasoir : podiums et prosecco d'un côté, gravier et hôpital de l'autre.

Le dimanche soir du Grand Prix de République tchèque en juillet, qui marquait le début de la pause estivale de trois semaines du MotoGP, Marc avait remporté 19 sprints et Grands Prix, ce qui lui donnait 120 points d'avance sur son plus proche rival, Alex.

Pas étonnant que les célébrations de l'équipe à Brno aient été particulièrement endiablées, avec des douches de prosecco, des bombes à eau et beaucoup de mauvaises danses.

L'équipe de Gigi Dall'Igna n'avait jamais fait la fête comme en 2025, car le nouveau Marc, né de ses années passées dans un tunnel profond et sombre, voulait que tout le monde se lâche.

« Dans le passé [chez Honda], j'avais une équipe incroyable et mes coéquipiers étaient mes amis, ils se sentaient donc déjà partie prenante de mes victoires », a-t-il déclaré. « Quand je suis arrivé dans cette nouvelle écurie, j'ai compris que je devais d'abord m'adapter à eux. Puis, une fois que je me suis adapté à eux, ils ont dû s'adapter un peu à ma façon de faire. Ils doivent se sentir partie prenante de mes victoires, car nous travaillons bien ensemble. L'équipe est l'un des éléments les plus importants : en MotoGP, 40 % dépendent du pilote, 40 % de la moto et 20 % de l'équipe. »

De retour dans son garage à Brno, Márquez faisait ses adieux à son équipe avant les vacances, lorsqu'un Dall'Igna rayonnant s'est approché.

Le grand génie de Ducati, peut-être un peu éméché par quelques verres de prosecco, était songeur.

« Je le savais déjà, mais maintenant je comprends mieux pourquoi nous avons eu tant de mal à remporter un championnat jusqu'à présent », a déclaré Dall'Igna, qui souriait tellement depuis l'arrivée de Marc dans son garage qu'il était surprenant qu'il n'ait pas eu de crampes au visage.

Marc a ri, ils se sont serré la main et se sont embrassés.

In vino veritas.

Dall'Igna avait rejoint Ducati à la fin de l'année 2013. En 2018, il avait transformé la Desmosedici en une arme redoutable. Pas parfaite, car la perfection n'existe pas en course, mais probablement la meilleure moto de la grille et certainement assez bonne pour remporter le championnat.

Et pourtant, l'écurie d'usine de Dall'Igna (ceci est crucial, car il porte les couleurs Ducati Lenovo, et non celles de Ducati Corse) n'a remporté le titre qu'en 2022, avant de le perdre à nouveau en 2024. Donc, entre 2018 et 2024, son équipe a remporté deux titres et en a perdu cinq. Dall'Igna n'était pas satisfait de cette situation : il avait construit une moto formidable, mais ses pilotes l'avaient laissé tomber.

Ses paroles adressées à Marc étaient extraordinaires, car Dall'Igna sait mieux que quiconque comment gérer un garage MotoGP, une tâche qui nécessite des compétences politiques et diplomatiques dignes de Machiavel pour que tous les membres du personnel, en particulier les pilotes, se sentent appréciés.

À ce moment-là, à quelques mètres seulement, Bagnaia, déçu, faisait le point avec son équipe après une nouvelle course difficile au guidon de sa GP25. Après 12 Grands Prix, Bagnaia avait marqué un peu plus de la moitié des points accumulés par son coéquipier.

Les propos de Dall'Igna étaient une condamnation sans appel de tous les pilotes qui n'avaient pas réussi à remporter le championnat pour lui depuis 2018. C'était de leur faute, pas de la sienne.

Bien sûr, beaucoup de personnes dans le paddock savaient déjà ce qu'il allait se passer lorsque Márquez monterait sur une Ducati d'usine.

Rigamonti, qui participe au projet MotoGP de Ducati depuis 2004, insiste sur le fait que Marc est le meilleur pilote que l'usine ait jamais eu.

« À mon avis, le seul pilote plus fort que Casey Stoner et Valentino Rossi, c'est Márquez », a déclaré Rigamonti à Enrico Borghi, rédacteur en chef du magazine italien *Slick*. « Parce qu'il est la combinaison parfaite des deux, alliant le talent de Stoner à la force mentale de Rossi. »

Le vétéran Aleix Espargaró avait prédit une domination écrasante de Márquez/Ducati lorsque l'accord avec Gresini a été annoncé à l'automne 2023, il n'a donc pas été surpris par la domination de Marc.

« Outre sa vitesse, c'est sa façon d'analyser les courses, sa façon de tout faire », a déclaré Espargaró à la veille du Grand Prix d'Espagne en avril. « Je regardais la course au Qatar et je me suis dit : "C'est impossible qu'il ne gagne pas, impossible." Marc peut gagner 100 courses sur 100 ! La façon dont il contrôle les courses, dont il aborde le week-end, dont il pilote, dont il apprécie tout ; c'est un monstre. En ce moment, il est imbattable. »

« Il dispose de la meilleure équipe et d'une confiance sans faille, ce qui lui permet de jouer avec le feu sur la grille de départ.

Quand on est sûr de soi, on peut courir, on peut jouer. Tous les autres pilotes étaient très nerveux sur la grille, mais lui voyait plus loin qu'eux. »

Espargaró faisait référence à la grille de départ du COTA, la course précédant celle du Qatar, où Márquez avait une fois de plus vu plus loin que tout le monde.

La pluie avait trempé le circuit texan pendant la course Moto2 qui avait précédé, et la plupart des pilotes MotoGP avaient donc chaussé des pneus pluie pour leur course. Cependant, pendant les cérémonies d'avant-course, Marc a remarqué que l'asphalte séchait rapidement.

Il s'est donc tenu sur la grille de départ, passant en revue le règlement dans sa tête, calculant comment tirer parti de la situation.

Une fois qu'il eut décidé quoi faire, il en informa Rigamonti, tout en couvrant sa bouche afin que personne d'autre ne puisse lire sur ses lèvres.

Quiconque observait attentivement aurait pu soupçonner que quelque chose se tramait, car Marc se tenait debout à côté de sa moto, et non assis dessus comme il le faisait habituellement.

Au moment précis, selon ses calculs mentaux, il a sprinté hors de la grille de départ et est retourné à son garage, au fond de la voie des stands.

Il a déclaré avoir calculé qu'il lui faudrait deux minutes pour rejoindre son garage, prendre sa deuxième moto (équipée de pneus slicks) et rouler jusqu'à la sortie de la voie des stands, juste avant que celle-ci ne soit fermée pour le début du *warm-up*, afin que personne n'ait le temps de l'imiter.

Pourquoi a-t-il fait ça ? Plus tard dans la journée, il a déclaré qu'il pariait que son départ de la grille déclencherait un exode (dix pilotes ou plus), qui obligerait la direction de course à créer un tout nouveau départ. Cette règle avait été introduite à la suite du chaos qui avait régné avant la course à Termas en 2018.

Si ça ne s'était pas produit, Marc pensait qu'il aurait été sanctionné par un départ en fond de grille, ce qui lui aurait coûté moins de temps que de changer de moto pendant la course.

« Je connais très bien les règles et je sais comment rester tout le temps à la limite », a-t-il déclaré.

En réalité, il ne connaissait pas aussi bien les règles qu'il le pensait. Quitter la grille aurait dû lui coûter un passage par la voie des stands. C'était bien pire que de partir en fond de grille, mais ça lui aurait tout de même fait gagner quelques secondes par rapport à un changement de moto.

Lorsque Marc a couru vers son garage, huit pilotes l'ont suivi, pensant tous que ce qu'il faisait devait être la bonne chose à faire. Ça en dit long sur ce que ses rivaux pensent de lui.

« Je t'ai vu quitter la grille et je me suis dit : “En général, il est intelligent, il sait ce qu'il fait, alors je vais le suivre”. », lui a dit Bagnaia plus tard.

Neuf pilotes ne suffisaient pas pour mener à bien son plan initial, mais le chaos régnait dans la voie des stands (les pilotes couraient vers leurs garages, les mécaniciens se dépêchaient de préparer leurs motos de rechange), et la direction de course a donc décidé de donner un nouveau départ, pour des raisons de sécurité.

Deux semaines plus tard, au Qatar, il a changé de version, déclarant aux journalistes qu'il avait quitté la grille de départ parce que le passage par la voie des stands pour changer de moto avant le départ aurait été moins coûteux que de changer pendant la course.

La plupart de ses rivaux se sont contentés d'acquiescer et de sourire lorsqu'ils ont été informés de sa manœuvre.

« Il est sournois dans ce genre de situation », a déclaré Jack Miller.

Quoi qu'il en soit, tout ça n'avait aucune importance.

Marc avait remporté la course au COTA, avec 2,3 secondes d'avance sur Bagnaia au huitième tour sur 19, lorsqu'il a dérapé sur un vibreur humide et a glissé. Il s'était tout simplement trop relâché, offrant ainsi sa première victoire de l'année à son coéquipier et la tête du championnat à son frère, qui avait pris un départ fulgurant cette année-là au guidon de sa Gresini GP24, une machine plus facile à maîtriser que la GP25.

C'était là une faille importante dans l'armure de Marc, car pour terminer premier, il faut d'abord terminer la course. Il ne sert à rien d'être rapide comme une fusée si l'on abandonne avant que les points ne soient attribués.

Il le savait, bien sûr. Il avait d'ailleurs prévenu tout le monde des dangers d'un excès de confiance à la veille des essais du COTA.

« Je sais que les attentes sont de plus en plus élevées à chaque course et que les résultats ne contribuent pas à les apaiser. J'essaie de penser de manière négative pour éviter cette confiance excessive qui peut créer des situations que nous n'aimons pas. »

Il a promis de se rattraper au Qatar, ce qu'il a fait, mais il a ensuite chuté à nouveau lors des Grands Prix d'Espagne et de Grande-Bretagne. Il était plus rapide que jamais, mais commettait trop d'erreurs.

Pourquoi ? Parce qu'il était toujours le même Marc, menant une guerre interne à la Jekyll contre Hyde, essayant de réprimer ses pulsions qui le poussent à jouer avec le feu, parce qu'il aime jouer avec le feu. Márquez est peut-être pilote de Grand Prix depuis près de deux décennies, mais il ne se contrôle toujours pas vraiment.

À Jerez, il a tenu moins de trois tours, alors qu'il poursuivait Bagnaia et le leader Fabio Quartararo.

Ce n'est pas une excuse, mais les premiers tours d'une course de MotoGP n'ont jamais été aussi risqués qu'aujourd'hui. Les pilotes se retrouvent pris entre le marteau et l'enclume : ils se battent pour être en tête du peloton afin de garder le pneu avant au frais, tout en devant gérer le pneu arrière qui pousse l'avant.

Ce problème de poussée arrière n'est pas nouveau, mais le dernier pneu arrière slick du MotoGP l'a aggravé plus que jamais. Le pneu adhère si bien à l'asphalte qu'il peut supporter la charge et donc l'adhérence du pneu avant.

« À Jerez, Marc a essayé de dépasser Pecco, puis après deux tours, il a décidé de rester derrière lui et de gérer la première partie de la course », explique Rigamonti. « C'est pourquoi il a chuté, car si vous ne continuez pas à charger autant le pneu avant, le pneu arrière pousse l'avant et vous chutez. »

Márquez n'a jamais lâché sa moto alors qu'ils rebondissaient dans le bac à gravier du huitième virage de Jerez. Il a donc laissé le moteur tourner et a pu remonter en selle et se frayer un chemin à travers le peloton pour terminer 12e.

Deux courses plus tard, même scénario : Marc était en tête à Silverstone lorsqu'il a perdu l'avant dans le deuxième tour, dérapant sur l'asphalte à 160 km/h. Une fois de plus, il n'a jamais lâché sa moto, allant même jusqu'à heurter de la tête une barrière en mousse pour se dégager.

Cette fois-ci, il a eu une chance incroyable. Quelques instants avant son accident, Espargaró avait éliminé Morbidelli, leurs motos tombées sur la piste, laissant échapper de l'huile, ce qui a provoqué le drapeau rouge. Et comme la course avait duré moins de trois tours, le redémarrage était une toute nouvelle course. Donc, Marc (et Alex, qui était tombé dans le premier virage) étaient sur la grille de départ.

Marc était un homme différent lorsque les feux se sont éteints pour la deuxième fois, son langage corporel témoignant d'un mode de survie.

Cette troisième place a prouvé qu'il était capable de contrôler ses instincts, tout comme deux semaines plus tôt, lorsqu'il avait terminé deuxième sans encombre lors d'un Grand Prix de France pluvieux et marqué par de nombreuses chutes.

Deux autres triplés pole/sprint/course ont suivi en Aragón, où il a dominé toutes les sessions et toutes les courses pour la première fois depuis Sachsenring en 2015, et au Mugello, où les fans partisans ont poussé le directeur de l'écurie Ducati, Davide Tardozzi, à hurler sur les tribunes, car chaque fois que Márquez passait dans la voie des stands, il était accueilli par une salve de huées et de sifflets.

Finalement, Tardozzi a perdu son sang-froid. Lors de la cérémonie du podium du sprint, il s'est approché des chahuteurs assis dans les tribunes situées au-dessus de la ligne de départ/arrivée. « Taisez-vous ! » a-t-il crié. « Il porte du rouge ! »

Cinq jours plus tard, à Assen, l'ancien Marc est revenu sur le devant de la scène.

Il a chuté deux fois à 160 km/h le vendredi. La première chute lors de son quatrième tour de FP1. C'était une énorme erreur, car Assen est un circuit si rapide qu'il a la réputation terrible de blesser les pilotes. Marc a eu de la chance de s'en sortir indemne.

Il a de nouveau chuté lors de la séance de l'après-midi, chutant violemment dans le septième virage, le même qui avait mis fin à la carrière de Jorge Lorenzo six ans auparavant. Cette chute a été douloureuse : Marc a atterri face contre terre dans le gravier, se blessant aux parties intimes et au bras gauche.

« J'ai pris un gros coup au bras et ma main était engourdie », a-t-il déclaré. « Comme si elle avait été coupée. »

Puis, contre toute attente, il a remporté les deux courses, son sixième doublé en dix Grands Prix.

« Vendredi, c'était le retour de Márquez, celui du passé », a-t-il plaisanté avec son équipe. « Ce doigt est encore engourdi, mais la victoire est un excellent anesthésiant ! »

Plus tard dans la journée, il s'en est pris aux médias, ce qui est rare. Le samedi, Alex avait terminé deuxième derrière lui pour la 14e fois en dix week-ends, ce qui a incité certains journalistes à demander si le petit frère ne jouait pas les gardes du corps, laissant son grand frère gagner et le protégeant du reste du peloton.

« S'il vous plaît, respectez tous les pilotes de MotoGP », a déclaré Marc. « Parce que tous les pilotes défendent leur écurie, défendent leurs couleurs et tous les pilotes veulent gagner. »

De toute façon, cette histoire n'avait aucun sens, car toute personne ayant une vague compréhension de l'esprit humain comprend sûrement que nous prenons moins de risques avec ceux que nous aimons et apprécions qu'avec les autres.

« Il est clair qu'Alex fait plus attention à ce qu'il fait avec son frère, mais c'est normal », a déclaré Bagnaia. « C'est comme ce que je fais avec les autres pilotes de l'Académie VR46. »

Il n'est donc pas surprenant que Juliá et Roser disent toujours à leurs fils de faire plus attention l'un à l'autre, tout comme la mère des boxeurs poids lourds Vitali et Wladimir Klitschko. Au cours des premières décennies de ce siècle, les deux frères ont régné en maîtres sur la catégorie poids lourds de la boxe, remportant un total de 40 combats. Cependant, ils ne se sont jamais mesurés l'un l'autre, car leur mère leur avait fait prêter serment de ne jamais se battre.

Qui maman et papa voulaient-ils voir gagner ? Juliá est resté strictement neutre, tandis que Roser a changé d'allégeance, portant un jour un t-shirt Ducati d'usine, le lendemain un haut Gresini.

« Maman soutient Alex, elle dit que j'ai déjà trop gagné », a déclaré Marc en riant.

La compétition entre sportifs peut détruire des amitiés, mais la rivalité entre les deux frères (leur première loin de l'entraînement à la maison), les a rapprochés.

« C'est très étrange », a déclaré Alex. « Nous parlons plus cette année que lorsque nous étions dans le même box l'année dernière. C'était la première année de Marc chez Ducati, il avait donc beaucoup de choses à analyser. »

« Nous essayons toujours de parler des sensations sur la moto », ajoute Marc. « Nous déjeunons parfois ensemble dans le motorhome et nous discutons des sensations avec le pneu avant lors de la séance du matin. »

Et voici une autre raison pour laquelle ils ne voulaient pas se percuter…

« Ce serait très difficile si quelque chose arrivait, car quand nous rentrons à la maison, nous devons manger ensemble », a déclaré Marc.

Son circuit préféré, le Sachsenring, était le suivant, où il a une nouvelle fois joué avec le feu. Il a pris le premier virage trop large lors du sprint sous une pluie battante, ce qui l'a fait chuter à la cinquième place. Au moment où il est remonté à la deuxième place, l'Aprilia de Marco Bezzecchi, était déjà loin. La chose sensée à faire aurait été de se contenter de la deuxième place, car la piste était encore traîtresse. Mais non. Il a pris des risques, tour après tour, évitant les dérapages les uns après les autres, dépassant Bezzecchi dans le dernier tour, pour trois points supplémentaires qui n'en valaient pas vraiment la peine.

« Honnêtement, j'ai pris trop de risques », a-t-il admis. « Cette année, j'essaie de beaucoup travailler sur mon instinct, sur mon caractère sur la moto, mais parfois ça ressort et aujourd'hui, c'était le cas. Maintenant, nous sourions, mais j'ai failli avoir un accident. »

Certains jours, le diable qui sommeille en lui prend le contrôle de sa main sur l'accélérateur, d'autres jours, ce n'est pas le cas.

Le dimanche, la piste était sèche et moins risquée : Marc a remporté sa 12e victoire au Ring, menant la course de bout en bout. Di Gianntonio s'est lancé à sa poursuite, essayant de comprendre ce que Marc faisait différemment.

« Il est toujours difficile de comprendre ce qu'il fait avec ses mains et ses pieds », a déclaré l'Italien. « On ne voit que la différence de vitesse ou de position du corps, donc on ne sait pas vraiment ce qu'il fait. »

« J'avais la même vitesse dans certains virages, mais je prenais peut-être un demi-mètre de plus que lui, alors qu'il n'en prenait jamais. Il gagnait donc un dixième ici, un dixième là. De plus, quand j'étais derrière lui, j'essayais d'être très fluide et précis avec l'accélérateur pour éviter de déraper. J'avais quelques petits moments de flottement, donc je pompais un peu à l'arrière, alors que lui ne le faisait jamais et avait la meilleure accélération. »

Di Giannantonio a chuté en essayant de suivre le rythme, tandis que Marc semblait rarement faire plus que rouler tranquillement.

« Marc a encore une marge de manœuvre », a déclaré Dall'Igna qui, comme beaucoup de grands noms du MotoGP, avait du mal à croire ce qu'il voyait.

« Je pense que ce qui aide Marc à dominer en ce moment, c'est qu'il est capable de comprendre les besoins du pneu arrière », a déclaré Casey Stoner. « Tandis que tous les autres pilotes dépendent du contrôle de traction, il anticipe légèrement ce dernier, ce qui lui permet de surpasser ses concurrents, surtout à mesure que la course progresse, car il parvient à dénicher une petite marge supplémentaire que les autres ne peuvent pas exploiter. C'est cette sensibilité à l'ancienne, avant que le contrôle de traction n'intervienne, qui le distingue vraiment des autres. »

« Il a tellement de talent qu'il peut piloter n'importe quoi, donc peu importe ce qu'ils ont fait avec la Honda, il pouvait la piloter à fond. Maintenant, je pense qu'il a appris (surtout depuis tout ce qu'il s'est passé), ce qu'il attend d'une moto pour lui donner précisément les sensations qu'il recherche, et nous voyons donc un Marc d'un tout autre niveau. »

Mick Doohan aussi.

« Alors que tout le monde avait perdu espoir, Marc était convaincu que s'il retrouvait la forme, il pourrait à nouveau gagner et dominer », a déclaré le quintuple champion du monde de MotoGP. « Je ne suis pas sûr qu'un autre sportif ou une sportive ait réussi à revenir après une blessure comme celle qu'il a subie. Il veut toujours piloter, mais j'espère qu'à un moment donné, il se rendra compte qu'il y a une vie après la course, afin qu'il puisse raccrocher son casque et passer à autre chose. »

Michael Dunlop, le pilote le plus titré de tous les temps au TT de l'île de Man, qui connaît mieux que quiconque les risques et les récompenses de la course moto, lui a également rendu hommage.

« On ne peut que l'admirer », a déclaré Dunlop. « Chaque jour qu'il a passé chez Honda, il se levait en sachant que sa moto allait lui en faire voir de toutes les couleurs, mais il n'a jamais reculé. Il en veut toujours plus. »

La vitesse et le succès de Marc étaient tels que beaucoup ont oublié qu'il n'était toujours pas physiquement le même homme qu'avant 2020.

« Il roule toujours avec son bras handicapé, donc ce qu'il fait maintenant est encore plus miraculeux que ce qu'il faisait avant », a déclaré Cal Crutchlow.

« Aujourd'hui, Marc économise son énergie et doit gagner grâce à sa technique », explique l'ancien mécanicien Jordi Castellà. « Avant, il détruisait tout le monde et tout allait bien, mais maintenant, il doit réguler ses performances. »

« Marc est sorti d'une situation vraiment difficile avec son bras, en adaptant son style de pilotage et son programme d'entraînement », explique son kinésithérapeute Carlos J Garcia. « Si l'on considère la blessure et le temps écoulé, il n'y a jamais eu de *come-back* comme celui-ci. »

« Il a pensé à prendre sa retraite, mais heureusement, il n'a pas commis cette erreur. Il aurait pu rester chez lui, car il a remporté plus de titres qu'il n'aurait jamais pu imaginer et il a beaucoup d'argent et tout le reste. Mais il veut gagner jusqu'à la fin.

Le fait est que les amateurs de sport mécanique devraient aimer Marc. Ils ne devraient pas lui en vouloir. Je comprends que ce qu'il fait sur la piste puisse irriter ses rivaux, mais les amateurs de sport mécanique devraient l'adorer. »

En fait, Márquez a écrit deux grandes pages de l'histoire du sport en 2025.

Tout d'abord, son *come-back*. Ensuite, la performance des deux frères, car il est très rare que des frères dominent un sport majeur, à l'exception des Klitschko et des superstars du tennis Venus et Serena Williams.

Le petit frère a souvent été le plus proche rival de Marc en 2025, ce qui lui a permis d'étudier son grand frère comme jamais auparavant.

« Marc est plus à l'aise sur la ligne entre la chute et le maintien sur la moto », a expliqué Alex. « Aucun autre pilote n'est aussi à l'aise que lui sur cette limite. C'est la réalité. Il peut jouer avec la limite parce qu'il sait qu'il aura deux avertissements de la part du pneu avant et qu'il les sauvera, alors que vous, vous n'en aurez qu'un et vous chuterez. »

« Surtout pendant la dernière partie de la course, tous les autres ont du mal, mais lui, il est capable d'être vraiment à l'aise sur cette ligne limite, c'est là qu'il fait la différence. »

Et dans le garage, bien sûr.

« Quand Marc est arrivé dans l'écurie d'usine, nous savions qu'il pouvait rouler vite, même lorsque la moto n'était pas au top niveau », ajoute Rigamonti. « C'était assez évident depuis le passé. Mais nous avons été très heureux quand nous avons réalisé qu'il était très doué pour analyser les données et qu'il expliquait très bien, de manière simple et claire, ce qu'il se passait sur la moto. »

« Lorsque nous testons beaucoup de choses, comme le châssis, les carénages, etc., il est capable de donner de très bons retours aux ingénieurs. Il n'est donc pas vrai qu'il roule très vite, mais qu'il ne comprend rien. Il comprend très, très bien ce qu'il se passe sur la moto et quels sont les points positifs et négatifs des pièces que nous testons. Il est également vrai que, lorsque nous lui disons : "Voici comment sera la moto pour la course", il est capable d'en tirer le meilleur. »

Tardozzi partageait cet avis. « Chaque fois qu'il y a un problème, Marc souligne toujours les points positifs de la moto », a-t-il déclaré. « Il affirme : "La moto est excellente, je peux donc progresser dans ce domaine." Puis il nous indique les points sur lesquels nous pouvons nous améliorer pour accroître sa vitesse. »

« Tous les ingénieurs et les employés adorent Marc et apprécient la façon dont il communique avec eux. Ils faisaient de même avec Valentino lorsqu'il était chez Ducati. C'est dommage que deux grands champions comme eux ne se parlent pas, car ils sont très, très, très similaires. »

La domination de Marc et sa progression dans les livres des records ont fait resurgir la vieille plaie purulente du MotoGP. Sa victoire au Sachsenring lui a permis de dépasser Giacomo Agostini dans le classement des vainqueurs de tous les temps du MotoGP, ne laissant que Rossi devant lui.

Márquez était-il en passe de devenir le GOAT ? Les fans de MotoGP ont pris parti, comme ils l'avaient fait dix ans plus tôt.

Marc pensait-il à Rossi chaque fois qu'il se rapprochait un peu plus du record de son héros d'enfance ?

« Non, parce que je ne pense pas qu'il soit bon d'avoir des obsessions », m'a-t-il dit à Brno. « Si vous êtes obsédé par quelque chose, vous ne gérerez pas les choses correctement et vous n'atteindrez pas vos objectifs. Si vous pensez toujours à quelque chose, ça vous distrait, c'est une distraction négative, et vous prendrez de mauvaises décisions. »

Cette domination, remportée plus facilement que pendant ses années Honda, a également changé sa mentalité envers les autres pilotes, car il avait moins besoin de jouer avec leur psychologie.

« Tout d'abord, vous devez être le plus rapide pour y parvenir, car si vous ne l'êtes pas, ça peut avoir l'effet inverse », a-t-il ajouté, se souvenant de ce qu'il s'était passé à Sepang en 2015. « Avant, je jouais un peu plus, comme un enfant, mais dans le bon sens du terme, en essayant toujours de mettre mes adversaires en colère. Maintenant, je ne le fais plus. Maintenant, j'essaie juste de travailler à ma manière, pour être rapide sur la piste. »

Après les vacances d'été, deux autres doubles victoires ont suivi au nouveau Balaton Park en Hongrie et au Red Bull Ring, où Rossi était sur la grille de départ, disant « Ciao » à certains des ingénieurs de Marc avec lesquels il avait travaillé pendant ses deux années chez Ducati, notamment Gabriele Conti, spécialiste en électronique.

« Je suis venu vous saluer vous, plutôt que lui », a déclaré Rossi.

Quelques minutes plus tard, Rossi a retrouvé Casey Stoner, un autre visiteur du Red Bull Ring. Il a embrassé son ancien rival comme un vieil ami, sans se douter de l'interview que l'Australien avait accordée pour ce livre quelques heures plus tôt.

En Hongrie, où il a remporté ses 22e et 23e victoires sur 28 possibles, les médias essayaient déjà de déterminer où il allait remporter le championnat.

« Plus tard que vous ne le pensez », a-t-il déclaré, « Car l'erreur va arriver. »

Il avait raison, mais sa victoire suivante, à Barcelone, était due à une erreur d'Alex. Le petit frère a dominé le week-end à domicile. Il a pris la pole position, a mené le sprint jusqu'à ce qu'il dérape, puis a battu Marc dans une lutte acharnée pour la victoire du Grand Prix, la première fois qu'il devançait son grand frère sur le podium d'un GP.

L'erreur de Marc est arrivée le samedi suivant à Misano, où c'était à son tour de chuter alors qu'il menait le sprint. Néanmoins, ce sprint a marqué un tournant, car à partir de Misano, seuls les deux frères pouvaient remporter le titre de 2025.

« Le nom de famille du championnat sera Márquez Alentà », a déclaré Marc en souriant, sans faire de commentaires dans les médias.

Le dimanche, il a résisté à un Bezzecchi déterminé pour remporter une nouvelle victoire et effacer les mauvais souvenirs de l'après-midi précédent, lorsque les caméras de télévision (et, plus tard, les réseaux sociaux) avaient montré le gang de Rossi et ses fans applaudissant la chute de Marc.

Ça a donné lieu à une scène inhabituelle sur le podium. Márquez a imité les célèbres célébrations de Lionel Messi, joueur du FC Barcelone, après son but décisif contre son grand rival, le Real Madrid, dont les supporters avaient insulté le joueur argentin.

Messi avait retiré son maillot et s'était tenu devant les supporters madrilènes, leur montrant son nom inscrit dans le dos. Une repartie élégante et pleine de sang-froid.

Marc a donc retiré sa combinaison sur le podium et en a montré le dos à la foule en contrebas, où, de manière peut-être surprenante, il y avait plus de drapeaux #93 que de drapeaux #46.

« J'ai toujours dit que Messi était un modèle, autant sur le terrain qu'en dehors », a-t-il déclaré. « Il a fait taire les critiques avec classe, il s'est toujours comporté comme un gentleman. Hier soir, j'ai vu un peu ce qui se disait sur les réseaux sociaux, car on ne peut pas se déconnecter complètement, alors j'ai célébré à la manière de Messi. »

Deux semaines plus tard, au Japon, il a atteint son premier point de match. S'il marquait trois points de plus qu'Alex pendant le week-end, il remporterait le championnat à Motegi, où il avait décroché ses titres en 2014, 2016 et 2018.

Et c'est exactement ce qu'il a fait. Il s'est qualifié troisième et a terminé deuxième dans les deux courses, derrière un Bagnaia revigoré, donnant ainsi l'impression que le plus beau jour de sa vie avait été facile, mais bien sûr, ça n'a pas été le cas.

Marc n'avait jamais semblé aussi nerveux sur la grille de départ.

« Avant la course, il m'était impossible de respirer correctement », a-t-il déclaré.

Mais dès que les feux se sont éteints samedi et dimanche, tout s'est bien passé, même s'il n'était certainement pas en mode risque.

« Je suis un pilote qui aime trouver l'adrénaline partout, mais ce week-end, nous devons minimiser les risques », avait-il déclaré à la veille des essais.

À mi-parcours du Grand Prix, il était exactement là où il voulait être : seul en deuxième position, derrière Bagnaia et devant Joan Mir (Honda).

C'est alors que ça s'est produit. La Desmosedici de Bagnaia a commencé à cracher de la fumée, signe habituel d'un moteur qui se détériore irrémédiablement. Et lorsqu'un moteur explose, ça peut transformer la piste en nappe d'huile.

« J'avais peur, car j'étais le premier pilote derrière Pecco, donc si quelqu'un devait tomber, c'était moi. »

Le moteur de Bagnaia n'a pas explosé, et le seul problème de Marc dans les derniers tours a été d'essayer de voir à travers ses larmes, la première fois qu'il succombait à une telle émotion pendant une course.

Les premiers à se joindre à lui pour célébrer cette victoire ont été son assistant José Luis Martinez et son mécanicien Javi Ortiz, les membres les plus anciens de son équipe. La cérémonie sur le podium n'aurait pas pu être plus parfaite : toute l'écurie Ducati, qui fêtait son premier doublé de l'année, et son ancienne écurie Honda, qui savourait son premier podium depuis la dernière place dans le top 3 de Marc à Motegi en 2023.

« Je me sens en paix avec moi-même », a-t-il déclaré. « Ces dernières années, j'ai dû lutter contre beaucoup de choses, mais le plus difficile a été de lutter contre Marc. C'était Marc contre Marc. Un Marc disait "D'un côté", l'autre Marc disait "De l'autre côté". Un Marc disait "Arrête", l'autre Marc disait "Continue". En fin de compte, j'ai essayé de suivre mon instinct, de ne jamais abandonner. »

« Ça a été le défi le plus difficile de ma carrière, car lorsque vous êtes au sommet de la montagne, que vous remportez la gloire chaque week-end et que vous gagnez des championnats, puis que vous tombez, le choc est bien pire. Vous ne tombez pas sur le sol, vous tombez sous terre. »

« J'ai pris mes décisions et j'ai beaucoup donné pour y parvenir. Le plus important, c'est que lorsque j'ai choisi ma voie, mon objectif à ce moment-là n'était pas d'atteindre le sommet de la montagne ou de remporter le championnat. Je visais ma passion : retrouver le plaisir de piloter une moto et poursuivre ma carrière. C'était le point crucial. »

Le septième titre de Marc dans la catégorie reine le place à égalité avec Rossi et à un titre derrière Agostini. Est-il en passe de devenir le plus grand pilote de tous les temps ou est-il déjà le GOAT ?

Les quatre éléments principaux de la course moto sont le talent en conduite, l'intelligence, le courage et la détermination. Sur ces quatre critères, il est difficile de trouver quelqu'un qui surpasse Márquez, mais ce n'est que mon opinion.

Ce qui est certain, c'est que le titre remporté par Marc en 2025 a couronné l'un des plus grands *come-backs* de l'histoire du sport. Mais ce n'est pas encore fini.

REMERCIEMENTS

J'ai énormément de personnes à remercier pour la création de ce livre, particulièrement celles qui ont travaillé de près avec Marc Márquez et qui m'ont permis de le voir comme je ne l'avais jamais vu auparavant. J'espère qu'elles vous permettront également de voir un autre Márquez.

Je tiens donc à remercier Alpinestars, Emilio Alzamora, Sandra Bañez, Simone Battistella, Alex Baumgartel, Laura Beretta, Peter Bom, Bridgestone, Frankie Carchedi, Jordi Castellà, Alejandro Ceresuela, Mela Chércoles, Cal Crutchlow, Gigi Dall'Igna, Chris Dinnage, Dorna Sports, Andrea Dovizioso, Aldo Drudi, Ducati Corse, Sergio Escribano Beitia, Aleix Espargaró, Pol Espargaró, Fast Brothers Productions, Carlos J Garcia, Gold and Goose photography, David Goldman, Mark Graham, Gareth Harford, Jonathan Hawkins, Santi Hernández, Chris Hilliard, Honda Racing Corporation, Mary Jane, Ricard Jove, Mats Larsson, Harry Lloyd, Josep Loaso, Jorge Lorenzo, Alex Márquez, Juliá Márquez, Marc Márquez, Cristian Massa, Carlo Merlini, Michelin, Matthew Miles, Neil Morrison, Venancio Luis Nieto, Simon Patterson, Emilio Pérez de Rozas, Alberto Puig, Chris Reeves, Marco Rigamonti, Red Bull, Chad Reed, Giles Richards, « King' Kenny Roberts, Guim Roda, Cormac Ryan-Meenan, Michael Scott, Casey Stoner, Livio Suppo, Piero Taramasso,

Davide Tardozzi, Yoko Togashi, Friné Velilla, Artur Vilalta, Mike Watt, Adam Wheeler, Charlie White, Francis Wylde et Takeo Yokoyama. Et pardon à tous ceux que j'ai oubliés !

J'ai contacté l'organisation VR46 pour obtenir une interview avec Valentino Rossi, mais je n'ai reçu aucune réponse. J'ai demandé au service marketing/médias MotoGP de KTM une interview avec Dani Pedrosa, mais on m'a répondu qu'il était trop occupé.

À PROPOS DE L'AUTEUR

Mat Oxley a développé une passion pour les motos et les courses automobiles dès son adolescence, dans les années 1970.

Il a commencé la compétition à l'âge de 20 ans et est rapidement devenu journaliste spécialisé dans le domaine de la moto, testant les derniers modèles, puis se tournant vers le reportage de courses. Rien n'a vraiment changé depuis, mis à part qu'il a arrêté la course lorsqu'il en a eu assez de se blesser. Au cours de sa carrière de pilote, il a remporté le Tourist Trophy de l'"île de Man, terminé deuxième aux 24 Heures du Mans et troisième au championnat du monde d"endurance, ne participant aux compétitions que pendant ses vacances.

Oxley travaille dans le paddock depuis 1988 ; il a écrit pour divers magazines et sites web. Il s'agit de sa troisième biographie consacrée au MotoGP, après celles des anciens rois du MotoGP Mick Doohan et Valentino Rossi.

Parmi ses autres ouvrages, citons *Stealing Speed*, *Racing Hitler*, *Speed: The One Genuinely Modern Pleasure*, *The Fast Stuff*, *Zen and the Art of Motorcycle Racing* et *Winners Sinners Grinners*. Tous ces livres seront bientôt disponibles en version électronique sur Amazon Kindle et en version papier via Amazon Kindle Direct Publishing.

ÉGALEMENT CHEZ TALENT ÉDITIONS

EDITION LIMITÉE
VALENTINO
ROSSI
46
DAVID REYGONDEAU
Talent Sport

MON AUTOBIOGRAPHIE
JOHN McGUINNESS
BUILT FOR SPEED
23 FOIS CHAMPION
DU TOURIST TROPHY
Talent Sport

PILOTE DE LÉGENDE
GUY
MARTIN
MON AUTOBIOGRAPHIE
Talent Sport

Imprimé en France par CPI
en novembre 2025

Dépôt légal : novembre 2025
N° d'impression : 185982

Talent Éditions est engagé dans le développement durable afin de limiter l'empreinte carbone de la fabrication de ses livres. Soucieux de l'impact environnemental de notre métier, nos ouvrages sont imprimés en France sur du papier certifié issu de plantations gérées de manière écoresponsable. Les livres non commercialisables sont recyclés et réutilisés pour la fabrication d'autres produits cartonnés.